Zu diesem Buch

Modedroge, Partydroge, Designerdroge, synthetische Droge, dance drug – all dies sind Begriffe, die in einem Atemzug mit Ecstasy fallen. Was ist Ecstasy? Die chemische Formel für Ecstasy lautet: 3,4-Methylendioxymethamphetamin, abgekürzt MDMA. Wenn von Ecstasy die Rede ist, so ist die Substanz MDMA gemeint. Ecstasy ist eine synthetische Droge, ein Amphetamin-Abkömmling und wird vollsynthetisch im Chemielabor hergestellt. Erfunden und patentiert wurde Ecstasy (MDMA) bereits 1914 von einem deutschen Pharmakonzern, und zwar als Appetitzügler.

1985 gelangte MDMA in den USA auf den Index gefährlicher Substanzen und wurde verboten. In Deutschland wurde Ecstasy 1986 in die Anlage 1 des Betäubungsmittelgesetzes aufgenommen. Seitdem ist es bei uns eine illegale Droge. Aufkommen und Verbreitung von Ecstasy in Europa stehen in einem engen Zusammenhang mit der Techno- und House-Musik, die sich in den 80er Jahren von England aus über den europäischen Kontinent ausbreitete und eine immer größere Anhängerschaft gewinnen konnte. Auf sogenannten Raves (großen House- und Techno-Parties), die in leerstehenden oder illegal besetzten Lagerhäusern, aber auch im Freien stattfanden, wurde neben anderen Drogen auch Ecstasy konsumiert. Die Popularität von Ecstasy stieg seit dieser Zeit unaufhaltsam, und Ecstasy verbreitete und etablierte sich von England aus als Partydroge in den verschiedensten Ländern Europas, u. a. auch Deutschland. Dieses Buch beschäftigt sich mit der Wirkung und den Risiken dieser Designerdroge sowie mit Vorbeugungsmöglichkeiten gegen deren Mißbrauch. Besondere Berücksichtigung findet der jugendkulturelle Hintergrund der Ecstasy-Szene.

Hinweise auf die Autorinnen und Autoren finden sich auf S. 253 f.

Manfred Rabes • Wolfgang Harm (Hg.)

XTC und XXL
Ecstasy

**Wirkungen, Risiken,
Vorbeugungsmöglichkeiten
und Jugendkultur**

Diese Veröffentlichung entstand in
Zusammenarbeit mit dem
«ecstasy project», einem gemeinsamen
Arbeitsbereich der Hamburgischen
Landesstelle gegen die Suchtgefahren
und des Büros für Suchtprävention.

Dem «ecstasy project» gehören an:
Gerd Rakete und Dr. Udo Flüsmeier
(Hamburgische Landesstelle),
Monika Püschl und Dr. Manfred Rabes
(Büro für Suchtprävention)

Rowohlt

Originalausgabe
Veröffentlicht im Rowohlt Taschenbuch Verlag GmbH,
Reinbek bei Hamburg, Februar 1997
Copyright © 1997 by Rowohlt Taschenbuch Verlag GmbH,
Reinbek bei Hamburg
Alle Rechte vorbehalten
Lektorat Jürgen Volbeding
Umschlaggestaltung Walter Hellmann
(Foto: Focus / Gerd George)
Satz Sabon (Linotronic 500)
Gesamtherstellung Clausen & Bosse, Leck
Printed in Germany
1490-ISBN 3 499 60239 3

Inhalt

Vorwort

I.

Die meisten der in diesem Buch versammelten Autoren haben sehr wahrscheinlich keine persönlichen Erfahrungen mit dem Konsum von Ecstasy (XTC), gleichwohl aber ein berufliches bzw. wissenschaftliches Interesse an der Thematik. Dennoch bringen einige von uns der Bewegung der Raver, in deren Mitte der Konsum von XTC mehrheitlich (wenn auch nicht ausschließlich) stattfindet, aus den unterschiedlichsten Beweggründen durchaus auch persönliche Sympathie entgegen.

Damit wir als eher «professionelle Betrachter» in unseren Perspektiven und Blickwinkeln nicht die notwendige «Bodenhaftung» verlieren, haben wir darauf geachtet, daß auch in ausreichendem Maße die Konsumenten von XTC selber zu Wort kommen. Dies geschieht bis auf den sehr authentischen Beitrag von *Mark*, der einige Jahre XTC konsumiert hat, durch die Wiedergabe von Passagen vieler Interviews, welche von einigen Autorinnen durchgeführt wurden und die in diesem Buch vorgestellt und interpretiert werden.

Der psychotherapeutische Einsatz von MDMA, von dem sich manche Protagonisten erhebliche psychische Heilungseffekte versprechen, wird hier nur am Rande gestreift. Auch die spirituellen Potentiale, welche dieser Droge bisweilen zugeschrieben werden, sind nicht Hauptgegenstand dieser Publikation, was die Relevanz solcher Aspekte nicht schmälern soll.

Uns ging und geht es vielmehr darum, die Formen des Konsums sowie die konkreten und allgemeinen Bedingungen, unter denen selbiger stattfindet, zu betrachten und zu verstehen. Am meisten interessieren uns hier also all jene Menschen, die aus unterschiedlichsten Motiven und in verschiedenartigsten Lebenszusammenhängen durchaus variantenreiche Formen des XTC-Konsums entwickeln.

Da sich auch beim Thema «XTC» die Frage entzündet hat, ob man vor dem Gebrauch dieser Droge entschieden warnen oder ihrer Dämonisierung durch sachliche und entdramatisierende Aufklärung entgegentreten soll, werden in diesem Buch auch die gesundheitlichen Risiken aus medizinischer Sicht erörtert. Unser Interesse war dabei sicher nicht, die Gefährlichkeit von XTC übermäßig zu betonen, aber wir hielten es bei der riesigen Anzahl von Konsumenten, die auch in der BRD inzwischen zu verzeichnen sind und die offenbar mehrheitlich keine nennenswerten Schäden davontragen, dennoch für angebracht, einige der bisher bekannten medizinischen Risikopotentiale darzustellen.

Als Herausgeber haben wir uns sehr gefreut, daß sich so viele kompetente Autorinnen und Autoren gefunden haben, die ihren Sachverstand und ihr jeweiliges Fachwissen in dieses Buch-Projekt eingebracht haben, um so den Horizont unserer Erkenntnisse im aufklärerischen Sinne zu erweitern.

Die einzelnen Autoren haben dabei manchmal durchaus unterschiedliche Standorte, die nicht nur durch divergierende fachliche Sichtweisen, sondern auch durch Unterschiede in den prinzipiellen Auffassungen bedingt sind; insoweit sind beim Lesen sicherlich hin und wieder auch leichte Meinungsverschiedenheiten auszumachen.

Dennoch war uns im Interesse einer differenzierten und facettenreichen Bearbeitung des Themas wichtig, ideologische «Grabenkämpfe» zwischen Vertretern des Abstinenz- und des Akzeptanzparadigmas zu vermeiden. Wir hoffen deshalb, daß dieses Buch auch zu einer neuen Verständigung der verschiedenen (drogenspezifischen) Meinungslager beiträgt.

Das hier zusammengetragene Wissen soll natürlich insbesondere auch der Frage nützen, wie denn künftig in den verschiedenen gesellschaftlichen Bereichen und Institutionen mit XTC-Konsumenten angemessen umgegangen werden kann und wie ihnen sowohl bei akuten Problemlagen als auch im vorbeugenden Sinne geholfen werden kann. Es kommen deshalb in diesem Buch auch Vertreter der Suchtprävention sowie der Jugend- und Drogenhilfe zu Wort, die ihre bisherigen Erfahrungen und Arbeitsansätze vorstellen.

Wolfgang Harm / Manfred Rabes

II.

Zweifellos ist es, wie bei allen illegalisierten Drogen, ein ganz großes Problem, daß einerseits die Reinheit von Ecstasy nicht gewährleistet werden kann und andererseits die Konsumenten kriminalisiert werden. Selbst wenn man zugesteht, daß die Abgabe «reinen Stoffes» nicht automatisch sämtliche Konsumrisiken beseitigt, so hätte doch zumindest die «Legalisierung der Konsumenten» (Entkriminalisierung) für die Minderung möglicher Schäden erhebliche Bedeutung (harm reduction). Schließlich wissen wir insbesondere im Zusammenhang unserer Erfahrungen mit Opiatkonsumenten um die fatalen psychosozialen Folgeschäden prohibitiver Drogenpolitik.

Nun ist die Bewegung der XTC-Konsumenten und der Raver ohne Frage erheblich größer als die bundesdeutsche Opiatszene, und im Vergleich beider sind viele signifikante Unterschiede zu berücksichtigen.

Es kann davon ausgegangen werden, daß einige der historischen Wurzeln der XTC-Szene auch in den um 1968 entstandenen Drogenszenen der Hippies und Freaks zu finden sind, die durch «Love and Peace» und den Konsum bewußtseinserweiternder Drogen persönliche Befreiung und neuen Lebenssinn sowie in Wohngemeinschaften und Landkommunen alternative Lebensformen suchten.

Auch die in diesem Kontext entstandenen anti-autoritären und repressionsfreien Erziehungsstile – die man durchaus als Antwort auf die vor und während der Nazi-Ära in deutschen Kleinfamilien praktizierte «schwarze Pädagogik» betrachten kann – haben gesellschaftliche Impulse auszulösen vermocht, welche für viele, insbesondere junge Menschen eine stärkere Orientierung am Lustprinzip mit sich brachten. Doch wie wir wissen, können solche – für die damalige Zeit durchaus heilsamen – Tendenzen im Kontext einer konsumorientierten Gesellschaft, die ihre Freiheitsideale primär im Recht, sich alles kaufen zu können, verwirklicht sieht, zumindest partiell in Sucht und Selbstzerstörung umschlagen. Wenn das Leben (zeitweilig) nur noch aus Party und Droge besteht, dann ist der damit verbundene Spaß relativ schnell verbraucht. Und spätestens dann wird deutlich, daß wir eben nicht nur den lustvollen Drogenkonsum brauchen, sondern viele kleine gesellschaftliche Veränderungen, die das Leben für alle – mit und ohne Drogen – befriedigender und damit lebenswerter machen.

Dennoch hat die Techno-Szene (mit und ohne XTC) vermocht, das fraglos berechtigte Bedürfnis vieler Menschen nach Trance und Ekstase erneut in unsere gesellschaftliche Realität zu transportieren, welche überwiegend von ökonomischer Verwertbarkeit und technischer Rationalität geprägt ist. Insoweit verweist die (Sub-)Kultur der Raver auf einen wesentlichen Aspekt menschlicher Entfremdung in unserer Gesellschaft hin.

Wolfgang Harm

III.

XTC & XXL – was verbirgt sich hinter den Kürzeln im Titel? Dieses Buch beschäftigt sich mit der Droge Ecstasy und der jugendkulturellen Szene, in der diese Substanz sehr populär ist. Für Ecstasy gibt es unter Jugendlichen viele Namen und Bezeichnungen: «E» ist die kürzeste Form (steht für den ersten Buchstaben von Ecstasy), MDMA meint die Wirksubstanz als chemische Kurzformel (woraus sich durch Buchstabenumwandlung und leichte Abwandlung auch «Adam» bilden läßt), und die Buchstaben XTC ergeben in englischer Aussprache die gleiche Lautschrift wie das Wort Ecstasy. XXL kennen wir als Bekleidungsgrößennorm. Diese Übergröße ist mittlerweile zum modischen Markenzeichen unter Jugendlichen avanciert. Überdimensionale Schlaghosen und Schlabberpullis wurden in den Anfängen der Technobewegung von englischen Jugendlichen auf den Techno-Veranstaltungen, sogenannten Raves, als Zeichen der Gemeinsamkeit getragen. Musik, Bekleidung und die damals aufkommenden «Wunderpillen» mit dem Namen Ecstasy bildeten hier eine neue Einheit und Kultur unter den Jugendlichen, wobei sich dieser Trend mittlerweile von England aus über ganz Europa ausgebreitet hat. XXL und XTC sollen diese Zusammenhänge als Kurzformeln ausdrücken.

Jugendkulturen, zu denen auch die Techno-Musik und zum Teil auch Ecstasy konsumierende Raving Society zu zählen ist, bilden seit jeher Anlaß für Auseinandersetzungen zwischen den Generationen. Mißverständnisse und Vorurteile sind dabei oft die Grundlage für solche Konflikte zwischen den Elterngenerationen und der Generation ihrer Kinder. Aus der Erwachsenenperspektive wird dabei leider sehr oft vergessen, daß jede Jugendkultur eine bestimmte und wichtige Funktion für die jungen Leute besitzt: Jugendliche ziehen aus ihrer eigenen Kultur persönlichen Gewinn und Nutzen, der sehr oft von den Erwachsenen nicht wahrgenommen und noch viel weniger gewürdigt wird.

Vielleicht sollten Erwachsene sich vergegenwärtigen, welchen subjektiven Nutzen sie selbst in ihrer Jugend aus dem kulturellen und damals aktuellen musikalischen Kontext ihrer Jugendzeit gezogen haben. Der Besuch von Veranstaltungen, auf denen in irgendeiner Weise Musik verschiedenster Stilrichtungen gespielt und präsentiert wird (vom Rockkonzert bis zum Techno-Party-Event), spricht stets alle Sinne an und ist demzufolge eine ganzheitlich sinnliche Erfahrung. Derart speichern wir Stimmungen und Befindlichkeiten, die Wirkung und Ausstrahlung der Musikschaffenden (Rock-Stars und DJs: Faszinationspunkte und Störfaktoren an ihnen), die Leute und Freunde, mit denen wir unterwegs gewesen sind, die «After-Hour» (was fand eigentlich hinterher noch statt) etc. Die Funktion und Erlebnisqualität von Veranstaltungen mit unterschiedlichem musikalischem Background sind über die Jahre und die Generationen hinweg gleich geblieben.

Das Leitbild vieler Sozialwissenschaftler, Pädagogen und Psychologen, die sich professionell mit Jugendbewegungen und Jugendkulturen befassen, ist sehr oft von einem Menschenbild geprägt, das von einem kommunikationsfreudigen, politisch denkenden, gesellschaftskritisch eingestellten, sozial ausgerichteten und solidarisch handelnden Individuum ausgeht. Hierbei sind die Auswirkungen der Studentenbewegung aus 1968 deutlich spürbar. Abweichungen von diesem Leitbild werden argwöhnisch betrachtet und sehr schnell verdächtigt, defizitbehaftet zu sein und gefährdende Momente zu enthalten. Die Technobewegung wird z. B. anhand dieses Leitbildes stark vorurteilsbeladen kritisiert als: narzißtisch, autistisch («alle tanzen alleine»), unkommunikativ und isolationsfördernd («wegen der Musiklautstärke»).

Das Lebensgefühl der Techno-Fans läßt sich mit diesen Leitbildkriterien nur schwer fassen. Eine Szene-Angehörige umschreibt dieses Gefühl anhand der Zweiteilung des Lebens zwischen Tag und Nacht, zwischen Wochenende und Alltag. «Nacht» und «Wochenende» bedeuten für sie: Auto fahren, sich anziehen, Spaß haben, Musik, lustige und flippige Leute, Freunde, Geld, wenig Schlaf. Demgegenüber steht der «Tag», den sie gleichsetzt mit den Begriffen: U-Bahn, Arbeit, Ruhe – Alltag eben.

Deutlich wird hier das Leitmotiv der «Auflösung» als wesentliches Strukturmerkmal der Technomusik und -bewegung (vgl. Martin Pesch in *medien + erziehung* 4/1995). Die Auflösung läßt sich anhand mehrerer Aspekte festmachen:

- es lösen sich Zeitabläufe (das Wochenende als ein Zeitabschnitt von Freitag bis Montag reichend) und geographische Raumgrenzen auf (Reisen von einem Veranstaltungsort zum nächsten): eine gewisse Zeitlosigkeit entsteht
- es lösen sich konventionelle musikalische Muster auf (die Technomusik wiederholt kleinste musikalische Einheiten und kommt ohne Text aus)
- die Identität der Musiker löst sich auf, die ihre Namen wechseln oder unter verschiedenen Namen veröffentlichen und deshalb auch nicht wiedererkennbar sind (unterstützt wird dies durch fehlende Musiker-Porträts auf den Plattenhüllen)
- die sonst üblichen Gegensätze in der Jugendkultur wie Avantgarde/Massengeschmack und Underground/Mainstream werden aufgelöst: Techno ist immer gleich beides.

Manfred Rabes

Manfred Rabes

Einleitung
Ecstasy, Techno und die Medien

In den letzten Jahren überbieten sich die Schlagzeilen, Stories und Berichte in der Presse, wenn es um Meldungen geht, die in einem Zusammenhang mit der Droge *Ecstasy* stehen. Doppelsinnig gesprochen scheint *Ecstasy* «in aller Munde zu sein».

Die Verknüpfung von Ecstasy und Techno-Musik und -parties wird durch die Medien einem Millionenpublikum nahegebracht und beeinflußt so nicht unwesentlich die öffentliche Meinung in eine bestimmte Richtung. In der *100 000-DM-Show* des Senders *RTL* mußte z. B. die Vorgabe der Moderatorin «Offenbar mit der Techno-Szene verbunden ...» ergänzt werden. Das richtige Lösungswort lautete «*Ecstasy*»!

Die sich als Sprachrohr des Technomovements verstehende Zeitschrift *Frontpage* (Nr. 4.05 → 1/95) wehrt sich verständlicherweise vehement gegen derart hergestellte Kausalität von Ecstasykonsum und Techno«genuß». Die dahinterstehende Befürchtung liegt auf der Hand: es wird geargwöhnt, daß diese Verknüpfung von Techno und Ecstasy zur Grundlage von Verboten für Techno-Parties gemacht wird, wie offenbar bereits in den Niederlanden geschehen und praktiziert.

Techno ist nicht nur in der Reihe von Punk, Grunge, HipHop und Rap die aktuellste Jugendbewegung, sondern mittlerweile nachweislich auch die zahlenmäßig größte und populärste. Allerdings hat Techno nicht den besten Ruf und muß mit vielen Vorurteilen kämpfen. Vorschnelle Urteile in dieser Richtung lauten: die Musik sei dumpf und gehaltlos, die Kultur sei kommunikationslos (weil die Musik ohne Sprache auskommt und wegen der Lautstärke auf den Veranstaltungen eine Unterhaltung unmöglich ist), die Technobewegung sei apolitisch und hedonistisch. Doch Vorsicht ist geboten, denn bei genauerer Betrachtungsweise handelt es sich bei Techno eigentlich um die demokratischste aller bisherigen Jugendbewegungen. Techno bietet das Abbild der friedlichen, aber schweigenden Gemeinschaft auf der Tanzfläche: Alle sind gleich. Es gibt keine sozialen oder politischen Unterschiede, einen beinahe alles erlaubenden Bekleidungspluralismus und auch eine Nivellierung der Geschlechter, eine Androgynität, in der niemand mehr Objekt der Begierde des anderen ist.

Techno ist der Oberbegriff für eine ganze Reihe von verschiedenen Stilrichtungen, die es allen Außenstehenden schwerfällt, voneinander zu unterscheiden: House, Deep House, Ambient, Trance, Gabber, Hardcore etc. Wichtigstes Unterscheidungsmerkmal ist der Rhythmus und die Anzahl der Beats pro Minute (bpm), die von 0–60 (Ambient) bis hin zu 250 (Gabber) reichen können.

Im Gegensatz zu anderen Subkulturen, die sich als unabhängige Gegenbewegungen zur Musik- und Modeindustrie verstanden (und so zumindest begonnen haben), hatte Techno nie ein irgendwie geartetes subkulturelles Abgrenzungsbedürfnis zur Gesellschaft entwickelt, sondern die rasante und wirksame Verbreitung war nur erst mit Hilfe dieser Industrie möglich.

Selbst in Frauenzeitschriften wie der *Freundin* (Nr. 26/94 vom 7.12.1994, Auflagenhöhe: 750 000) werden mittlerweile Kenntnisse über Ecstasy und Techno gefordert, wenn man den insgesamt 26 Fragen umfassenden Test bestehen will, um *up to date* zu sein, d. h. zu wissen, worüber gerade aktuell gesprochen wird und welche Trends «angesagt sind». Auf die Schlüsselfrage «Was verbirgt sich hinter dem Kürzel XTC?» konnte aus drei Antwortvorgaben gewählt werden. Stehen die drei Buchstaben für
1. ein besonders gefedertes Mountain-Bike?
2. *den Energy-Drink «Ecstasy»?*
3. eine Mischtechnik im Dancefloor-Sound?
Die richtige Antwort des Testes ist Vorgabe 2. Für viele mag es neu sein, aber es existiert wahrhaftig ein Energy-Drink mit dem Namen XTC, der mit der Ingredienz «Guarana» wirbt, auf die ich gleich noch einmal zu sprechen komme. Neben diesem Getränk, das aus Österreich stammt, gibt es viele weitere Energy-Drinks im Angebot. Die bekanntesten heißen «Red Bull» (verleiht angeblich Flügel und soll Geist und Körper beleben) und «Flying Horse» (Die 25. Stunde).

Auch der Siegeslauf von Red Bull begann in Österreich. Während es dort im Handel erstanden werden konnte, war es zunächst in Deutschland verboten, und zwar wegen unzulässiger Zusätze wie der Aminosulphonsäure «Taurin». Durch den Reiz des Verbotenen wurde der Energiedrink erst recht zum Kultgetränk und palettenweise von Skitouristen über die deutsch-österreichische Grenze geschmuggelt (inzwischen ist Red Bull übrigens aufgrund der EU-Gesetzgebung auch in Deutschland völlig legal erhältlich). Unterstützt wurde dieser Kultstatus durch Gerüchte und Mythen, Red Bull habe die gleiche Wirkung wie Kokain oder Designer-Drogen. Verantwortlich gemacht dafür wurde die bis dahin recht unbekannte Substanz «Taurin», ein Extrakt aus der Galle kastrierter Stiere. Dem fälschlicherweise als Bullenhormon bezeichneten Taurin wurden sagenhafte Wirkungen angedichtet. Allerdings handelt es sich bei diesem Stoff nicht mehr als um eine Aminosäure, deren Vorkommen auch beim Menschen bekannt ist und die im Kleinkindalter die Entwicklung des Gehirns fördert und bei der Übermittlung von Nervenreizen eine Rolle spielt. Im Erwachsenenalter ist der Stoff völlig unwirksam, so daß die aufputschenden Effekte von Red Bull allein auf die 80 mg Koffein und auf die positive Erwartungshaltung der Konsumierenden zurückzuführen sind, denn eine Tasse Kaffee z. B. enthält etwa 100 mg Koffein!

Aber daß mit dem Kürzel XTC, was sehr viel naheliegender wäre, auch die MDMA-Substanz «Ecstasy» gemeint sein könnte, scheint den *Freundin*-Testern offensichtlich (damals: 1994) überhaupt nicht in den Sinn gekommen zu sein. Ich bin mir sicher, daß die Antwortvorgaben heute aufgrund der seitdem erfolgten ständigen Beschäftigung der Medien mit dem Thema Ecstasy ganz anders ausfallen würden.

Über die heutzutage von den Jugendlichen bevorzugten Energy-Drinks urteilt *Matthias Horx* im *Zeit-Magazin* Nr. 50 vom 9. 12. 1994 in einem Artikel, der sich mit den Trinksitten unserer Kultur beschäftigt:

Jede Epoche habe den Rausch, den sie verdient.

Wir, die Deutschen, seien wieder wer, nämlich Weltmeister, wie die Trinkstatistik des Jahres 1993 ausweist, gemessen am Alkohol-pro-Kopf-Verbrauch in der Welt. Allerdings mache die Jugend Sorgen, wie immer. Sie favorisiere nach Gummibärchen, klebrig und süß schmeckende Energy-Drinks, stehe da in der typischen XXL-Haltung heutiger Kids, glasklar und wach bis zum Umfallen, starre mit großen Pupillen in den Tanznebel der Techno-Kultur und zucke mit den Schultern bei 200 bpm, beats per minute. Ein Rausch sei das? Verbieten, sofort verbieten, das meint ein nicht ganz ernst zu nehmender Matthias Horx als Überlebender der (alkoholischen) Trinkkultur.

Eine weitere Frage aus dem «Up-to-date»-Test der *Freundin* bezog sich auf eine Substanz, die sich unter den Jugendlichen der Techno- und Rave-Szene besonderer Beliebtheit erfreut. Gefragt wird nach «Guarana». Ist es

1. *ein natürlicher Muntermacher aus Südamerika?*
2. *eine Insel in der Südsee?*
3. *eine vom Aussterben bedrohte peruanische Zwergziegenart?*

In der Tat handelt es sich bei Guarana um eine Pflanze, die in den tropischen Regenwäldern Brasiliens und Uruguays wächst. Ihre Fruchtkapseln enthalten Samen, die kleinen Roßkastanien gleichen und als Hauptinhaltsstoff das Guarana-Coffein besitzen, das früher als Guaranin bezeichnet wurde. Der Coffein-Gehalt der Guarana-Pflanze ist von Natur aus dreimal höher als beim normalen Kaffee. Das von Guarana gewonnene Koffein soll im Vergleich zum Kaffee langsamer an den Organismus abgegeben werden und somit eine länger anhaltende stimulierende Wirkung besitzen. Angeblich ohne die Organe in dem Maße zu belasten, wie Kaffee es tut, so behaupten es jedenfalls die Hersteller.

Guarana wird bei uns üblicherweise kommerziell als Samenpulver, Vitaminpulver und in Kombination mit Likör und Wein angeboten. Die neueste Kreation ist eine Mixtur von Guarana mit Rum. Die Firma Asmussen-Rum wirbt für ein neues Produkt, das den Namen «Starkstrom» trägt und braunen Jamaika-Rum mit Guarana kombiniert. Es wird als Soft-Spirituose (24% vol Alkoholgehalt) in der Kleinflasche (0,02 l) angepriesen und visiert als Zielgruppe die 18- bis 25jährigen an.

Als «Kostprobe» ein Auszug aus der Werbebroschüre:

Die Kombination aus Rum und Guarana bedeutet Stimmung, Energie und Ausdauer. Da kann durchgefeiert werden. (...) Die Zielgruppe der 18- bis 25jährigen gehört zur MTV/VIVA-Generation (Techno, Rave und

*Trance). Hier ist Guarana besonders populär. Bier gilt als «Schlappmacher»,
auch viele der traditionellen Spirituosen werden als zu «spießig» empfunden.
Die jungen Menschen wollen etwas trinken, von dem ihre Eltern noch nicht
einmal wissen, was es eigentlich ist.*

Auffällig sind die Parallelen hinsichtlich Wirkungsprofil und sozialer
Funktion, die hier augenscheinlich in voller Absicht zwischen der
Kombination Guarana/Alkohol und Ecstasy gezogen werden. Offensichtlich soll der geringe Absatz von Alkoholprodukten auf Tech-
noparties erhöht werden, wo Alkohol verpönt ist (u. a. wegen der
bekannten Risiken von gleichzeitigem Alkohol- und Ecstasykonsum,
auf die in den zahlreichen Aufklärungsbroschüren und Informations-
blättern hingewiesen und vor denen gewarnt wird). Erreicht werden
soll eine Erhöhung des Absatzes nach dem Willen der Marketing-
Strategen durch die Anbindung von Rum an Guarana, einen verrin-
gerten Alkoholgehalt und ein auf die Szene zugeschnittenes neues
Image (Stimmung, Energie und Ausdauer sowie als Zugabe Stark-
strom-Wollmützen). Alles zusammen erinnert sehr stark an die bekannten Motive zur Einnahme von Ecstasy.

Um den «Up-to-date»-Test der *Freundin* zu bestehen, wurden
auch Grundkenntnisse und Spezialwissen aus dem Bereich der
Techno-Szene gefordert.

Test-Frage Nr. 4 hat folgenden Wortlaut: «Marusha, WestBam,
Sven Väth sind ...
1. Designer für Hippie-Mode
2. *Techno-DJs*
3. Mitglieder der Band ‹2 Unlimited›.»
Eine Anschlußfrage (Nr. 10) lautete: «Unter einem *Airrave* versteht
man ...
1. *eine Techno-Party im Flugzeug*
2. einen von Sky-Surfern geflogenen Doppel-Looping
3. eine spezielle Fön-Technik für die Frisur.»
WestBam ist einer der ersten deutschen Star-DJs (DJ heißt laut Duden:
Plattenwechsler in der Diskothek, beim Rundfunk der Ansager in
einer Schallplattensendung) und gilt als Philosoph der Techno-Szene.
Er hat den Begriff der «ravenden Gesellschaft» geprägt als Ausdruck
einer neuen Populärkultur, die keinen Unterschied zwischen kom-

merziell und nichtkommerziell macht (vgl. Alfred Hackensberger: «DJs: Die Aufmischer». In: *Zeit-Magazin* Nr. 2 vom 6.1.1995, S. 16 ff).

Aus der Szene heraus wird bereits behauptet, daß die Raving Society einen größeren und bedeutenderen gesellschaftlichen Impact besitzt als die Theorien und Ideologien der 68er-Bewegung auf die heutige Gesellschaft. Offenbar ist man bemüht, sich selbst das Gütesiegel «soziale Bewegung» zu verleihen, indem man den Anschluß an einen Vorläufer herzustellen versucht, die Studentenbewegung der 60er Jahre, die dieses Prädikat von den Sozialwissenschaften bereits verliehen bekommen hat.

Demokratisierung des Verhältnisses zwischen Produzent und Konsument sowie eine *Anti-Star-Haltung* werden als entscheidende Neuerungen der Techno-Kultur angesehen. Die Musik dieser Bewegung war lange Zeit im Fernsehen und im Radio nicht zu vernehmen. In den Printmedien war sie anfänglich nur unter den Auslandsnachrichten zu finden, als Mitte der achtziger Jahre von der englischen Polizei illegale Parties gesprengt und neue Wunderpillen mit dem Namen «Ecstasy» beschlagnahmt wurden. Auf diesen Parties tanzten Tausende von Jugendlichen unter freiem Himmel oder in verlassenen Hallen, informiert über Flyer, kleine Handzettel. Modische Markenzeichen waren überdimensionale Schlaghosen und Schlabberpullis in XXL-Größe. Zentrum dieser Rave-Bewegung war *Manchester*.

Ganz gegen die Gesetze der Vermarktung in den westlichen Mediengesellschaften wurde Techno innerhalb weniger Jahre zu einem Massenphänomen der Jugendkultur – auch ohne breitenwirksames Radio-Airplay und TV-Positionierung.

Das anonyme Massenphänomen Techno ist mit dem Aufkommen der DJs als Star- und Identifikationsfiguren allerdings nun auch kommerziell ergiebig geworden. Der *Airrave* war eine Werbeaktion von Camel und *Prinz*, für den man gleich 15 DJs aus Deutschland, England und den USA verpflichtete. Ihre Aufgabe bestand darin, etwa 300 Techno-Kids während dreier Tage in Stimmung zu halten, die mit dem Flugzeug von Frankfurt nach Kreta zum «Oasis-Rave» transportiert wurden. Anschließend ging es nach Amsterdam zum «Techno-Brunch» und zum Schluß nach Köln zum «After hour» und «Chill out». Kostenpunkt für dieses internationale Rave-Ereignis: 499 DM. Die Teilnehmer wurden aus ca. 20 000 Bewerbern ausgewählt.

Eine neue Werbeströmung, das *Bootlegging* (Klauen, Verändern und Benutzen bekannter Markenlogos), stammt aus der Raver-Szene selbst und ist auf Techno-Parties anzutreffen (vgl. Stefan Endrös im *Zeit-Magazin* Nr. 2/1995: «Ich war ein Markenlogo»). Dabei gibt es unverhohlene Anspielungen auf den Konsum «schnell» machender Substanzen und ihre Illegalität.

Zum Beispiel wird im «Milka»-Outfit und -Schriftzug für die «Ravermilch» *MDMA*, eine *Vollgasschokolade*, geworben. Aus der Ellen-Betrix-Werbung, dem Beauty-Konzept der «Care Company», die Schönheitsprodukte anpreist, werden «Ellen-B-Trips» der «Rave Company». Verfremdet ist auch die Werbung für das Produkt «Ravetta» von «Dr. Oefter». Unter dem Slogan «LKA: Damit das Raven sauber und diskret abläuft» wird in Anlehnung an eine bekannte Tampon-Firma und ihre Werbung eine «32 Ermittler»-Packung feilgeboten (vgl. *Der Partysan*, Ausg. 11/94 + 1/95). Diese Markenverfremdungen kommen eher unauffällig ins Angebot. In Techno-Boutiquen taucht urplötzlich eine Lieferung auf und ist ebenso schnell wieder vergriffen. Den Kunden sind nur die Fax- oder Telefonnummern der Versender bekannt.

Mittlerweile hat die Techno-Thematik auch Einzug gehalten in die Werbestrategien großer Unternehmen. Die Adam Opel AG wirbt beispielsweise mit dem Slogan: «Techno-Nächte in Rüsselsheim», Untertitel: «Wenn Opel-Mitarbeiter nachts die Funken fliegen lassen, dann mit Freude an der Sache, ganz ohne Zwang.»

Soziologisch betrachtet ist Techno der triviale, fast kindliche Versuch der Verzauberung des Alltags, der Einbruch des Außeralltäglichen in den Alltag. Professor Hans-Georg Soeffner von der Universität Koblenz vergleicht die Techno-Veranstaltung am Wochenende mit dem klassischen Kirchgang, wo der einzelne durch die gemeinsame Trance oder einfach durch das Gemeinschaftsgefühl für seine Vereinzelung in der modernen Gesellschaft entschädigt wird. Dies sei ein innerweltlicher Versuch des Individuums zur Aufhebung der gesellschaftlichen Vereinzelung.

Die *Bundeszentrale für gesundheitliche Aufklärung* (BzgA) führt seit 1973 in regelmäßigen Abständen eine Untersuchung zur Drogenaffinität Jugendlicher und junger Erwachsener im Alter von 12 bis 25 Jahren durch. Die letzte Wiederholungsbefragung dieser *Drogenaffinitätsstudie* stammt aus den Jahren 1993/94.

Aus den Untersuchungsergebnissen ergeben sich für die BzgA folgende Schlußfolgerungen für die Weiterentwicklung von Präventionsstrategien:

1. als erfolgversprechend angesehen wird eine frühzeitige Förderung der existierenden Einstellungen gegen den Drogenkonsum (weit vor der ersten Angebotssituation);
2. unterstützt werden muß die Bereitschaft der Jugendlichen, etwas gegen den Drogenkonsum ihrer Freunde zu tun, indem die Kompetenzen zum Einsatz dieser Bereitschaft in konkreten Entscheidungssituationen gefördert werden, im Sinne von peer education.

Wie sehen weitere *Vorschläge zur Prävention* aus?

Konrad Beikircher, Kabarettist, Buchautor und *Zeit-Magazin*-Kolumnist, fordert *augenzwinkernd* die sofortige Einstellung der Kampagne «Keine Macht den Drogen», weil sonst die Gefahr bestünde, daß einige Labile aus der Generation der Designer-Kids von den «Wunderpillen» wie Ecstasy ablassen würden, die es ihnen ermöglichen, in der Woche hart zu arbeiten und am Wochenende noch eine gute Figur auf den Techno-Partys zu machen. Die Nutzung von Ecstasy als Surfbrett für den Alltag sei revolutionär für die Jugend, ebenso mit welcher Konsequenz das Vergnügen und die Träume in den Dienst der Leistungsgesellschaft gestellt werden würden – ganz im Gegensatz zu der drogenkonsumierenden Jugendgeneration von 1968, die dem Druck der Leistungsgesellschaft zu entfliehen versuchte und dadurch bei denen Ängste hervorrief, die sich um den Erhalt von Staat und Arbeitsfähigkeit sorgten (vgl. *Zeit-Magazin* Nr. 3 vom 13. 1. 1995).

Dr. Erik Fromberg vom *Nederlands Instituut voor Alcohol en Drugs*, vergleichbar der deutschen BzgA, warnt in seinem Aufsatz «MDMA – Penicillin oder Zerstörer junger Seelen?» (*Scene* Nr. 3, 12.94) davor, den drogenpolitischen Fehler aus den sechziger Jahren zu wiederholen und durch eine Verbotspolitik junge Menschen zu kriminalisieren und dadurch sogar den Mißbrauch zu fördern. Sein Plädoyer geht in Richtung der Akzeptanz des Drogenkonsums junger Menschen, sogar wenn es sich dabei um relativ unbekannte Drogen handeln sollte wie im Fall von Ecstasy. Sein Präventionsansatz sieht vor, junge Leute als verantwortliche Bürger zu betrachten und sie zu einem verantwortlichen Gebrauch von Ecstasy anzuleiten, wie etwa beim Alkohol oder beim Cannabis in den Niederlanden.

Abschließend möchte ich allerdings nicht unerwähnt lassen, zu welchem Urteil *Richard B. Seymor* von der Haight-Ashbury Free Clinic in San Francisco in seinem 1987 erschienenen Buch «MDMA» gelangt, das er anläßlich des Verbotes von Ecstasy durch die amerikanische Rauschgiftbehörde DEA veröffentlichte.

Seine größte Sorge äußerte er damals in bezug auf folgende Dinge:

1. Bei Übertreibung der positiven Seiten von Ecstasy könnten insbesondere Jugendliche mit einer naiven Einstellung gegenüber Drogen zum nichtmedizinischen Gebrauch dieser Substanz *verleitet* werden.
2. Ohne jede *Qualitätskontrolle* kann einem leichtgläubigen Markt praktisch alles als MDMA verkauft werden.
3. MDMA besitzt ein *geringes* Mißbrauchspotential für die Bevölkerung im allgemeinen, jedoch ein *hohes Mißbrauchspotential* für Personen, die anfällig für Suchtkrankheiten sind!

Seine ernst zu nehmenden Schlußfolgerungen, die er am Ende seiner nüchternen und differenzierten Betrachtung der positiven und negativen Seiten von Ecstasy zieht, lauten:

- MDMA ist *keine* sichere Freizeitdroge, sondern ein experimentelles und relativ unerprobtes psychologisches Werkzeug!
- Es existieren bereits eigentlich schon *zu viele Freizeitdrogen* wie z. B. Alkohol, Nikotin und Koffein!
- Ein erfülltes Leben und die Verbesserung der Lebensqualität sind auch *ohne* Rückgriff auf psychoaktive Substanzen möglich!

Die Berichterstattung in den Medien über XTC in den achtziger Jahren führte in den USA zu einer Anstachelung des Interesses an dieser Droge. Laufen wir vielleicht Gefahr, diesen Fehler in den Neunzigern in Deutschland bzw. in Europa zu wiederholen?

Literatur:

Beikircher, Konrad: Alle Macht den Drogen. In: *Zeit-Magazin* Nr. 3, 13. 1. 1995, S. 8

Bundeszentrale für gesundheitliche Aufklärung (BzgA) [Hg.]: Drogen-affinität Jugendlicher und junger Erwachsener im Alter von 12 bis 24 Jahren. Wiederholungsbefragung 1993/94. Köln 1994

Der Partysan, Techno & House Guide München, Ausgaben vom November 94 und Januar 95

Endrös, Stefan: Ich war ein Markenlogo. In: *Zeit-Magazin* Nr. 2, 1995

Freundin Nr. 26 vom 7.12.1995

Fromberg, Erik: MDMA – Penicillin oder Zerstörer junger Seelen? In: Scène, Europäisches Forum für die Information über Abhängigkeiten, Nr. 3, 12/94, S. 25 ff

Hackensberger, Alfred: DJs: Die Aufmischer. In: *Zeit-Magazin* Nr. 2, 6. 1. 1995, S. 16 ff

Seymor, Richard: MDMA, San Francisco 1987

Wirkungsweise und Risikopotential aus medizinischer Sicht

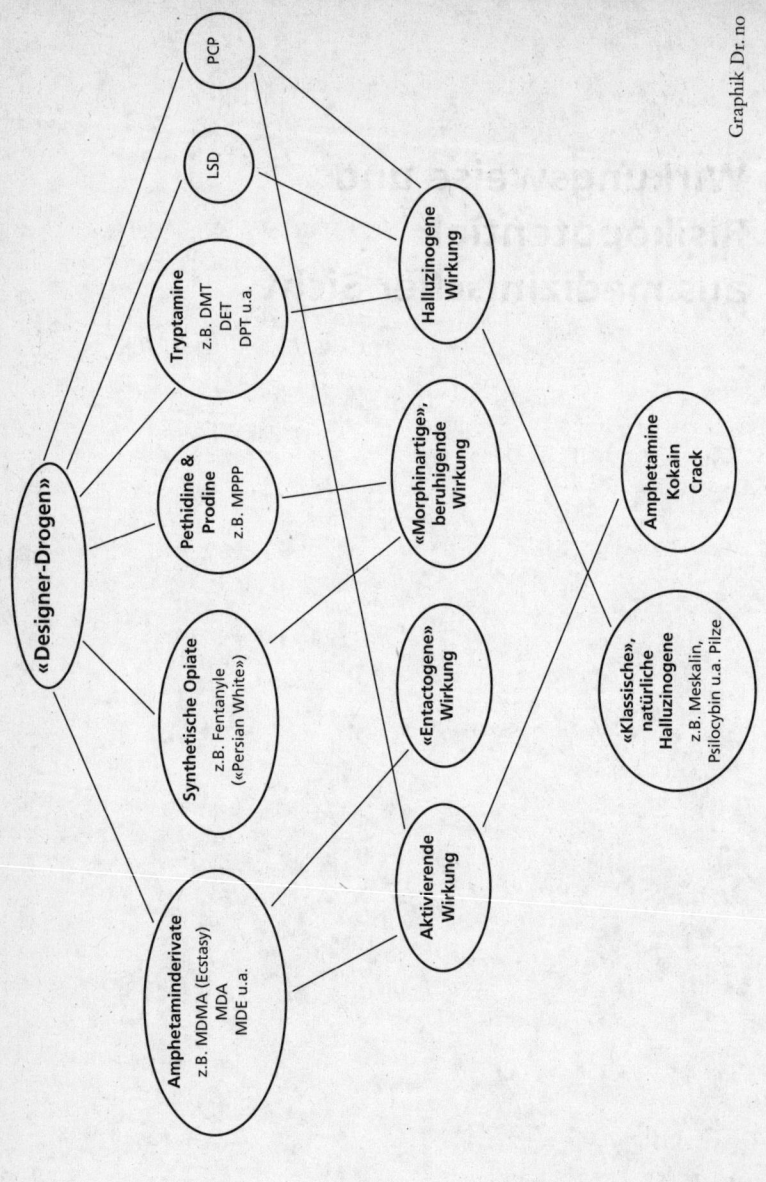

«Designer-Drogen»

- Amphetaminderivate
  z.B. MDMA (Ecstasy)
  MDA
  MDE u.a.
- Synthetische Opiate
  z.B. Fentanyle
  («Persian White»)
- Pethidine &
  Prodine
  z.B. MPPP
- Tryptamine
  z.B. DMT
  DET
  DPT u.a.
- LSD
- PCP

Halluzinogene
Wirkung

«Morphinartige»,
beruhigende
Wirkung

«Entactogene»
Wirkung

Aktivierende
Wirkung

«Klassische»,
natürliche
Halluzinogene
z.B. Meskalin,
Psilocybin u.a. Pilze

Amphetamine
Kokain
Crack

Graphik Dr. no

Klaus Nowoczyn

Das Spektrum der Party- und Designer-Drogen

Party- und Designer-Drogen sind synthetisch in illegalen Labors durch Veränderung der Molekularstruktur bekannter (teilweise verbotener) Substanzen hergestellte Stoffe, die dadurch die derzeitigen Rechtsvorschriften (z. B. das Betäubungsmittelgesetz) umgehen, da sie zunächst nicht in den staatlichen Verzeichnissen der (illegalen) Drogen auftauchen. Es handelt sich dabei mittlerweile um speziell auf die Bedürfnisse und Wünsche der Drogengebraucher zugeschnittene («Design») Drogen. «Crack», eine rauchbare Form des Kokains, gehört also definitionsgemäß nicht zu den *designer drugs*.

Grob werden dabei folgende Gruppen unterschieden:

1. Ringsubstituierte Amphetamine (sogenannte Phenylethylamine)
2. LSD-Derivate
3. PCP und Derivate
4. Fentanyl-Derivate
5. Pethidin-/Prodin-Derivate
6. Tryptamin-Derivate
7. Andere

In der letzten Gruppe werden hier diejenigen Drogen aufgeführt, die bisher in keine der aufgelisteten Gruppen passen oder keine «echten» Designer-Drogen sind, aber dennoch in diesem Zusammenhang erwähnt werden müssen.

1. Ringsubstituierte Amphetamine

Es handelt sich um künstliche Verwandte des Ephedrin (chemisch: β-Phenylethyl-Amine), die zentral (d. h. im Gehirn) anregend, stimmungsverändernd und euphorisierend wirken, Hunger und Durst dämpfen und Müdigkeit beseitigen.

Bei chronischem Mißbrauch kann sich laut Weltgesundheitsorganisation eine echte Abhängigkeit vom Amphetamin-/Psychostimulantien-Typ entwickeln. Dies wird jedoch in der Praxis selten beschrieben; die Erfahrungen vieler Kliniken bestätigen den Eindruck der meisten wissenschaftlichen Autoren, es handelt sich hierbei eher um eine Ausnahmeerscheinung.

Hauptvertreter der ringsubstituierten Amphetamine sind Methoxy- und Methylendioxy-Amphetamine. Laut dem US-amerikanischen Chemiker *Shulgin* sind jedoch allein bis 1992 in den USA 36 verschiedene Substanzen dieser Klasse von der Regierung mit einer *drug code number* versehen und damit in das amtliche Drogenverzeichnis aufgenommen worden.

MDMA («Ecstasy»)

Unter den ringsubstituierten Amphetaminen ist vor allem MDMA (3,4-*Methylendioxymethamphetamin*) in der Bundesrepublik u. a. unter den Namen «Adam», «XTC» bzw. «Ecstasy» bekannt geworden. Es handelt sich um die in der Bundesrepublik meistgebrauchte Designerdroge, obwohl diese Bezeichnung nach der oben angegebenen Definition nicht völlig zutrifft, handelt es sich doch um eine von der Firma Merck noch vor dem ersten Weltkrieg erstmals entwickelte und ursprünglich als Appetitzügler konzipierte Substanz (zu Wirkungen und Risiken siehe das Kapitel von R. Thomasius in diesem Buch). Seit dem 1.8.1986 wird es in der Anlage 1 des BtmG geführt, gilt somit als «harte Droge» und darf weder hergestellt, verkauft noch von Ärzten verschrieben werden.

MDE («Eve»)

Dasselbe wie für «Ecstasy» gilt für MDE, dessen chemische Bezeichnung 3,4 Methyldioxy-N-Ethylamphetamin lautet. Es handelt sich um eine dem MDMA in der chemischen Struktur verwandte Droge. Nach dem Verbot von MDMA erschien MDE erstmals auf dem Markt, was sie als eine «echte» Designer-Droge ausweist.

Seit dem 13. August 1987 ist MDE in den USA verboten und seit dem 28. Januar 1991 in der Anlage 1 des Betäubungsmittelgesetzes aufgeführt und somit ebenfalls als «harte Droge» klassifiziert, zusammen mit Stoffen wie Heroin und Kokain, aber nicht annähernd in der Gefährlichkeit mit diesen vergleichbar. Im Jahre 1992 wurden in der Bundesrepublik 0,272 kg «Eve» und 7423 Tabletten dieser Substanz polizeilich beschlagnahmt. Bis zum 30. Juli 1993 war MDE in den Niederlanden legal, und es wurden entsprechend große Mengen produziert.

Sichere Angaben zur Verbreitung dieser Droge sind kaum zu erhalten. Wenn schon solche Angaben gemacht werden, so beziehen sie sich meist auf MDMA.

Die als «Ecstasy» verkauften Drogen enthalten häufig MDE oder MDA (siehe unten), entweder gewollt oder als unbeabsichtigte Verunreinigungen.

Die Wirkungsdauer von MDE ist etwas kürzer als die von «Ecstasy»; sie beträgt etwa 2 bis 3 Stunden bei einer wirksamen Dosis von 100 bis 150 mg. Die bei der Einnahme einer solchen Menge erzielten körperlichen und psychischen Effekte entsprechen in etwa denen des MDMA. Jedoch sollen MDE teilweise die «kommunikativen», emotional «öffnenden» Wirkungen fehlen und die beruhigenden Anteile der Drogenwirkung stärker ausgeprägt sein. Andere Drogengebraucher berichten dagegen, daß MDE von MDMA praktisch nicht zu unterscheiden sei. Gemeinsam ist beiden Drogen eine Erhöhung der Wachheit und Reaktionsbereitschaft sowie ein gesteigerter Antrieb. Jedoch sollen bei MDE die Wirkungen größeren Schwankungen unterliegen. Vereinzelt werden auch «halluzinogene» Effekte wie paranoide Vorstellungen und Halluzinationen berichtet.

Todesfälle durch MDE-Konsum sind bisher nicht bekannt, lediglich ein Fall von Hitzeerschöpfung mit anschließender vollständiger Erholung wurde berichtet.

Bei längerdauerndem Konsum von «Ecstasy» verliert sich zwar ein Teil von dessen Wirkungen wie Verbesserung der Kommunikationsfähigkeit, gesteigertes Selbstvertrauen und verstärkte Selbstakzeptanz, Gefühle von Empathie, Offenheit, Entspannung, Mitgefühl mit und Akzeptanz von anderen. Eine normale Dosis von «Eve» ist jedoch unverändert wirksam, und eine Tendenz zur Dosenerhöhung ist nicht auszumachen; es besteht zwischen MDMA und MDE zwar eine chemische Verwandtschaft, aber keine «Kreuztoleranz», wie die Mediziner sagen.

Die bei Tierexperimenten mit hohen Dosen MDMA nachgewiesenen gehirnschädigenden Effekte konnten bei MDE bisher nicht gefunden werden, obwohl die beispielsweise in einer Studie verabreichte Dosis einer Drogeneinnahme von einmalig 3,2 kg bei einem durchschnittlichen Erwachsenen entsprochen hätte.

Kurzfristig vermögen große Mengen von MDMA (und eventuell auch anderer ringsubstituierter Amphetamine) im Tierversuch das Gehirn zu schädigen. Die dazu erforderliche Dosis liegt dabei aber häufig erheblich über der einer «normalen» Einnahmemenge beim Menschen. Die Frage nach den möglichen Langzeitwirkungen bei längerdauerndem Konsum dieser Amphetamine ist also noch offen und sollte weder beschönigt noch dramatisiert werden.

MDA

Es handelt sich chemisch um das 3,4-Methylendioxy-Amphetamin. MDA wurde zum erstenmal im Jahre 1910 von den beiden Deutschen G. Mannisch und W. Jacobson synthetisiert.

Ab einer Dosis von 80 mg kommt es zu Effekten auf die menschliche Psyche. Die Wirkung wird im Vergleich mit MDMA als «weniger warm» und «amphetaminähnlicher» beschrieben; Antriebssteigerung, Umtriebigkeit und innere Unruhe sollen vergleichsweise mehr im Vordergrund stehen. Ein Teil des konsumierten MDMA wird zu MDA metabolisiert, und dessen Wirkung ist mit 8–12 Stunden deutlich länger.

In England wird inzwischen, trotz des Verbots seit dem Jahre 1977, viel MDA produziert, da es ein Zwischenprodukt der MDMA-Synthese ist und zu seiner Herstellung weniger staatlich kontrollierte Vorprodukte benötigt werden.

In der Bundesrepublik ist MDA als eigenständige Droge bisher nur wenig in Erscheinung getreten.

2. LSD-Derivate

Auch von LSD-25, der Urform der rein dargestellten Halluzinogene, gibt es mittlerweile einige Derivate. LSD selbst kann als Alkaloid des Mutterkorns, eines in der Natur vorkommenden Pilzes, der auf Getreide wächst, aber nicht als Designer-Droge aufgefaßt werden, wiewohl die Geschichte seiner Entdeckung durch den Schweizer A. Hofmann, der auch die ersten halluzinogenen Erfahrungen mit dem chemisch hergestellten Produkt machte, interessant zu lesen ist.

Die Wirkungen solcher LSD-Abkömmlinge sind nur von erfahrenen Drogengebrauchern von der Urform zu unterscheiden. Grundsätzlich rufen auch bei ihnen schon kleinste Mengen im Bereich von einigen Mikrogramm Halluzinationen hervor. Darüber hinaus kommt es zu Veränderungen in der zeitlichen und räumlichen Orientierung, Verzerrungen der Wahrnehmung sowie zu Veränderungen im Erleben der körpereigenen Gefühle und der Affekte.

Die Wirkungen auf den Körper bestehen aus einem Ansteigen und späteren Absinken des Herzschlags, die Körpertemperatur steigt, und die Pupillen werden weit.

Ebenso wie bei reinem LSD kann es auch bei diesen Stoffen zu psychotischen Zuständen und paranoiden Wahrnehmungsstörungen kommen. Diese Störungen können das Bild einer schizophrenen Erkrankung annehmen.

Tödliche Vergiftungen durch LSD-Derivate gibt es nahezu nicht, sie wären auch allenfalls bei der Einnahme extremer Mengen denkbar.

Bei dauerndem Gebrauch kann es zu einer Abhängigkeitsentwicklung vom sogenannten Halluzinogen-Typ kommen. Psychische Abhängigkeit und die leichte Erhöhung der Einnahmemenge bei ebenfalls leicht nachlassender Wirkung des Ausgangsstoffs sind die Kennzeichen einer solchen Abhängigkeit. Ansonsten gilt für LSD-Derivate alles, was auch über reines LSD zu sagen ist.

1994 berichtete Eisner über die gleichzeitige Einnahme von MDMA und LSD, obwohl ansonsten vor der gleichzeitigen Einnahme von verschiedenen Drogen zu warnen ist, daß es «... kurzfristig für eine positive Einstimmung nützlich sein kann, falls jemand vor der Einnahme von LSD sonst eher Angst hat».

In der Bundesrepublik spielen LSD-Derivate höchstens als Verunreinigung bei der Produktion von reinem LSD, d. h. als ebenfalls wirksame Beimengungen in der als LSD verkauften Endform, eine Rolle. In «reiner» Form sind sie auf dem Drogenmarkt praktisch nicht zu erhalten.

3. PCP und Derivate

Es handelt sich um 1-(1-Phenyl-Cyclohexyl)-Piperidin (Kurzbezeichnung: Phenycyclidin), das unter dem Synonym «angel dust» (auch als Arzneimittel mit Namen «Sernyl», «Sernylan») bekannt wurde. Erstmals 1926 synthetisiert, dann in den 50er Jahren von der Firma *Parke-Davis* als Anaesthetikum mit analgetischer Komponente auf den Markt gebracht, wurde es wegen der halluzinogenen Nebenwirkungen zurückgezogen, war aber in der Tiermedizin bis 1979 noch gebräuchlich. Die wirksame Dosis beträgt 1–10 mg, die Droge selbst ist häufig stark verunreinigt. Von PCP sind bisher über ein Dutzend Abkömmlinge bekanntgeworden.

Das erste Auftreten in der Szene wird um 1967 berichtet. Es ist heute in den USA das billigste und am leichtesten zu bekommende Halluzinogen und verdrängt zunehmend die «klassischen» Halluzinogene LSD und Mescalin.

PCP tritt in folgenden Formen auf: als Pulver («Crystal»), über die

Nase durch Schnupfen aufgenommen, als Tablette («Tic-Tac») und in rauchbarer Form, wobei das flüssige PCP mit Marihuana, getrocknetem Petersilienkraut, Pfefferminze oder Sellerie vermischt wird («Sherman's»). Sehr selten wird PCP auch intravenös gespritzt.

Als Symptome treten auf: intensiver Rausch mit Halluzinationen, Wahrnehmungsverzerrungen, Veränderungen des Bewegungsablaufs mit Beeinträchtigung der Steuerbarkeit von Bewegungsmustern, Angstgefühle und depressive Stimmungsschwankungen mit aggressiven Handlungen auch gegen die eigene Person (bei Schmerzunempfindlichkeit). Bei der Einnahme hoher Dosen kann es zu einem Zustand der «sensorischen Blockade» kommen, d. h., der wache, aber bewegungsstarre und schmerzunempfindliche Patient reagiert nicht mehr auf äußere Reize.

An Wirkungen auf den Körper sind nur die Beschleunigung der Herzfrequenz und die Erhöhung des Blutdrucks zu beobachten, die Pupillen sind meist vergrößert.

Seine Wirkung entfaltet PCP bereits in Dosen von einigen Milligramm, chronisch Abhängige nehmen aber bis zu 1 g pro Tag ein. Bei solchen Einnahmemengen kann es zu Überdosierungen mit Atemlähmung kommen. Die Wirkung des eingenommenen PCP setzt nach ca. 3–5 Minuten ein, und die Dauer des Rausches wird mit 4–6 (aber auch bis zu 48) Stunden angegeben. An Langzeitschäden sind bisher u. a. Störungen der Merkfähigkeit und des Gedächtnisses sowie schwere Sprachstörungen beschrieben worden. PCP ist im Urin schlecht nachweisbar; das Vorhandensein von PCP-Rezeptoren und körpereigenem PCP wird diskutiert.

Ihren Namen («angel dust») erhielt die Droge, da sie angeblich von der Rockertruppe «Hells Angels» viel benutzt wurde. Diese seien unter PCP auch zu erheblichen Gewalttaten bis hin zu Tötungsdelikten bereit gewesen, was u. a. das schlechte Image der Droge in den USA erklärt. Dort gilt PCP neben Crack als der Prototyp der «schmutzigen» Straßendroge, die körperliche Verelendung und moralischen Verfall quasi automatisch mit sich bringt.

In der BRD sind PCP und seine Derivate bisher nur vereinzelt aufgetaucht.

4. Fentanyl-Derivate

Bei dieser Substanzgruppe handelt es sich um hochaktive Opiatabkömmlinge mit hohem Suchtpotential. Als Arzneimittel werden neben Fentanyl in Reinform in der Human- bzw. Veterinärmedizin noch vier andere vollständig künstlich hergestellte «Fentanyle» benutzt. Zusätzlich gibt es seit Ende der 70er Jahre in den USA auch den Mißbrauch durch Fentanyl-Abkömmlinge, die eine teilweise um ein Vielfaches gesteigerte Morphin-Wirkung aufweisen. Die Einnahme erfolgt über die intravenöse Injektion. Auch hinsichtlich der Wirkung unterscheiden sich synthetische Opiatabkömmlinge wie die Fentanyle nicht von Morphium bzw. Heroin.

Der Mißbrauchstyp entspricht ebenfalls dem der Heroin-Abhängigkeit, da die Fentanyle die gleichen Wirkstellen im Gehirn besetzen wie Heroin, Morphium oder Opium. Die Abhängigkeit setzt aufgrund der stärkeren Wirkung jedoch auch früher ein. Besonders gefährdet sind Personen, die in medizinischen Berufen arbeiten und so leichten Zugang zu den pharmazeutisch hergestellten Fentanylen haben (Anästhesie, Operationsabteilung, Intensivmedizin). Neben diesen industriell produzierten Stoffen gibt es, vor allem in den USA, weitere Verwandte des Fentanyl, von denen hier drei exemplarisch genannt sein sollen.

3-MF

Es handelt sich um 3-Methyl-Fentanyl («Persian White»), ein Fentanyl-Derivat (cis-Form: ca. 1000–6000fache Morphin-Wirkung, trans-Form: ca. 400fach), das fälschlicherweise häufig mit AMF (s. u.) verwechselt wird. Erstes Auftreten in den USA ca. 1983.

2-MF

Das 2-Methyl-Fentanyl wird sowohl als Verunreinigung in der Droge AMF als auch als eigenständige Droge gefunden. Aufgrund der hohen Wirksamkeit ist die Straßendroge stark gestreckt, weshalb die Nachweisbarkeit in Körperflüssigkeiten erschwert ist.

AMF

Das *Alpha-Methyl-Fentanyl* wurde auch als «China White» bekannt. Es wird in den USA seit ca. 1979 benutzt. Seit 1985 ist ein starker Rückgang des Mißbrauchs zu verzeichnen, wohl auch deshalb, weil die Droge aufgrund von Presseberichten über die Auslösung von Morbus Parkinson stark ins Gerede gekommen ist.

5. Pethidin-
Prodin-Derivate

Prodine sind stark wirksame narkotische Analgetika. Chemisch handelt es sich um inverse Pethidine. Als Zwischen-/Endprodukte der Arzneimittelherstellung bilden sie die Basis für andere Designer-Drogen wie zum Beispiel die Fentanyle. Pethidin selbst ist als starkes Schmerzmittel vom Morphintyp unter dem Namen «Dolantin» in Gebrauch und unterliegt den Einschränkungen des bundesdeutschen Betäubungsmittelgesetzes. Bezüglich der Abhängigkeitsentwicklung von diesen Stoffen gilt das für die Fentanyle Obengesagte in gleicher Weise. An Nebenwirkungen können neben der eigentlichen, schnell auftretenden, aber auch schnell wieder verschwindenden, herointypischen Rauschwirkung (Gefühl der Euphorie, des Glücklichseins, der Leichtigkeit und Unbeschwertheit; Steigerung des Selbstvertrauens; leichter Gedankenfluß u. a.) Übelkeit, Erbrechen, Verstopfung, Harnverhaltung, Verschlechterung des Atemantriebs auftreten. Nähere Informationen über diese Wirkungen und Nebenwirkungen sind in den gängigen Büchern über die Drogenabhängigkeit vom Morphintyp zu erhalten.

In der Bundesrepublik Deutschland spielen die Pethidin-/Prodin-Derivate bisher keine eigenständige Rolle auf dem Drogenmarkt.

6. Tryptamin-Derivate

Bei den Ureinwohnern Nordamerikas sind kurzwirksame Tryptamine als Inhaltsstoffe verschiedener Pflanzen (Bäume, Sträucher und Pilze) seit Jahrhunderten in Gebrauch. Die psychoaktiven Bestandteile dieser Pflanzen wurden in den frühen fünfziger Jahren identifiziert. Chemisch handelt es sich um amin-substituierte Indolringe. Der bekannteste Vertreter dieser Gruppe ist das DMT (N,N-Dimethyl-Tryptamin).

DMT

Synthetisches DMT (und andere Tryptamine) treten meist in kristalliner Form als weißes, braunes oder gelbliches Pulver auf. DMT ist schwächer wirksam als DET und DPT. 15–20 mg sind notwendig, um psychische Effekte zu erreichen, wenn DMT geraucht wird; die meisten Berichte über die Wirkung nach intramuskulärer Injektion gehen von einer Dosis von 50–60 mg aus. Wenn DMT injiziert wird, setzt der Effekt normalerweise nach 2–5 Minuten ein. Die Hauptwirkung dauert etwa 10–15 Minuten, danach werden die psychischen Wirkungen schwächer, bis nach etwa einer weiteren halben Stunde der Normalzustand wieder erreicht ist. Wird DMT geraucht, so setzt der Beginn der Wirkung nach wenigen Sekunden ein; die Gesamtdauer des Rausches ist mit 30 Minuten etwas kürzer. DMT wird, wie auch die anderen kurzwirksamen Tryptamine, in «Joints» oder Pfeifen geraucht, häufig mit Marihuana vermischt. An körperlichen Wirkungen wurden bei allen Tryptaminen Pupillenerweiterung, Steigerung von Herzschlag und Blutdruck und manchmal Übelkeit oder Zittern beobachtet.

Besonders beeindruckend bei DMT ist die Schnelligkeit und Heftigkeit, mit der die psychischen Effekte einsetzen. Dies ist manchmal auch ein Grund für die Gefühle von Angst und Besorgnis, die Benutzer in der Abklingphase des Rausches beschrieben haben.

DMT verursacht massive optische Halluzinationen, vor allem in Form von farbigen geometrischen Figuren. Viele Benutzer verspüren ein Gefühl von Ekstase oder Euphorie. Die wenigen bekanntgewordenen Berichte über beunruhigende Erlebnisse während des Rausches oder sogenannte «Horrortrips» scheinen hauptsächlich auf der Tatsache zu beruhen, daß die Wirkung von DMT so schlagartig einsetzt und der Unterschied zwischen dem Normalzustand und den im Rausch erlebten Halluzinationen derartig groß ist.

DMT ist auch unter normalen Umständen in Blut, Gehirn und Liquor des Menschen zu finden, es hat keine Kreuztoleranz mit Psilocybin oder Mescalin, d. h., eine Gewöhnung mit Erhöhung der Einnahmemenge zur Erreichung derselben Wirkung bei diesen Stoffen bewirkt nicht dasselbe bei DMT.

Seit 1970 ist DMT in den USA eine illegale Droge. Ihr Auftreten in Deutschland muß bisher als Rarität gelten.

DPT

Für diese Droge gilt im Wesentlichen das für DMT bereits Gesagte. Sie ist ebenso wie die anderen hier beschriebenen kurzwirksamen Tryptamine unwirksam, wenn sie über den Magen-Darm-Trakt aufgenommen wird. DPT ist länger und stärker wirksam als DMT. Die wenigen vorliegenden Berichte über seine Wirkung sprechen von häufig auftretenden, psychedelischen sogenannten «peak experiences». Dabei handelt es sich um sehr intensive, nachhaltig beeindruckende Visionen mit religiöser oder magischer Thematik.

DET

Die Wirkungen von DET sind ebenfalls stärker und dauern länger als die von DMT. Die Stärke der optischen Halluzinationen scheint kleiner zu sein als bei DMT, so daß die Wirkung von Benutzern auch als weniger intensiv beschrieben wird. War die injizierte Dosis größer als 125 mg, so trat Bewegungsstarre oder Bewußtlosigkeit auf.

Außer den angesprochenen Tryptaminen gibt es noch eine größere Anzahl von Abkömmlingen, über die bisher wenig Berichte, was die Wirkung und Gefahren angeht, vorliegen.

Die mögliche Funktion der kurzwirksamen Tryptamine als Neuro-transmitter ist bisher nur unzureichend erforscht; dasselbe gilt für die möglicherweise bei der Zufuhr hoher Dosen langfristig zu beobachtende Neurotoxizität.

7. Andere

Poppers

Es handelt sich um Amylnitrit, das aus kleinen Fläschchen inhaliert wird und vorwiegend in der Homosexuellen-Szene als Aphrodisiakum benutzt wird, da es angeblich die Erektionsfähigkeit erhöht.

«Smart Drugs»

Allgemeines: Die Bezeichnungen sind sehr vielfältig und weisen mehr auf die Einstellung zu diesen Drogen als auf ihren Wirkungscharakter hin: «Auffrischungsstoff», «Designer Food», «Weiße Drogen», «Brain-Enhancer», «Brain-Booster», «Cognitive-Enhancer», «Intelligence-Booster», «Memory-Improver», «Mental-» bzw. «Mind-Booster», «Mind-Enhancer», «smarts», «SM» …
Überwiegend durchgesetzt hat sich die Bezeichnung «Smart Drugs», zu deutsch «sanfte Drogen»; sie enthalten u. a. Aminosäuren, Vitamine, Enzyme, also körpereigene Stoffe oder deren Vorstufen. Die sogenannten Nootropika, Tonika oder Roborantia, wie die Gruppen in der «Roten Liste», des gebräuchlichsten Verzeichnisses der in der Bundesrepublik erhältlichen Arzneimittel, heißen, wirken angeblich direkt auf das Gehirn durch die Verbesserung der Durchlässigkeit der Blut-Hirn-Schranke bzw. durch die Verbesserung der Hirndurchblutung.
Ziele der Gebraucher dieser «Drogen» sind die Verbesserung der Hirnfunktion, eine Erhöhung der geistigen Klarheit, der Abbau von Müdigkeit, Benommenheit, Verwirrtheit durch den Genuß illegaler Drogen (sog. «Drogenkater»). Auch die niedrige Toxizität, die «Ab-

senkung der Effekte von Alterserscheinungen», und die Erhöhung der Lebenserwartung werden als Gründe für den Konsum genannt.

So sind diese Stoffe die notwendige Ergänzung zu einer Lebensweise, deren drogenkatalysierte «Erlebniswelten» ohne solche Stoffe mit einem baldigen «burn-out» erkauft würden. Die kapitalistischen Lebens- und Verwertungsbedingungen erlauben, ja fordern geradezu ein ekstatisches Ausagieren an den Wochenenden, den Versuch, das unter der Woche unterdrückte und verschobene Erleben nachzuholen und jeweils zu steigern. Am Montag aber soll der ganze Spuk verflogen sein; dann ist wieder ein gutgelaunter, motivierter, kommunikativer und belastbarer Arbeitnehmer gefragt, der möglichst keine Zeichen seines «Freizeitstresses» erkennen läßt. Da diese Forderung zwar von vielen Drogen versprochen, aber nur selten eingelöst wird, kommen die «Smart Drugs» gerade recht. Gerade die Stoffe, die durch den Rausch verbraucht worden sind, werden jetzt nachgeliefert. Wie mit den Additiven im Winterdiesel sollen Stockungen im Verbrennungsprozeß möglichst vermieden werden. Für das Gefühl eine Pille und für jede (mögliche) Folge ebenfalls eine – und natürlich genau die richtige oder Mischungen verschiedener Stoffe in z. T. abenteuerlichen Konzentrationen. Den Gebraucher scheint dabei nicht zu stören, daß die Wirksamkeit generell (und speziell bei der Aufnahme über den Magen-Darm-Trakt) entweder fraglich ist (die Anführungsstriche – in der Bezeichnung «Smart Drugs» – stehen für den Zweifel des Verfassers an den behaupteten Wirkungen) oder eindeutig wieder mit eigenen Nebenwirkungen erkauft wird. Ganz zu schweigen davon, daß die Einnahme solch hoher Dosen zum Teil körpereigener Stoffe die Homöostase durcheinanderbringt und für viele Menschen mit Krankheiten ein beträchtliches Risiko bildet.

Wann kommt also die «post-smart-drug-drug»?

Eine (unvollständige) Auswahl von Stoffen im einzelnen:

2-*Dimethyl-amino-ethanol* Als Fertigarzneimittel (FAM) Deanol in den USA im Handel, Synonym: DMEA. Häufig ist die Kombination mit AS I-Tyrosin. 50 Tabletten mit je 100 mg kosten im Postversand einer Firma aus England 19 US-\$.

Medizinische Verwendung findet DMEA als Psychostimulans bei «cerebralen Ausfallserscheinungen», «Antriebsarmut» und «schlechtem Lernvermögen».

Centrophenoxin Wird als «Intelligence booster» angepriesen und soll angeblich die Lebensdauer von Labortieren um 30 Prozent verlängern. Der Abbau von Alterspigmenten im Gehirn und die «Verjüngung der synaptischen Struktur» sind weitere angebliche Wirkungen. In den USA ist es nicht im Handel, kann aber rezeptfrei aus Mexico oder über den Versandhandel bezogen werden.

Als Dosis angegeben wird die Einnahme von 1–3 g pro Tag. Der Effekt setzt schnell ein, und Nutzer bemerkten eine gesteigerte Wachheit und ein Gefühl der Stimulation.

Aber auch Warnungen vor der Einnahme durch Menschen mit Krankheiten erscheinen den Befürwortern angebracht. «Leicht erregbare» Personen, Menschen mit arteriellem Bluthochdruck, Anfallskrankheiten oder stillende Mütter sollten den Stoff besser nicht nehmen. Nebenwirkungen seien angeblich selten, nur gelegentlich komme es zu Übererregbarkeit bzw. Schläfrigkeit, zu Tremor, Muskelschwäche oder depressiven Schüben.

Cholin / Lecithin Als «Kinderstärkungsmittel» ist «Vita-Buerlecithin» schon länger auch in der Bundesrepublik im Handel. Die aktive Komponente in Lecithin ist Phosphatidylcholin, daneben existieren noch andere Choline. Sie dringen nach der Passage der Blut-Hirn-Schranke leicht in das Gehirn ein und werden dort zu Acetylcholin metabolisiert, einem Botenstoff des Gehirns, der u. a. eine wichtige Rolle bei der Gedächtnisleistung spielt. Benutzer der Droge versprechen sich von ihr eine Verbesserung der Denkfunktionen, insbesondere der Gedächtnisleistung. Daneben soll es als Baumaterial für alle Arten von Zellen im menschlichen Körper dienen, den Cholesterinstoffwechsel positiv beeinflussen und die für den Signaltransport zwischen den Nervenzellen wichtigen Nervenscheiden (eine Art Isoliermaterial um die Ausläufer der Nervenzellen herum) ernähren.

3 mal 1 g täglich werden als Dosis empfohlen, bei Lecithin liegt die Dosis um ein Mehrfaches darüber, da, wie bereits oben erwähnt, nur ein Teil davon zu Acetylcholin metabolisiert wird. Außerdem sollten zusätzlich täglich ein Gramm Vitamin B$_5$ eingenommen werden, um die Aufnahme von Cholin zu verbessern.

Menschen mit einer manisch-depressiven Erkrankung sollten alle Vorstufen von Acetycholin im Übermaß meiden, so auch Cholin und Lecithin. Sie könnten sonst einen manischen oder depressiven Schub erleiden, oder die bereits vorhandene Episode verstärken. Ansonsten geben die Befürworter keine Einschränkungen an.

Cholin und Lecithin sind in den USA rezeptfrei zu erhalten.

Außer den genannten ist noch eine Vielzahl weiterer Stoffe dieser Art im Handel, z. B. Dehydro-epi-Androsteron, Hydergin, Piracetam, Vasopressin, Vinpocetin, Phenylalanine, Mischungen aus Aminosäuren, Vitaminen, Mineralstoffen u. a.

8. Schlußbemerkung

Zusammenfassend sei gesagt, daß die Gruppe der Designerdrogen sehr unterschiedliche Stoffklassen mit ebenfalls sehr divergierenden Gefährdungspotentialen umfaßt. Sie reichen, was das suchtauslösende Moment und die medizinischen Gefahren betrifft, von den relativ ungefährlichen ringsubstituierten Amphetaminen bis zu den Pethidin- und Fentanyl-Derivaten mit hoher Abhängigkeitspotenz und großem Gefahrenmoment bezüglich Überdosierung, Verunreinigung und Nebenwirkungen. Glücklicherweise spielen die zuletzt genannten Substanzen im Vergleich noch eine sehr geringe Rolle in der bundesdeutschen Drogenszene.

Vorsichtigen Prognosen zufolge könnte dies auch noch einige Zeit so bleiben, entsprechend der Tatsache, daß sich u. a. die sozialen Verhältnisse, psychischen Grundbedingungen und Gebrauchsmuster der Konsumenten von Designerdrogen in der Bundesrepublik von denen in den USA in entscheidenden Punkten unterscheiden.

Hinsichtlich der ringsubstituierten Amphetamine ist weitere Forschung nötig. Hierbei stellt sich z. B. weiterhin die Frage nach dem therapeutischen Nutzen der Substanz, der nicht aus Prinzip betäubungsmittelrechtlichen Erwägungen geopfert werden sollte.

Literatur

Eisner, Bruce: Ecstasy – the MDMA story. 2. Aufl., Berkeley 1994

Rainer Thomasius
(Aus der Psychiatrischen und Nerven- und Poliklinik
der Universität Hamburg, Direktor: Prof. Dr. D. Naber)

Ecstasy – MDMA

Aktueller Forschungsstand

1. Einleitung

Epidemiologische Studien und Früh-warnsysteme im Drogenbereich weisen auf einen exponentiellen Anstieg des Konsums der «Mode-Droge» Ecstasy hin. Parallel mit dieser Entwicklung häufen sich die Berichte über Todesfälle, schwerste psychiatrische, neurologische und internistische Komplikationen, die auf den Gebrauch von Ecstasy zurückgeführt werden.

Unsere Forschungsgruppe an der Psychiatrischen und Nervenklinik im Universitäts-Krankenhaus Eppendorf hat kürzlich eine umfassende Literaturanalyse zu der Wirkungsweise, den Komplikationen und Folgewirkungen von Ecstasy durchgeführt und den internationalen Forschungsstand in mehreren wissenschaftlichen Übersichtsarbeiten dokumentiert (*Thomasius*, *Schmolke* und *Kraus*, 1996, *Thomasius* und *Jarchow*, 1996).

Im vorliegenden Beitrag sind die wichtigsten Befunde für den medizinischen Laien aufbereitet worden. Zunächst wird in einem historischen Abriß beleuchtet, daß jene Droge, die hier neu von sich reden macht, tatsächlich eine alte Substanz ist. Um einen Einblick in das aktuelle Ausmaß des Konsums zu geben, werden die Ergebnisse epidemiologischer Studien aufgegriffen. Ausführlich wird auf die neurobiochemische und tierexperimentelle Forschung eingegangen. In einem weiteren Schritt werden Rauschwirkungen und Gebrauchsmuster unter Berücksichtigung der Frage einer Abhängigkeitsentwicklung thematisiert. Es folgt eine kritische Erörterung der psychiatrischen und medizinischen Komplikationen und Folgewirkungen des MDMA-Konsums. Der Beitrag schließt mit Folgerungen, die sich aus dem aktuellen Wissensstand für die weitere Forschung ergeben.

2. Historische Entwicklung

«Ecstasy» (XTC, E, Empathy, Adam), mit der chemischen Bezeichnung 3,4-Methylendioxymethamphetamin (MDMA), wurde im Jahre 1912 von der deutschen Firma Merck aus den Stoffen Methamphetamin und Safrol synthetisiert. Weshalb die Substanz damals hergestellt wurde, ist unklar. In den Archiven des Pharmakonzerns fehlt darüber jede Information. Mit Sicherheit wissen wir aber, daß der Stoff zwar patentiert, jedoch nie vermarktet wurde. Er verschwand sehr bald nach seiner Erfindung in der Versenkung.

Erst in den 50er Jahren wurde das MDMA wieder hervorgeholt. Mit finanzieller Unterstützung der US-amerikanischen Armee begann man nun, umfangreiche toxikologische Experimente an verschiedenen Tierarten durchzuführen. Ganz ähnliche Untersuchungen führte der Chemiker *Nichols* noch in den 70er und 80er Jahren an der Purdue-Universität fort. Seine Forschergruppe belegte, daß sich die Wirkungen und Nebenwirkungen des MDMA von den chemisch verwandten Amphetaminen und Halluzinogenen deutlich unterscheiden. So forderte Nichols denn auch, das MDMA und ein weiteres Derivat, das MBDB (N-Methyl-1,1,3-benzodioxol-5-yl-2-butamin), einer ganz neuen, bis dahin unbekannten Stoffklasse zuzuordnen – den «Entaktogenen».

Dieser aus dem Griechischen hergeleitete Begriff, am besten übersetzt man ihn mit dem «Ermöglichen einer Berührung des eigenen Inneren», spielt auf einen Rauscheffekt an, den einige amerikanische Psychotherapeuten bereits seit Ende der 60er Jahre in sogenannten psycholytischen Therapien als Hilfsmittel zu nutzen wußten. Sie stellten bei ihren Patienten, die sie unter MDMA-Einfluß setzten, einen verbesserten Zugang zu den eigenen Gefühlen und Konflikten fest. Wo bis dahin hartnäckige Abwehrmechanismen den therapeutischen Prozeß vermeintlich blockiert hatten, ließen sich angstbesetzte Inhalte nun leicht bearbeiten. Das jedenfalls war die einhellige Meinung jener Psychotherapeuten, die die Droge benutzten. Fundierte Untersuchungen über Therapieerfolge und Langzeiteffekte wurden aber nicht durchgeführt. Als MDMA im Jahre 1985 in die Liste der nicht verkehrsfähigen Betäubungsmittel aufgenommen wurde («Schedule I

Controlled Substances»), ist diesem Zweig der Psychotherapie in den USA ein Ende gesetzt worden.

Die ersten Berichte über den Nachweis von MDMA in Straßendrogen stammen aus den späten 60er Jahren. Zunächst blieb der Konsum auf wenige Zentren in den USA beschränkt. Zwischen 1975 und 1985 weitete sich der Bekanntheitsgrad von «Ecstasy» über die Ballungszentren hinaus flächendeckend aus. Aufwendige Berichte in den Medien erhöhten das Konsuminteresse noch weiter. Zu Beginn der 80er Jahre galt «Ecstasy» als «Yuppie Psychedelic Drug». Konsumiert wurde noch vornehmlich alleine oder in einem überschaubaren Freundeskreis.

Am 11. Februar 1986 wurde MDMA von der UNO-Betäubungsmittelkommission in die «Tabelle 1 des Abkommens über psychotrope Stoffe» eingereiht. Die amerikanische Kontrollbehörde DEA (Drug Enforcement Administration) stufte Ecstasy nur wenig später in die Gruppe der streng kontrollierten Stoffe «ohne medizinischen Wert und mit hohem Mißbrauchspotential» ein. Begründet wurde dieser Schritt erstens mit den neurotoxischen Eigenschaften der Substanz, zweitens mit der Strukturanalogie zu bereits gesetzlich kontrollierten Amphetaminderivaten und drittens mit dem Fehlen notwendiger klinischer Daten. Letztlich wurde die Tatsache angeführt, daß MDMA in illegalen Untergrundlaboratorien hergestellt und in der Drogenszene verkauft wird.

Die Schweiz änderte am 22. April 1986 ihre Betäubungsmittelverordnung und reihte «Ecstasy» in die Liste der «Halluzinogene» und «Verbotenen Stoffe und Präparate» ein. Andere europäische Länder folgten. In Deutschland wurde MDMA am 1. August 1986 in die Anlage 1 des Betäubungsmittelgesetzes (BtmG) aufgenommen.

Es dauerte nicht lange, bis auf dem illegalen Markt als Ersatzstoff das 3,4-Methylendioxyethamphetamin (MDE; «Eve») erschien. Das MDE ist im Gegensatz zu «Ecstasy» (MDMA) eine «Designer-Droge» im klassischen Sinne: Ursprünglich wurde MDE in Untergrundlaboratorien durch eine geringgradige Abwandlung einer illegalen Droge (MDMA) mit dem Ziel synthetisiert, das Betäubungsmittelgesetz zu umgehen und zudem eine Droge auf den Markt zu bringen, die im Wirkungsprofil von der ursprünglichen Substanz für den Konsumenten nicht unterscheidbar ist. Seit dem 28. Januar 1991 gehört MDE in Deutschland ebenfalls zu den illegalen Drogen. Ein weiterer Abkömmling, das MBDB, wurde am 1. Januar 1996 in das Betäubungsmittelgesetz aufgenommen.

Heute ist in Westeuropa der «Ecstasy»-Konsum eng mit der sogenannten Techno- und Diskothekenszene verknüpft. Seit den frühen 90er Jahren wächst die Zahl Jugendlicher und Jungerwachsener, die auf mitunter tagelang andauernden Veranstaltungen in städtischen Diskotheken oder neuerdings auch im Freien zusammenkommen, um unter dem Einfluß synthetischer Drogen zu tanzen. In Deutschland erlebte die «Rave»-Bewegung ihren letzten Höhepunkt mit der Berliner «Love-Parade» im Sommer 1996, an der ca. 500 000 Personen teilnahmen. Mit der Zunahme und Vergrößerung der «Raves» mehren sich nun auch die Hinweise, daß der Gebrauch von MDMA drastisch steigt und diese Droge heute zu den meistgebrauchten illegalen Rauschmitteln gehört (*Bundesamt für Gesundheitswesen*, 1993, *Nichols*, 1986, *Shulgin*, 1986).

3. Vorkommenshäufigkeit und Verbreitung

Eine von der *Bundeszentrale für Gesundheitliche Aufklärung* (1994) durchgeführte Wiederholungsbefragung hat ergeben, daß der Bekanntheitsgrad von «Ecstasy» unter den 14- bis 25jährigen in dem Zeitraum von 1990 bis 1993 deutlich zugenommen hat. Die Probierbereitschaft stieg in diesem Zeitraum von zwei auf fünf Prozent an.

In einer Untersuchung des *Max-Planck-Institutes für Psychiatrie* (1996), in die das Land Bayern wie auch bundesweite Befragungen einbezogen wurden, gaben 3,2 Prozent der 14- bis 25jährigen an, mindestens einmal in ihrem Leben «Ecstasy» ausprobiert zu haben. Dieses sind dreimal mehr Konsumenten als noch 1990. Vier von fünf Konsumenten kommen aus städtischen Ballungsgebieten.

Berücksichtigt man zusätzlich Erkenntnisse des Bundeskriminalamtes, so erhärtet sich die Vermutung, daß der Konsum von MDMA permanent zunimmt: Die sichergestellte Anzahl von «Ecstasy»-Tabletten stieg 1993 im Vergleich zum Vorjahr um 300 Prozent. 1994 stieg diese Zahl noch einmal um mehr als 200 Prozent (von 774 818 auf 2 382 626) (*BKA*, 1995). Ferner ist zu beobachten, daß bei den erstauffälligen Konsumenten sogenannter «harter Drogen» der Anteil an Opiatabhängigen deutlich zurückgeht, nämlich von 73 Prozent im Jahre 1992 auf 59 Prozent im Jahre 1994. Gleichzeitig stieg der Prozentsatz von Konsumenten sogenannter «Party-Drogen» (Kokain, Ecstasy, Speed und LSD) in dieser Gruppe von 32 auf 51 Prozent an (*BKA*, 1995). In der Zusammenschau aller Daten muß man grundlegende Veränderungen in der deutschen Drogenszene vermuten. Während der Konsum von betäubenden Drogen eher rückläufig ist, werden «Ecstasy» und andere «Party-Drogen» immer häufiger konsumiert. Die Konsumenten scheinen sich im wesentlichen auf die Gruppe der 15- bis 25jährigen zu beschränken (*Rabes*, 1995).

Ergebnisse aus dem europäischen und außereuropäischen Ausland weisen in eine ähnliche Richtung. In englischen Schüleruntersuchungen variiert die Lebenszeitprävalenz für den Gebrauch von MDMA zwischen drei und sechs Prozent. Daß der Bekanntheitsgrad von MDMA diese Zahlen bei weitem noch übertrifft, bestätigt eine Wiederholungsbefragung englischer 14- bis 15jähriger Schüler in den Jahren 1989 und 1994 (*Wright* und *Pearl*, 1995). 1989 gaben erstmals 4 Prozent der Schüler an, «Ecstasy» zu kennen; 1994 waren dies bereits 43 Prozent. Der Bekanntheitsgrad von Opiaten ging zeitgleich deutlich zurück.

In einer nordamerikanischen repräsentativen Schülerumfrage (12. Klasse, 15 000 Teilnehmer) errechnete sich die Lebenszeitprävalenz für den MDMA-Gebrauch mit 0,6 Prozent (Monatsprävalenz 0,1 Prozent) (*Kaminer*, 1994). Deutlich höher aber sind die Angaben von Studenten. An einer US-amerikanischen Universität gaben bereits 1987 39 Prozent der Studenten an, mindestens einmal im Leben MDMA konsumiert zu haben (*Peroutka*, 1987). In einer amerikanischen Kleinstadt stieg zwischen 1986 und 1990 der Anteil jener Studenten, die MDMA mindestens einmal probiert hatten, von 16 auf 24 Prozent an (*Cuomo* et al., 1994).

4. Biologische und toxikologische Befunde

Die psychoaktive Substanz MDMA greift in das Gleichgewicht der Neutrotransmitter des zentralen Nervensystems ein. Diese Botenstoffe sind für die Übertragung neuronaler Impulse verantwortlich und somit an der komplexen Informationsverarbeitung des Gehirns beteiligt. Das Angriffsprofil des MDMA weicht an den verschiedenen Neuronensystemen von anderen zentral wirksamen Substanzen ab. Dieser Umstand begründet den eigenartigen Rausch, den «Ecstasy» herbeiführt, hierin sind auch die charakteristischen Nebenwirkungen und Folgen begründet. Der Hauptwirkmechanismus beruht auf Interaktionen des MDMA mit dem serotonergen System und zu einem geringeren Teil mit dem dopaminergen System. Außerdem greift MDMA an einer Vielzahl anderer zentraler Rezeptortypen an; diese Effekte haben aber eine weit untergeordnete klinische Relevanz.

Im Tierversuch (Ratte) bewirkt MDMA eine Erhöhung der Serotoninkonzentration im synaptischen Spalt serotonerger Neurone, also an jenem Ort, wo zwei Nervenzellen über die Botenstoffe miteinander kommunizieren. Dieser Effekt wird auf unterschiedliche Mechanismen zurückgeführt. Indem MDMA direkt das in der Zellmembran gelegene Serotonin-Transportmolekül angreift, bewirkt es die präsynaptische Freisetzung von Serotonin. Außerdem kann MDMA die zentrale neuronale Übertragung verändern, indem es sowohl direkt als auch indirekt post- oder präsynaptische Serotoninerkennungsstellen angreift und blockiert. Der indirekte Wirkungsmechanismus ist dadurch erklärt, daß sich das präsynaptisch freigesetzte Serotonin postsynaptisch an verschiedene 5-HT-Rezeptorsubtypen bindet.

Hinsichtlich eines Angriffs im dopaminergen System ließ sich nachweisen, daß MDMA im Rattenhirn zu einer vermehrten (präsynaptischen) Freisetzung von Dopamin in bestimmten Hirnregionen, insbesondere im sogenannten Nucleus accumbens, führt. MDMA verhält sich in seiner Wirkung auf das dopaminerge System wie ein indirekter Dopaminrezeptor-Agonist. Die dopaminerge Komponente im MDMA-Wirkungsspektrum ist jedoch wesentlich geringer als die serotonerge. Wahrscheinlich führt die durch MDMA hervorgerufene Serotoninfreisetzung indirekt zu einer erhöhten Dopaminfreisetzung.

Weiterhin hat MDMA eine hohe Affinität zum M1-Muskarinrezeptor, zum H-1 Histaminrezeptor und zum M2-Muskarinrezeptor. Vernachlässigbare Effekte zeigten sich an Benzodiazepin-, Corticotropin-Releasing-Hormon- und Opioid-Rezeptoren.

Die tierexperimentelle Forschung ging in den vergangenen zehn Jahren ganz überwiegend Fragestellungen nach, die auf die neurotoxischen Einflüsse des MDMA zielen und hier insbesondere das serotonerge System betreffen. Größtenteils beziehen sich Untersuchungsergebnisse auf die Ratte und weniger häufig auf die Maus. Nur im Ausnahmefall wurden Studien mit anderen Versuchstierarten, beispielsweise Primaten, durchgeführt.

Zusammenfassend weisen die bisherigen Untersuchungsergebnisse in folgende Richtung: MDMA verursacht beim nichtmenschlichen Primaten stärkere neurotoxische Effekte als bei der Ratte. Es kommt zu einer Verarmung des Hirngewebes an Serotonin und seinen Abbauprodukten. Histologisch imponieren Degeneration und Zerfall serotonerger Axonterminale.

Das Ausmaß der Neurotoxizität ist dosisabhängig. Im Affen regeneriert sich – im Gegensatz zur Ratte – das serotonerge System selbst nach einem längeren Intervall nicht. Der Hippocampus erweist sich als empfindlichstes Areal. *Ricaurte* et al. (1988) konnten bereits nach einer einzigen oralen MDMA-Dosis Serotonindefizite auch im Hypothalamus und Thalamus messen, doch regenerieren sich diese Areale vergleichsweise gut. Bemerkenswert ist, daß die Veränderungen im Neurotransmittergleichgewicht und in der Hirnmorphologie der Versuchstiere kein nachweisbares Korrelat auf der Verhaltensebene haben. Sogar eine 73prozentige Erschöpfung der neokortikalen Serotoninkonzentration hat bei der Ratte keine Verhaltensabweichungen zur Folge.

Hier bleiben gleich mehrere Fragen offen. Unsicher ist, ob die angewendeten Testverfahren hinreichend sensibel sind, um Verhaltensabweichungen zu erfassen. Möglicherweise können die durch MDMA herbeigeführten strukturellen Veränderungen aber auch durch andere Hirnareale über einen gewissen Zeitraum kompensiert werden (*Battaglia* et al., 1988 a, *Battaglia* et al., 1988 b, *Pierce* und *Peroutka*, 1988, *Ricaurte* et al., 1992, *Robinson* et al., 1993).

Zur Problematik der Übertragbarkeit von neurotoxikologischen Befunden auf den Humanbereich wird noch weiter unten Stellung genommen. Zunächst wird auf die psychotropen Wirkungen beim Menschen eingegangen. Zu dieser Frage wurden unterschiedliche Stichproben retrospektiv befragt.

5. Rauschwirkungen

Die psychotropen Wirkungen von MDMA setzen in der Regel 20 bis 60 Minuten nach der Einnahme von gewöhnlich 75–150 mg Reinsubstanz ein. Das Wirkungsmaximum wird in der folgenden Stunde erreicht. Nach weiteren zwei Stunden klingen die psychotropen Effekte langsam wieder ab. Die Nebenwirkungen (sympathomimetische Stimulation) können jedoch länger anhalten.

Unter MDMA-Einfluß entwickeln sich bei den Konsumenten neben einer allgemeinen Stimulierung und Euphorisierung intensive Gefühle von Nähe zu anderen Menschen. Verbunden ist dieses subjektive Erleben mit einer erhöhten Kommunikationsbereitschaft und mit gesteigerten Kontaktbedürfnissen.

Die Unterscheidungsfähigkeit zwischen der eigenen Person und der Umwelt, zwischen Selbst und Nichtselbst, ist herabgesetzt. Einige Konsumenten berichten über ekstatisch-mystische Verschmelzungserlebnisse. In vielen Fällen gehen diese Veränderungen im interpersonalen Erleben mit einer Steigerung des Selbstwertgefühls und Selbstbewußtseins einher. Außerdem beschreiben die Konsumenten eine Zunahme ihrer Introspektionsfähigkeit, das heißt also einen verbesserten Zugang zu den eigenen Gefühlen, Stimmungen und Konflikten.

Reine Amphetamine führen im Vergleich mit MDMA zu einer stärkeren Aktivierung und Leistungssteigerung. Demgegenüber sind die Effekte der Amphetamine auf das interpersonale Erleben und auf die

Introspektion vergleichsweise unbedeutend. Die einsichtsfördernde Potenz in intrapsychische Strukturen wird bei MDMA und Halluzinogenen sehr ähnlich bewertet.

Halluzinatorische Effekte fehlen beim MDMA-Rausch weitgehend. Die Selbstkontrolle bleibt erhalten. Wahrnehmungsveränderungen sind aber recht häufig (verschwommenes Blickfeld, Nachbilder, Geräuschempfindlichkeit etc.). Das eigenartige Wirkungsspektrum führte zu dem Vorschlag, MDMA einer neuen Substanzklasse, den «Entaktogenen» (übersetzt «Herstellen einer inneren Berührung»), zuzuordnen.

Zu den subakuten psychotropen Effekten des MDMA, die die Akutphase überdauern und selten länger als 24 Stunden anhalten, gehören überwiegend unerwünschte Begleiterscheinungen des Rausches. In erster Linie sind depressive Verstimmungen und Angstzustände zu erwähnen, die mit dem Ausklingen des Rausches einsetzen. Ferner werden als Nebenwirkungen des MDMA-Konsums eine Abnahme des Schlafbedürfnisses, Appetitverlust, Gereiztheit, Konzentrationsstörungen, Verschlossenheit, Erschöpfungszustände, Sprechstörungen, herabgesetzte Libido, Rastlosigkeit und Gedächtnisstörungen genannt (*Liester* et al., 1992, *Greer* und *Tolbert*, 1986, *Peroutka* et al., 1988).

6. Gebrauchsmuster und Abhängigkeitsentwicklung

Die meisten Konsumenten halten die Häufigkeit der Anwendung von MDMA und Einzeldosierungen über große Zeitabschnitte konstant. Typisch sind zyklische Benutzungsmuster; beispielsweise beschränken viele die Einnahme auf das Wochenende. Durch dieses Einnahmemuster kann einer schnellen Zunahme der unerwünschten Nebenwirkungen und der ebenfalls raschen Toleranzentwicklung entgegengesteuert werden.

Auf der anderen Seite weisen einige Konsumenten extreme Steigerungen in Anwendungshäufigkeit und Dosierungen auf. In diesem Fall nehmen die unerwünschten Nebenwirkungen zu, und die Konsumenten werden von der Substanz psychisch abhängig. Eine körperliche Abhängigkeit entwickelt sich nach bisherigem Kenntnisstand nicht.

Erfahrungsberichte aus dem deutschen wie auch angloamerikanischen Sprachraum haben gezeigt, daß viele Konsumenten «Ecstasy» mit anderen Rauschmitteln kombinieren, meistens mit Amphetaminen und Cannabis. Seltener werden gleichzeitig Kokain und Halluzinogene eingenommen. Für einen vergleichsweise kleinen Teil aller Konsumenten ist «Ecstasy» eine Einstiegsdroge in den Konsum sogenannter harter Drogen (*Schifano* und *Magni*, 1994, *Thomasius*, 1996, *Thomasius* et al. 1996).

7. Psychologische und psychiatrische Folgen und Komplikationen

In der wissenschaftlichen Literatur wurde in den vergangenen zehn Jahren mit zunehmender Tendenz über einzelne Konsumenten berichtet, die im Zusammenhang mit dem Konsum von MDMA psychiatrisch erkrankten. Allerdings sind Kausalzusammenhänge nur selten eindeutig gesichert. In den meisten Fällen wurden außer MDMA auch andere Drogen genommen.

Ein weiteres Problem ergibt sich aus unterschiedlichen diagnostischen Gewohnheiten. So werden manche psychiatrische Erkrankungen, beispielsweise die schizophrene Psychose, in den USA weitaus häufiger diagnostiziert als in Europa, obwohl die Vorkommenshäufigkeit dieser Erkrankung nachweislich nicht abweicht.

Grundsätzlich muß zwischen akuten psychiatrischen Komplikationen, die mit dem Nachlassen der Rauschwirkung vollständig ausheilen, Intoxikationspsychosen und anhaltenden psychiatrischen Folgeerkrankungen unterschieden werden.

Die häufigsten psychiatrischen Akutsyndrome, die jeweils kurze Zeit nach der Einnahme einer MDMA-Tablette einsetzen, sind Panikattacken. Sie werden von Todesangst, Schwindel und Übelkeit begleitet. In manchen Fällen gehen die Panikattacken mit einer gewissen räumlichen Desorientierung, einer allgemeinen Übererregung und manchmal mit einem Beziehungswahn einher.

Die sogenannten Intoxikationspsychosen sind bei polytoxikomanen Patienten (Opiate, Benzodiazepine, «Ecstasy») beobachtet worden, die eine sehr hohe MDMA-Menge auf einmal eingenommen hatten. Bei ihnen traten im Rausch Beziehungs- und Verfolgungswahn sowie auditorische und visuelle Halluzinationen in Form von Stimmenhören und bewegten Scheinbildern auf. Mit Abklingen des Rausches bildeten sich diese Phänomene rasch zurück.

Zu den in der Literatur am häufigsten erwähnten anhaltenden psychiatrischen Folgeerkrankungen in Zusammenhang mit dem «Ecstasy»-Konsum gehören atypische (Affektverflachung, Kontakt- und Denkstörungen) und paranoide Psychosen (Verfolgungs- und Beziehungswahn), die nach einem gewissen Zeitraum spontan ausheilen oder eben chronifizieren, depressive Syndrome, Panikstörungen, Depersonalisationssyndrome und unterschiedliche Verhaltensauffälligkeiten, beispielsweise unangemessener Leichtsinn oder Selbstüberschätzung, welche Unfälle mit Todesfolge nach sich gezogen hatten.

Selbst nach vollständiger Rückbildung der psychotischen Symptomatik kann es in Einzelfällen zu sogenannten «Flashbacks» kommen. Hier treten nach einem mehrwöchigen symptomfreien Intervall Wahn- und andere Psychosephänomene erneut auf. Solche «Flashbacks» halten nur wenige Minuten, manchmal aber auch tagelang an (*McGuire* et al., 1994, *Schifano* und *Magni*, 1994).

Ein wichtiger Einflußfaktor bei den beschriebenen Komplikationen und Folgewirkungen ist nach heutigem Kenntnisstand die kumulative MDMA-Gesamtdosis, das heißt also die jemals konsumierte Gesamtmenge an Reinsubstanz. Betrachtet man die wissenschaftliche Literatur insgesamt, so zeigt sich, daß die psychiatrisch erkrankten Konsumenten in aller Regel zyklische Gebrauchsmuster aufweisen. Fast ausnahmslos hatten sie eine kumulative Dosis von 40 bis

50 Tabletten «Ecstasy» eingenommen. Berichte über Patienten, bei denen sich bereits nach erstmaliger Einnahme von MDMA psychiatrische Komplikationen herstellten, sind die Ausnahme.

Des weiteren fördert eine fortwährende Tendenz zur Überdosierung die Manifestation psychiatrischer Komplikationen. Es liegen Berichte über Patienten vor, die wiederholt bis zu 10 Tabletten bzw. 1500 mg MDMA auf einmal über einen längeren Zeitraum einnahmen und in der Folge paranoide Psychosen bzw. depressive Syndrome entwickelten.

Darüber hinaus müssen wir annehmen, daß eine vorbestehende Vulnerabilität für psychische Störungen eine wichtige Rolle bei den psychiatrischen Komplikationen spielt. Für diese Annahme spricht, daß sowohl in der Vorgeschichte erkrankter MDMA-Gebraucher wie auch bei engen Familienangehörigen häufig Hinweise für psychiatrische Störungen gefunden wurden. Man vermutet, daß der MDMA-Konsum eine Trigger-Funktion bei den psychotischen Störungen hat, also einen bis dahin klinisch unauffälligen Verlauf in Richtung einer manifesten Störung aushebelt, gewissermaßen das «Faß zum Überlaufen bringt».

Wenngleich eine hohe Vulnerabilität für psychische Erkrankungen die Gefahr einer psychotischen Dekompensation nach MDMA-Gebrauch verstärkt, so ist sie keine notwendige Bedingung. Es liegen Berichte über «Ecstasy»-Konsumenten vor, bei denen sich psychiatrische Komplikationen ohne jeden Hinweis auf eine entsprechende Disposition entwickelten.

Eine offene Frage bleibt vorerst, welche Bedeutung der gleichzeitige Gebrauch anderer Rauschmittel hat. Während manche Wissenschaftler vermuten, daß der zusätzliche Cannabisabusus die Gefahr einer psychotischen Dekompensation erhöhe, fanden wir in unserer Gesamtsicht keine Anhaltspunkte für diese Hypothese.

Ferner muß bei der Frage nach Einflußfaktoren auf psychiatrische Erkrankungen berücksichtigt werden, daß die Gruppe der MDMA-Gebraucher unter persönlichkeitspsychologischen Gesichtspunkten keineswegs homogen ist. Es gibt Hinweise dahingehend, daß ein Teil der Konsumenten innerseelische Konflikte oder problembelastete Lebensbereiche gezielt durch den Gebrauch von MDMA zu kompensieren bzw. zu lösen versucht. In diesem Fall wird die Entwicklung nichtsüchtiger Bewältigungsstrategien immer stärker behindert. Hier droht die Gefahr einer Gewöhnung an das Suchtmittel, schlimmstenfalls der Einstieg in eine ernsthafte Drogenkarriere. Wenn sich im weiteren Fortlauf bei dieser schwerstbetroffenen Konsumentengruppe psychiatrische Komplikationen manifestieren, dann infolge eines komplexen dynamischen Prozesses. Vereinfachende Ursache-Wirkung-Konzepte werden der Klärung dieses Sachverhaltes nicht gerecht. Leider liegen sie jedoch fast allen bisherigen Studien zu diesem Themenbereich zugrunde.

8. Internistische und neurologische Folgen und Komplikationen

Vegetative Effekte

Da MDMA in den neuronalen Botenstoffwechsel des zentralen Nervensystems eingreift, wird eine Reihe von Körperfunktionen, die über das autonome Nervensystem reguliert werden, beeinflußt. So erklärt sich, daß sich beim Konsumenten in der ersten Stunde nach der Einnahme von MDMA ein Blutdruckanstieg und eine Pulsbeschleunigung entwickeln. Bei den meisten Konsumenten sind in der akuten Rauschphase weite Pupillen, Schwitzen, erhöhte Muskeleigenreflexe und diskrete Koordinationsstörungen der Bewegungsabläufe nachweisbar. Darüber hinaus werden Mundtrockenheit, Hitze- und Kältewallungen, Herzstolpern, Muskelverspannungen, Schwindel, Kopfschmerzen, Appetitlosigkeit und Harndrang angegeben. Eine häufig beobachtete unerwünschte Wirkung ist die Kieferklemme (Trismus), die nicht selten mit Zähneknirschen (Bruxismus) assoziiert ist. Manche Konsumenten entwickeln Übelkeit und Erbrechen.

Nach Abklingen der Akutphase bestehen gelegentlich Schwindel, Kopfschmerz und Kieferklemme unverändert fort. An die Stelle der anfänglichen Stimulation und Erregung treten nun eine rasche psychophysische Erschöpfbarkeit, niedriger Blutdruck und Muskelschmerzen.

Die Fähigkeit zum Führen von Kraftfahrzeugen und Maschinen ist infolge der durch das MDMA herbeigeführten Koordinationsstörungen deutlich eingeschränkt.

Internistische Komplikationen

In der wissenschaftlichen Literatur der Jahre 1987 bis 1995 sind mindestens 53 Fälle über ernsthafte medizinische Komplikationen infolge eines MDMA-Gebrauchs veröffentlicht worden, in mindestens 14 Fällen mit tödlichem Ausgang. Die meisten Berichte stammen aus Großbritannien. Weitere Darstellungen sind in den USA, den Niederlanden und Südafrika publiziert worden.

Die häufigste in der Literatur beschriebene Komplikation betrifft eine Störung der Regulation der Körpertemperatur (Thermoregulation). Sie wird mit dem Aufenthalt der Konsumenten in den überhitzten Räumen der Diskotheken, hohem Flüssigkeitsverlust durch stundenlanges Tanzen, unzureichender Flüssigkeitszufuhr und mit den beschriebenen Einflüssen des MDMA auf das zentrale Nervensystem in einen direkten Zusammenhang gebracht.

Bei der Eingangsuntersuchung weisen die Patienten stark erhöhte Körpertemperaturen zwischen 40 und 43 °C auf (Hyperpyrexie). Zumeist wird die Temperaturerhöhung von einer Blutgerinnungsstörung begleitet (disseminierte intravaskuläre Koagulopathie, DIC), die klinisch durch Magenblutungen auffällt. In vielen Fällen ist des weiteren ein Muskelfaserzerfall nachweisbar (Rhabdomyolyse).

Das gleichzeitige Auftreten von Temperaturerhöhung, Muskelfaserzerfall und Blutgerinnungsstörung wird in der wissenschaftlichen Literatur in mindestens zehn Fällen beschrieben, in vier Fällen mit tödlichem Verlauf. Offenbar ist das Krankheitsbild von der Einnahmedosis unabhängig, denn bei den beschriebenen Patienten variierte im Blutserum der nachgewiesene MDMA-Spiegel sehr stark.

Ein akutes Nierenversagen kann sich als zusätzliche Komplikation entwickeln. Die Kombination von Temperaturerhöhung, Muskelfaserzerfall, Blutgerinnungsstörung und akutem Nierenversagen wird in mindestens sieben Fällen beschrieben. Als Ursache des akuten Nierenversagens werden unter anderem nierentoxische Eigenschaften des MDMA diskutiert.

Kreislaufdysregulationen werden bei MDMA-Konsumenten relativ häufig erwähnt. Meistens handelt es sich um einen keinesfalls lebensbedrohlichen «Kreislaufkollaps». In drei Fallbeschreibungen ist aber auch über einen plötzlichen Herztod nach MDMA-Einnahme berichtet worden. Bis heute kann nicht mit Sicherheit gesagt werden, ob der plötzliche Herztod alleine auf das MDMA zurückgeführt werden kann oder ob bis dahin klinisch stumme Vorerkrankungen des Herzens zum tödlichen Kreislaufversagen beitrugen.

Nichtinfektiöse, am ehesten toxisch bedingte Gelbsuchten sind nach mehrmonatiger MDMA-Einnahme in mindestens drei Fällen beobachtet worden. Der lebertoxische Effekt des MDMA ist inzwischen belegt worden.

Veränderungen in der Zusammensetzung zellulärer und nichtzellulärer Bestandteile des Blutes werden weniger häufig genannt. Bei einigen Konsumenten wurden Verschiebungen der Elektrolyte (Natrium, Calcium, Magnesium) diagnostiziert. Verantwortlich sind Salz- und Wasserverluste durch starkes Schwitzen. Zu denken ist auch an Verdünnungseffekte infolge erheblicher Flüssigkeitszufuhr («Wasserintoxikation»). Möglicherweise spielt aber auch eine MDMA-bedingte hormonelle Fehlregulation eine Rolle (inadäquate Sekretion des antidiuretischen Hormons ADH).

MDMA-induzierte Störungen im Bereich der zellulären Blutbildung (aplastische Anämien) werden in zwei Fällen erwähnt. Einmal ging ein zweimonatiger, im anderen Fall ein zwölfmonatiger Ecstasy-Konsum voraus. Wiederholte Knochenmarksuntersuchungen wiesen einheitlich auf einen reversiblen Schaden hin. Der Pathomechanismus blieb ungeklärt.

Neurologische Komplikationen

Im Bereich des zentralen Nervensystems (ZNS) gehören zerebrale Krampfanfälle, welche typischerweise in der Frühphase der Rauschwirkung auftreten, zu den häufigsten Komplikationen. Wahrscheinlich steht das Anfallsereignis in keiner direkten Relation zur eingenommenen MDMA-Dosis, denn ein Teil der Patienten weist sehr niedrige Serumkonzentrationen auf.

Begrenzte Hirninfarkte bei «Ecstasy»-Konsumenten sind eine weitere ZNS-Komplikation, wenngleich weit seltener beschrieben. Die Ursache der Infarkte ist nicht vollständig geklärt; als auslösende Faktoren werden chemisch herbeigeführte Blutdruckkrisen und Gefäßwandveränderungen (Vaskulitiden) diskutiert.

Hirnblutungen, aufgetreten nach einer MDMA-Einzeldosis, werden in zwei Fällen erwähnt. Bei den 21- und 25jährigen Frauen waren vorbestehende, aber bis dahin nicht bekannte Gefäßwandaussackungen die vermutliche Blutungsursache.

An einer Hirnthrombose (zerebralen Sinusvenenthrombose) erkrankte eine 22jährige Frau, die nach der Einnahme von nur einer Tablette Ecstasy acht Stunden lang getanzt hatte, ohne in dieser Zeit Flüssigkeit zuzuführen.

Verletzungen der Augenbindehäute wurden bei mehreren MDMA-Konsumenten diagnostiziert. Diese Erosionen werden auf eine chemisch-nerval bedingte Störung des Lidschlusses (Lagophthalmus) zurückgeführt.

Todesfolge

Als Todesursache wird der vorausgegangene Ecstasy-Konsum in der vorliegenden Literatur in mindestens 14 Fällen verantwortlich gemacht. Als häufigste Todesursache wird die Gerinnungsstörung (DIC) benannt. Folgen einer schweren MDMA-Intoxikation werden bei zwei Patienten als Todesursache angegeben.

Weitere Todesursachen in Zusammenhang mit dem «Ecstasy»-Konsum finden im plötzlichen Herztod, in schweren Asthmaanfällen, in der Hyperthermie und in Unfällen eine Begründung. Ein Pa-

Tabelle 1. Ecstasy (MDMA): Positiv erlebte psychotrope Akuteffekte des Rausches

Effekt
Empathie
Gehobene Stimmungslage
Erhöhte Kontaktbereitschaft
Verbesserte Introspektion
Stimulation
Aufmerksamkeitsfokussierung
Erhöhte Emotionalität
Verminderte Ich-Abgrenzung
Herabgesetzte Aggressivität
Intensivierung visueller Wahrnehmungen
Veränderte Zeitwahrnehmung

Tabelle 2. Ecstasy (MDMA): Negativ erlebte psychotrope Akuteffekte des Rausches

Effekt
Konzentrationsstörung
Eingeschränktes Urteilsvermögen
Appetitverlust
Visuelle Halluzination
Auditorische Wahrnehmungsstörung
Visuelle Wahrnehmungsstörung
Angst
Motorische Unruhe
Depressive Verstimmung
Antriebslosigkeit
Herabgesetzte Libido
Orgasmusverzögerung

Tabelle 3. Fallbeschreibungen: Psychiatrische Komplikationen bei MDMA-Konsumenten

Syndrom	Störungsbild
Akutsyndrome	Panikstörung – Angst – Desorientierung – Übererregung
Intoxikations-Psychosen	Paranoide Psychose – Beziehungswahn – Verfolgungswahn – auditorische Halluzinationen – visuelle Halluzinationen
Anhaltende Folgeerkrankungen	Atypische Psychose – Affektverflachung – Kontaktstörung – Denkstörung Paranoide Psychose – Verfolgungswahn – Beziehungswahn Depressives Syndrom Panikstörung Depersonalisationssyndrom Verhaltensauffälligkeiten
«Flashbacks»	Wahn- und Psychosephänomene

tient suizidierte sich nach der Einnahme von MDMA. Weiterhin konnte MDMA bei verschiedenen Verkehrsunfallopfern nachgewiesen werden.

Bei keiner der beschriebenen Erkrankungen läßt sich ein direkter Zusammenhang zwischen eingenommener MDMA-Menge und Schwere der Komplikation ausmachen. Vielmehr lassen die Ergebnisse den vorläufigen Schluß zu, daß die interindividuelle Variations-

Tabelle 4. Ecstasy (MDMA): Vegetative Effekte während des Rausches (akut) und nach Abklingen des Rauschzustandes (subakut)

Effekt	akut	subakut
Pulsbeschleunigung (Tachykardie)	×	
Blutdruckanstieg (Hypertension)	×	
Blutdruckabfall (Hypotension)		×
Hitze- und Kältewallungen	×	
Schwindel (Nausea)	×	×
Übelkeit/Erbrechen (Vomitus)	×	×
Weite Pupillen (Mydriasis)	×	
Zuckende Augenfolgebewegung (Nystagmus)	×	
Mundtrockenheit	×	
Gangunsicherheit	×	
Erhöhte Muskeleigenreflexe (Hyperreflexie)	×	
Muskelsteifigkeit (Myalgien)	×	×
Kieferklemme (Trismus)	×	×
Zähneknirschen (Bruxismus)	×	×
Muskelzittern (Tremor)	×	
Mißempfindungen (Parästhesien)	×	
Harndrang	×	

Tabelle 5. Fallbeschreibungen: Neurologische Komplikationen bei MDMA-Konsumenten

Komplikation
Krampfanfall (Konvulsion)
Hirninfarkt (Cerebrovaskulärer Infarkt)
Hirnblutung (Intracranielle Blutung, Subarachnoidalblutung)
Hirnthrombose (Cerebrale Sinusvenenthrombose)
Augenbindehautverletzung (Lagophthalmus, corneale Epitheliopathie)

Tabelle 6. Fallbeschreibungen: Medizinische Komplikationen bei MDMA-Konsumenten

Komplikation
Überhitzung (Hyperthermie)
Blutgerinnungsstörung (Disseminierte intravaskuläre Koagulopathie, DIC)
Muskelfaserzerfall (Rhabdomyolyse)
Akutes Nierenversagen
Kreislaufregulationsstörung (Hypotension/Hypertension)
Plötzlicher Herztod
Nichtinfektiöse Gelbsucht (Hepatitis)
Blutbildungsstörung (Aplastische Anämie)
Intoxikation
Harnretention
Asthmaanfall

breite sehr groß ist. Bereits die erstmalige Einnahme einer einzigen «Ecstasy»-Tablette kann fatale, in seltenen Fällen tödliche Folgen für den Konsumenten haben. Bei anderen lösen selbst extrem hohe Dosen keinerlei Beeinträchtigungen aus (*Downing*, 1986, *Greer* und *Tolbert*, 1986, *Peroutka* et al., 1988, *Liester* et al., 1992, *Henry* et al., 1992, *Chadwick* et al., 1991).

Diese Befunde legen die Schlußfolgerung nahe, der individuellen Vulnerabilität (vorbestehende körperliche und psychiatrische Grunderkrankungen, Allgemein- und Ernährungszustand etc.) eine größere pathogenetische Bedeutung beizumessen als der eingenommenen MDMA-Dosis. Außerdem sind toxische Verunreinigungseffekte bei der Tablettenzubereitung zu berücksichtigen. Allerdings hat dieser Aspekt in der Fachdiskussion eine untergeordnete Relevanz, denn in toxikologischen Analysen wurde bei betroffenen Patienten fast ausnahmslos hochreines MDMA nachgewiesen, und andere Rauschmittel, die auf eine Mischintoxikation hinweisen, wurden nur selten gefunden. Gegen die Verunreinigungshypothese spricht auch, daß sich die meisten medizinischen Komplikationen, die in der Folge des «Ecstasy»-Konsums auftreten, im Tierexperiment rekonstruieren lassen.

Problematisch ist, daß sich der bisherige Kenntnisstand über die gesundheitlichen Folgen des «Ecstasy»-Konsums lediglich auf Kasuistiken bezieht. Es wäre unzulässig, diese Ergebnisse auf die Gesamtheit der MDMA-Gebraucher zu übertragen.

Unklar ist auch, inwieweit die neurotoxikologischen Befunde aus dem Tierexperiment auf den Menschen übertragbar sind. Bis heute fehlen empirische Studien, die geeignete Stichproben auf körperliche, seelische und soziale Folgen des MDMA-Konsums untersuchen.

In der Literatur finden sich nur zwei Untersuchungen, in denen neuropsychologische Auswirkungen bei chronischen «Ecstasy»-Konsumenten zu erfassen versucht worden sind. Methodische Unzulänglichkeiten und viel zu geringe Stichprobengrößen limitieren den Aussagewert aber auch dieser Ergebnisse erheblich.

9. Schlußfolgerungen und Forschungsperspektiven

Unser Kenntnisstand weist in die Richtung, daß eine in der Größenordnung unbekannte Untergruppe der MDMA-Gebraucher von schweren und teilweise chronisch verlaufenden psychischen und somatischen Störungen bedroht ist – im Extremfall mit Todesfolge. Zur Identifikation dieser Subpopulation haben sich die Trennkriterien Geschlecht, Alter und Sozialstatus als wenig hilfreich erwiesen. Es gibt aber Hinweise dahingehend, daß sich diese Hochrisikogruppe in Gebrauchsdauer und -intensität wie auch in bestimmten primären Persönlichkeitsmerkmalen, die dem ängstlich-depressiven Spektrum zuzurechnen sind und auf Störungen im Bereich der Selbstwertregulation deuten, von der großen Gruppe der Gelegenheitskonsumenten unterscheidet.

Die Übersicht über den gegenwärtigen Forschungsstand verdeutlicht, daß Ecstasy (MDMA) eine gesundheitspolitische Herausforderung ersten Ranges ist, die der weiteren wissenschaftlichen Aufhellung bedarf; so liegen für den psychiatrischen, neurologischen und internistischen Bereich jeweils interessante Einzelbefunde vor; diese wurden jedoch bisher unzureichend, im Sinne einer integrativen Perspektive, aufeinander bezogen.

Auf dieses Defizit zielt eine eigene Studie am Universitäts-Krankenhaus Eppendorf, in der wir zur Zeit im Rahmen eines größeren interdisziplinären Projektes die Beziehungen zwischen diesen drei Analyseebenen untersuchen. Das Forschungsziel dieser Studie besteht in der Entwicklung eines Risiko-Klassifikationssystems, das den Gefährdungsgrad einzelner MDMA-Verwendergruppen bezüglich psychischer und organischer Störungen prognostiziert. Ein Schwerpunkt unserer Untersuchung mit dem Titel «Der Zusammenhang zwischen der Persönlichkeits- und Neurosenstruktur von MDMA-Konsumenten und dem Auftreten psychiatrischer, neurologischer und internistischer Komplikationen und Folgewirkungen – eine empirische Studie auf der Grundlage einer psychiatrisch-psychodynamischen und klinisch-apparativen Diagnostik von 100 MDMA-Konsumenten» wird deshalb darauf gesetzt, diejenigen persönlichkeits- und neurosenspezifischen Prädiktoren zu identifizieren, die mit einem erhöhten Gesundheitsrisiko verbunden sind. Damit leisten wir einen wichtigen Beitrag zur Entwicklung präventiver Maßnahmen.

Im Rahmen einer psychiatrisch-psychodynamischen Diagnostik werden die Ecstasy-Konsumenten, die wir in Techno-Diskotheken anwerben, zunächst hinsichtlich ihrer Persönlichkeits- und Neurosenstruktur untersucht. Danach erfolgt eine klinisch-apparative Diagnostik, mit deren Hilfe neurologische und internistische Störungen erfaßt werden. Hierzu setzen wir unter anderem die Positronen-Emissions-Tomographie (PET) ein.

Die PET ist das einzige bisher entwickelte Verfahren, mit dessen Hilfe sich eine lokale, dreidimensionale quantitative Bestimmung des Sauerstoff- und Glucosestoffwechsels im Gehirn eines lebenden Menschen durchführen läßt. Die PET-Technik ermöglicht eine Identifizierung der zum Meßzeitpunkt aktiven neuronalen Zellverbände und kann differenzierten Aufschluß über Stoffwechselaktivitäten neuronaler Zell-Ensembles im subkortikalen Bereich geben. In unserer Untersuchung werden Funktionsstörungen des serotonergen und dopaminergen Neurotransmitter-Systems in klar umgrenzten neuroanatomischen Strukturen (z. B. im Bereich der Hippocampus-Formation) untersucht, in denen im Tierexperiment nach der Verabreichung von MDMA die deutlichsten Schädigungen auftraten. Da bisher weltweit keine einzige PET-Untersuchung zum Thema «MDMA» veröffentlicht wurde und sich die existierenden Tierstudien auf morphologische Analysen stützen, die post mortem durchgeführt wurden, leisten wir mit unserer Studie Pionierarbeit und verifizieren beim lebenden Menschen die oben beschriebenen tierexperimentellen Befunde. Darüber hinaus ist unsere Studie, soweit wir wissen, die erste und einzige, die eine relativ unselektierte Stichprobe von MDMA-Konsumenten in der vorliegenden Größe interdisziplinär untersucht (*Thomasius* und *Jarchow* 1996).

Noch besteht ein eklatantes Defizit an prospektiven und hinreichend großangelegten epidemiologischen und klinisch-psychiatrischen Studien, die die Suchtverläufe belegen und Prädiktoren für gesundheitsschädigende Verhaltens- und Persönlichkeitsmerkmale identifizieren. Hier hat die Forschung in den nächsten Jahren einen wichtigen Beitrag zu leisten. Notwendig ist darüber hinaus, das öffentliche Bewußtsein für potentielle Langzeitschäden durch einen MDMA-Gebrauch zu schärfen und einer verharmlosenden Diskussion über eine angeblich ungefährliche Modedroge entgegenzuwirken.

Literatur

Battaglia, G., B. P. Brooks, C. Kulsakdinun, E. B. De Souza: Pharmacologic profile of MDMA (3,4-methylenedioxymethamphetamine) at various brain recognition sites. Eur. J. Pharmac. 149 (1988a) 159–163

Battaglia, G., S. Y. Yeh, E. B. De Souza: MDMA-induced neurotoxicity: parameters of degeneration and recovery of brain serotonin neurons. Pharmacol. Biochem. Behav. 29 (1988b) 269–274

Bundesamt für Gesundheitswesen: Mißbrauch von MDMA (Ecstasy): Eine alte Substanz macht neu von sich reden. Bulletin des Bundesamtes für Gesundheitswesen 38. Bern (1993)

Bundeskriminalamt: Rauschgiftjahresbericht 1994. Wiesbaden (1995)

Bundeszentrale für gesundheitliche Aufklärung: Die Drogenaffinität Jugendlicher in der Bundesrepublik Deutschland. Köln, Referat 2–25 (1994)

Chadwick, I. S., A. Linsley, A. J. Freemont, B. Doran, P. D. Curry: Ecstasy 3–4 methylenedioxymethamphetamine (MDMA), a fatality associated with coagulopathy and hyperthermia. J. Royal. Soc. Med. 84 (1991) 371

Cuomo, M. J., P. G. Dyment, V. M. Gammino: Increasing use of «Ecstasy» (MDMA) and other hallucinogens on a college campus. J. Am. Coll. Health 42 (6) (1994) 271–274

Downing, J.: The psychological and physiological effects of MDMA on normal volunteers. J. Psychoact. Drugs 18 (4) (1986) 335–340

Greer, G., R. Tolbert: Subjective reports of the effects of MDMA in a clinical setting. J. Psychoact. Drugs 18 (4) (1986) 316–327

Henry, J. A., K. J. Jeffreys, S. Dawling: Toxicity and deaths from 3,4-methylenedioxymethamphetamine («ecstasy»). Lancet 340 (1992) 384–387

Kaminer, Y.: Adolescent substance abuse. Plenum, New York, London (1994)

Liester, M. B., C. S. Grob, G. L. Bravo, R. N. Walsh: Phenomenology and sequelae of 3,4 methylenedioxymethamphetamine use. J. Nerv. Ment. Dis. 180 (6) (1992) 345–352

Max-Planck-Institut für Psychiatrie: Ergebnisse einer Studie zu Frühstadien des Substanzmißbrauchs. In: Focus-Magazin 24 (1996) 69–76

McGuire, P. K., H. Cope, T. A. Fahy: Diversity of psychopathology associated with use of 3,4-methylenedioxymethamphetamine (‹Ecstasy›). Br. J. Psychiatry 165 (1994) 391–395

McGuire, P., T. Fahy: Chronic paranoid psychosis after misuse of MDMA («ecstasy»). Br. Med. J. 302 (23) (1991) 697

Nichols, D. E.: Differences between the mechanism of action of MDMA, MBDB, and the classic hallucinogens. Identification of a new therapeutic class: Entactogens. J Psychoact. Drugs 18 (4) (1986) 305–313

Peroutka, S. J.: Incidence of recreational use of 3,4-methylenedioxymethamphetamine (MDMA, «Ecstasy») on an undergraduate campus. New. Engl. J. Med 317 (24) (1987) 1542–1543

Peroutka, S. J., H. Newman, H. Harris: Subjective effects of 3,4-methylenedioxymethamphetamine in recreational users. Neuropsychopharmacology 1 (4) (1988) 273–277

Pierce, P. A., S. J. Peroutka: Ring-substituted amphetamine interactions with neurotransmitter receptor binding sites in human cortex. Neuroscience Letters 95 (1988) 208–212

Rabes, M.: Ecstasy und Partydrogen. In: *Deutsche Hauptstelle gegen die Suchtgefahren* (Hrsg.). Jahrbuch Sucht '96. Geesthacht (1995) 161–177

Ricaurte, G. A., L. E. DeLanney, I. Irwin, J. W. Langston: Toxic effects of MDMA on central serotonergic neurons in the primate: importance of route and frequency of drug administration. Brain Research 446 (1988) 165–168

Ricaurte, G. A., A. L. Martello, J. L. Katz, M. B. Martello: Lasting effects of (±)-3,4-methylenedioxymethamphetamine (MDMA) on central serotonergic neurons in nonhuman primates: neurochemical observations. J. Pharmacol. Exp. Therap. 261 (2) (1992) 616–622

Robinson, T. E., E. Castañeda, I. Q. Whishaw: Effects of cortical depletion induced by 3,4-methylenedioxymethamphetamine (MDMA) on bahavior, before and after additional cholinergic blockade. Neuropsychopharmacology 8 (1) (1993) 77–85

Schifano, F., G. Magni: MDMA («Ecstasy») abuse: psychopathological features and craving for chocolate: a case series. Biol. Psychiatry 36 (11) (1994) 763–767

Shulgin, A. T.: The background and chemistry of MDMA. J. Psychoactive Drugs 18 (1986) 291–304

Thomasius, R.: Familiendiagnostik bei Drogenabhängigkeit. Eine Querschnittstudie zur Detailanalyse von Familien mit opiatabhängigen Jungerwachsenen. Springer, Berlin Heidelberg (1996)

Thomasius, R., C. Jarchow: Ecstasy (MDMA) – Psychotrope Effekte, Komplikationen, Folgewirkungen. Zum Abdruck eingereicht bei Deutsches Ärzteblatt (1996)

Thomasius, R., M. Schmolke, D. Kraus: MDMA-(«Ecstasy») Konsum – ein Überblick zu psychiatrischen und medizinischen Folgen. Zum Abdruck angenommen bei Fortschr. Neurol. Psychiat. (1996)

Wright, J. D., L. Pearl: Knowledge and experience of young people regarding drug misuse, 1969–94. Br. Med. J. 310 (6971) (1995) 20–24

Glossar

Axon: innerer Teil einer Nervenfaser (auch als Achsenzylinder bezeichnet), der von einer Nervenscheide ummantelt wird und den bis zu 1 m langen Fortsatz einer Nervenzelle bildet; dient der Erregungsleitung.

Dopamin: Botenstoff bzw. Überträgersubstanz (sog. Neurotransmitter) im Bereich des zentralen Nervensystems; wird von den Nervenfasern freigesetzt und spielt eine wichtige Rolle bei der Ausführung einzelner «Bewegungsschritte» in einem zielgerichteten motorischen Programm.

dopaminerges System: Kurzform für Dopamin-Neurotransmitter-System; komplexer Regelkreis in der Organisation des zentralen Nervensystems, in dem der Botenstoff (Neurotransmitter) Dopamin eine hervorragende Rolle einnimmt. Nach dem aktuellen Wissensstand ist das Gehirn sowohl in klar abgegrenzten Zentren (lokal) als auch diffus organisiert. Bewegungsabläufe der Willkürmuskulatur und Sinneseindrücke (motorische und sensorische Funktionen) werden von mehr umschriebenen Hirnregionen gesteuert, während die komplexen geistigen Funktionen verschiedene, über das gesamte zentrale Nervensystem verteilte Bereiche beanspruchen. Auf zellulärer und molekularer Ebene wird die Informationsübertragung durch ein neuronales Netzwerk mit unterschiedlichen chemischen Botenstoffen (Neurotransmitter-Systeme) gewährleistet.

Dopaminrezeptor-Agonist: Botenstoff (in diesem Fall Serotonin), der an dem Dopaminrezeptor ansetzt und diesen wie den physiologischen Neurotransmitter (Dopamin) aktiviert.

Dopaminrezeptor: Empfangseinrichtung bzw. Andockstelle einer (Nerven-)Zelle für den Botenstoff (Neurotransmitter) Dopamin; lokalisiert in der Zellmembran einer Nervenzelle.

Histamin: v.a. in bestimmten Stammhirnregionen angereicherter Botenstoff (Neurotransmitter); gehört in die Gruppe der «putativen Neurotransmitter» (vermeintliche Botenstoffe). Während die Klassifizierung der biogenen Amine Dopamin, Adrenalin und Serotonin als Neurotransmitter gesichert ist, werden andere Substanzen (u.a. Histamin, Prolin, Taurin) zur Gruppe der «putativen Neurotransmitter» gerechnet. Bei diesen Stoffen sind nicht alle Kriterien für die Definition als Neurotransmitter erfüllt (bspw. erhöhte Konzentration des Botenstoffs an der Nervenendigung, Freisetzungsmechanismen, Inaktivierungssystem für die Substanz, spezifische Rezeptoren [Andockstellen] an der nachgeschalteten [postsynaptischen] Nervenzelle etc.).

Histaminrezeptor: Empfangseinrichtung bzw. Andockstelle einer (Nerven-)Zelle für den «putativen» Botenstoff (Neurotransmitter) Histamin; lokalisiert in der Zellmembran einer Nervenzelle.

Intoxikationspsychose: psychische Störung mit einem Wandel des Denkens, Erlebens und Verhaltens, die auf die Zufuhr äußerer Noxen zurückgeführt wird und bei Fortlassen der Noxe in den meisten Fällen ausheilt (akute reversible Verlaufsform).

Lebenszeitprävalenz: Häufigkeit eines bestimmten Merkmals (in diesem Fall «Drogeneinnahme») innerhalb der Lebenszeitspanne; dient als Maß zur Charakterisierung von Merkmalsausprägungen in einer bestimmten Population.

Muscarin: Botenstoff-Agonist, der an dem Acetylcholinrezeptor ansetzt und diesen aktiviert.

Muscarinrezeptor: Empfangseinrichtung bzw. Andockstelle einer (Nerven-)Zelle für den Botenstoff (Neurotransmitter) Acetylcholin.

Neocortex: stammesgeschichtlich jüngster Teil der Großhirnrinde; enthält die graue nervenzellhaltige Substanz.

neocortikale Serotoninkonzentration: Anreicherung des Botenstoffs Serotonin im Bereich des Neocortex.

Neurose: psychische Störung, die sich infolge eines zumeist unbewußten lebensgeschichtlichen Entwicklungskonfliktes manifestiert und mit (mehr oder weniger Leidensdruck erzeugenden) Abweichungen im Erleben und Verhalten einhergeht.

neurosenspezifische Prädiktoren: komplexe Merkmale im Bereich des Erlebens und Verhaltens, die eine Vorhersage psychischer Störungen erlauben.

Polytoxikomanie: Gebrauch bzw. Abhängigkeit von verschiedenen Suchtstoffen.

Prädiktor: Merkmal, das im Kontext von Vorhersagen zu einem früheren Zeitpunkt als das eigentlich interessierende Kriterium erfaßt wird und mit dem sich typischerweise Interessen, Leistungen, psychische Störungen usw. vorhersagen bzw. erkennen lassen.

Präsynapse: bildet in Verbindung mit den Endfüßchen einer Nervenzelle, dem Synapsenspalt und der nachfolgenden Nervenzelle die Umschaltstelle (Synapse) der Erregungsübertragung von einer Nervenzelle auf die nächste bzw. auf ein anderes Erfolgsorgan. Die Erregungsübertragung erfolgt vor allem biochemisch durch die Botenstoffe (Neurotransmitter), die aus der Endigung einer Nervenfaser (Präsynapse) freigesetzt werden und die Zellmembran des Erfolgsorgans (Postsynapse) derart verändern, daß durch elektrophysiologische Vorgänge im Bereich der postsynaptischen Membran neuronale bzw. zelluläre Aktivitäten ausgelöst werden.

psycholytische Therapie (Psycholyse): psychotherapeutisches Hilfsverfahren unter Zuhilfenahme der Anwendung von Halluzinogenen, bspw. LSD, Psilocybin, Mescalin oder MDMA. Im psychotherapeutischen Prozeß soll durch den Rauschzustand das Bewußtsein für verdrängte Konflikte und Gefühle erweitert werden. Anwendung fand das Verfahren vor allem bei chronifizierten Neurosen, Phobien, sexuellen Deviationen.

Psychose: Störung der psychischen Funktion, die mit strukturellen intrapsychischen Defiziten oder Veränderungen einhergeht. Die Psychosen lassen sich von anderen psychischen Störungen (Neurosen, Persönlichkeitsstörungen etc.) durch Entstehungsmechanismen, Symptomatik und Verlauf abgrenzen. Unterschieden werden symptomatische Psychosen (exogene, organisch und körperlich begründbare Psychosen), endogene Psychosen (Schizophrenie, affektive Psychosen) und experimentelle Psychosen (Modellpsychosen; durch psychotrop wirksame Substanzen provozierte Psychosen).

psychotische Dekompensation: psychotisches Zustandsbild, das durch eine körperliche (somatische) und/oder seelische (psychische) Störung zum Vorschein kommt.

psychotrop wirksame Substanzen: Sammelbezeichnung für chemische Verbindungen, die eine im weitesten Sinne psychische Wirkung entfalten (bspw. Nikotin, Coffein, Alkohol, Psychopharmaka, Halluzinogene, sog. Designer-Drogen).

serotonerges Axonterminal: Teil einer Nervenfaser, der den Botenstoff (Neurotransmitter) Serotonin freisetzt.

serotonerges System: Kurzform für Serotonin-Neurotransmitter-System; komplexer Regelkreis in der Organisation des zentralen Nervensystems, in dem der Neurotransmitter Serotonin eine hervorragende Rolle einnimmt. Das serotonerge (Neurotransmitter-)System umfaßt insbesondere jene Nervenzellen, die für die Ausschüttung des Botenstoffs Serotonin verantwortlich sind (serotonerge Neurone). Eine Anhäufung der serotonergen Neurone findet man in umschriebenen Hirnregionen (bes. im sog. Hippocampus, aber auch in Hirnrinde, Mesencephalon, Medulla, Corpus striatum und Kleinhirn).

Serotonin: Botenstoff bzw. Überträgersubstanz (sog. Neurotransmitter) im Bereich des zentralen Nervensystem; hat einen vornehmlich hemmenden Einfluß und einen dämpfenden Effekt auf verschiedene Verhaltenskategorien. Serotonin ist an der Modulation des Schmerzes und an der Steuerung von Schlafen und Wachen beteiligt. Auf vegetativer Ebene spielt es eine wichtige Rolle bei der Regulierung des Blutflusses der hirnversorgenden Gefäße.

Serotoninkonzentration: bezeichnet den (mit modernen Methoden meßbaren) Gradienten an freiem Serotonin an der Kontaktstelle (Synapse) zweier Nervenzellen. Die Kommunikation zwischen zwei Nervenzellen im zentralen Nervensystem erfolgt überwiegend im Zwischenraum der vorgeschalteten (präsynaptischen) Nervenendigung und der Zellmembran der nachgeschalteten (postsynaptischen) Nervenzelle.

Vulnerabilität: Verletzbarkeit; gemeint ist hier die individuelle Erkrankungsbereitschaft für eine psychische Störung im weitesten Sinne. Die Erkrankungsbereitschaft ist in ein komplexes Bedingungsgefüge eingebettet. Einflußfaktoren stellen Vererbungsanlagen, frühkindliche Bindungserfahrungen, Erziehungs- und Kommunikationsstile, seelische Traumen und deren Bewältigungsmöglichkeiten, soziale Aspekte etc. dar (sog. multifaktorielle Genese).

Ecstasy und Jugendkultur

Carsten Claus

Techno-Musik, Techno-Szene und ihre Kommunikationsmedien

Die Geschichte und Entwicklung des Technohouse

Techno – kaum ein Wort trägt derart viele, zum Teil auch überaus mißverstandene Bedeutungen in sich wie dieses. Für den einen ist es der Inbegriff der wohl größten, je dagewesenen Jugendbewegung und musikalischen Revolution, quasi die Ablösung des Rock durch Elektronik, für die anderen ein rotes Tuch, die Horrorvorstellung einer unpolitischen, zum Egoismus verzogenen Generation. Dabei hatte alles so beschaulich angefangen. Diejenigen, die man heute als die Urväter des Techno bezeichnet, wollen oder können nicht so recht realisieren, was ihr Tun für Auswirkungen zeigen sollte – wurden sie doch in ihren Anfangstagen nicht selten belächelt.

Klaus Schulze, der mittlerweile fast fünfzigjährige Pionier der elektronischen Musik, ist seit über einem Vierteljahrhundert für mehr Produktionen verantwortlich, als ein Sumo-Ringer zu tragen vermag. Auf der Love-Parade 1995, mit gut einer halben Million zugereister Jungzappler die größte «Demonstration» für Liebe & Frieden weltweit, bat ihn das Szene-Magazin «Frontpage» als Ehrengast in die heiligen Redaktionshallen am Berliner Tauentzien, dem Logenplatz über einem Heer von Techno-Ameisen.

«Klaus, komm mal ans Fenster und schau dir an, was du angerichtet hast!» winkte ihn ein Mitarbeiter herbei, und so recht konnte keiner verstehen, was dort wirklich vor sich ging.

Klaus Schulze bildet zusammen mit Tangerine Dream und Kraftwerk das magische Dreieck der elektronischen Musik, und wie man hieran erkennt, beginnt die Geschichte des Technohouse bereits mit der käuflichen Erwerbbarkeit des elektronischen Musikinstruments.

73

Denn beinahe jeder Künstler aus diesem Bereich beruft sich auf wenigstens ein Mitglied dieses Zirkels.

Während Kraftwerk noch heute ihren Einfluß auf die heutige Musik von sich weisen, definierten sie doch schon in den frühen siebziger Jahren, wie Musik ihrer Meinung nach zu klingen habe: «Klack, Zisch, Bumm, Peng, Ratsch» – Geräusche des Alltags als Stilmittel, gar als tragende Gerüste ganzer Stücke. Oder wie Kraftwerk-Mitglied Ralf Hütter konstatierte: «Wir sind keine Rockstars, wir hängen uns keine Gitarre um den Hals und machen pling-pling.» Und ferner: «Die Gitarre ist ein Instrument aus dem Mittelalter.»

Das Lied, der Song, mußte dem Track weichen, klassische Strukturen verschwanden. Jeder konnte, ohne jemals Unterricht gehabt zu haben, Musik machen. Monotonie, die von vielen Außenstehenden als primitiv im negativen Sinne verstanden wird, wird zum musikalischen Fundament ... Der Preisverfall der Instrumente, bei stetig verbessertem Entwicklungsstand, beschleunigte diesen Prozeß – man kann schon von der Demokratisierung der Produktionsmittel sprechen.

Für viele ist diese noch immer andauernde Entwicklung durchaus besorgniserregend. In England forderten um ihre Existenz besorgte Orchester gar das Verbot von Samplern, Geräten, die nahezu jedes natürliche Instrument nachahmen können.

Klaus Schulze beschreibt den heutigen Techno so: «Das ist ja fast genau das gleiche, was wir in den siebziger Jahren gemacht haben, nur daß die Produzenten heute eine durchgehende Bassdrum darunterlegen.»

Die «durchgehende Bassdrum», die einen stampfenden Rhythmus im ¼-Takt produzierte, war das revolutionäre Element dieses Genres überhaupt.

Seinen Ursprung findet Techno dort, wo auch der Person des Discjockeys, kurz DJ, eine ganz neue Bedeutung zuteil wurde, in Chicago.

Zwei Protagonisten der frühen Achtziger waren die Amerikaner Grandmaster Flash und Africa Bambaataa. Während sich bis dahin jeder als DJ schimpfen konnte, der wußte, daß eine Platte rund ist und zwei Seiten hat, prägten sie ein neues Bild, indem sie sich nicht mehr damit begnügten, stur eine Platte nach der anderen abzuspielen. Sie begannen damit, zwei gleichzeitig nebeneinander laufende Platten zu synchronisieren, sprich vom Tempo her anzugleichen, sie zusammenzumischen und so beide gleichzeitig hörbar laufen zu lassen. Hier ergaben sich völlig neue Klangmöglichkeiten, aus zwei völlig unterschiedlichen Schallplatten wurde ein «Track». Heutzutage gibt es sogar DJs, welche deren drei übereinanderlegen. Eine Kunst, die man in keiner Schule der Welt erlernen kann. Es basiert alles auf Übung, Talent und dem richtigen Gespür für Musik. Eine weitaus größere Zahl von DJs scheint hingegen die Historie kaltzulassen, sind sie doch oft wieder auf dem Stand der bloßen Aufleger gelandet – oft genug auch noch erfolgreich.

Als irgendwann die ersten Schlagzeugcomputer auf den Markt kamen, folgte die Idee, die Musik mit einem durchgehenden Beat zu versehen.

So wurde jedenfalls die Illusion ermöglicht, man höre die ganze Nacht hindurch nur ein einziges Stück, da Übergänge, das gewisse Talent des DJs vorausgesetzt, unhörbar wurden. Der DJ avancierte zum «Magier der Nacht», der Stimmungen steuerte, aufsog und weiterverarbeitete – nicht selten auch im heimischen Studio, welches oft aus einer Schar kleiner Klangerzeuger bestand, die um die Bettstatt geschart wurden (womit auch schon der vielgebrauchte Begriff der Wohn- und Schlafzimmerproduktion erklärt ist). Immer häufiger waren nun DJ und Produzent in Personalunion anzutreffen.

Zwei Städte gehören demnach zu House und Techno wie die Taste zum Klavier: Chicago mit seinem eher durch den Disco-Boom der 70er geprägten Sound, dem Chicago-House, sowie die Motor-City Detroit, in der es etwas «härter» brodelte, was für das, was heute als Techno gilt, wohl noch entscheidender war.

Die sehr kalt klingende Musik Kraftwerks, vier weißer, adretter, gutsituierter und klassisch ausgebildeter Herren aus Düsseldorf, die in Deutschland lange Zeit alles andere als Anklang fanden, hatten ausgerechnet in der rezessionsgebeutelten nordamerikanischen Stadt Erfolg. Die schwarze Bevölkerungsschicht, musikalisch eher durch Jazz und Blues geprägt, griff diese Musik auf, da sie wie keine andere das alltägliche Leben mit seiner unsäglichen Monotonie und Gefühlskälte widerspiegelte. Von den Vorreitern der Detroiter Szene wie Juan Atkins oder Derrick May wird diese Musik gar als Initialzündung bezeichnet, ohne die es Techno in seiner heutigen Form wohl nie gegeben hätte.

Während auch der Chicago-House eher dem funktionellen Aspekt unterlag, als Club-Werkzeug die Masse zum Tanzen zu bringen, benutzten die Detroiter Produzenten ihre Stücke, um Empfindungen und Gefühle zu vermitteln, indem sie futuristische Synthesizersounds einsetzten.

In Europa wurde diese Form der Musik zuerst von den DJs verstanden und aufgegriffen, von denen die ersten noch heute zu den führenden Köpfen zählen. In Deutschland sind das unter anderem Westbam und Sven Väth, in Frankreich Laurent Garnier sowie Carl Cox oder Colin Favor in England.

Mitte der 80er war wohl für die meisten nicht abzusehen, was diese kleine musikalische Revolution für eine Lawine lostreten würde.

Mit die ersten DJs, die sich in Deutschland als Produzenten versuchten, waren die Frankfurter Luca Anzilotti und Michael Münzing, die noch heute das Projekt «Snap» darstellen. Doch damals flogen sie noch im hohen Bogen aus den A&R-Büros, den Talentscouts der Plattenfirmen. Der Gedanke, jemand, der keinerlei Noten lesen, geschweige denn ein Instrument beherrschen könne, produziere (charttaugliche) Musik, war einfach noch zu abstrakt.

Als Konsequenz gründeten sie ihre eigene Firma, das Plattenlabel «Logic Records». Ihre erste Single «The Power» war vom Sound her revolutionär und belegte weltweit die Spitzen der Charts.

Langsam begriff man, daß der DJ permanent mit dem Publikum in Interaktion tritt, der sieht, welche Platte «funktioniert» und welche nicht und daraufhin nur noch die erfolgreichen Elemente in neue Produktionen umsetzen muß. Er ist am Puls der Zeit.

Einen (vor allem finanziell) vergleichbaren Erfolg von «Snap» vermochte bis heute zwar niemand zu wiederholen, doch wurde ein deutliches Zeichen gesetzt: Jeder, insbesondere ein DJ, der weiß, was die Leute hören wollen, ist in der Lage, Musik zu machen. Mit einem eigenen Label ist er bis zu einem gewissen Grade autark, er entscheidet frei, was veröffentlicht wird und was nicht. «Snap» testeten zunächst jede Produktion in ihrer eigenen Disco, dem «Omen» in Frankfurt (bis heute eine Art Kultstätte), und unterwarfen sie dem Urteil des wohl wichtigsten Kritikers – des Publikums. Bestand diese jene Hürde, wurde sie veröffentlicht. Wenn nicht, wurde sie überarbeitet oder verworfen. Derart kleine Kreativzellen im Zusammenspiel mit einem kompetenten Vertriebspartner (im Falle von Logic war es die BMG Ariola, die dafür sorgte, daß ein erfolgreicher Titel innerhalb kürzester Zeit in allen europäischen Plattenregalen stand) waren von nun an Trumpf. Im Laufe der Zeit richteten alle großen Plattenfirmen sogenannte «Dance Departments» ein, jedoch mehr, um von der Entwicklung zu profitieren, als diese zu forcieren, was auch schon wieder ein Thema für sich wäre.

Die Sorge vieler, eine kommerzielle Ausschlachtung des «Trends Techno» könne dessen vorzeitigen Tod hervorrufen, wie wenige Jahre zuvor bei der Neuen Deutschen Welle, erwies sich als unbegründet. Techno wurde von Jahr zu Jahr bunter. Techno als Chamäleon! Neue Deutsche Welle dagegen eine graue Maus, zu starr, zu wenig wandelbar. Techno erlaubt die Einbeziehung aller (und ich meine aller) Musikrichtungen, die es je gegeben hat. Ob Jazz, Funk, Klassik oder bisweilen gar Rock – alles wurde schon mit Techno liiert, was mitunter auch schon zu fürchterlichen Mißverständnissen über Techno geführt hat.

Techno bedeutet Monotonie, die Möglichkeit für den DJ, mit einem flexiblen Werkzeug zu arbeiten. Er bedeutet nicht, die Elemente des klassischen Pop-Songs mit Techno-Versatzstücken aufzufüllen, was oft zum vielzitierten Kirmes-Techno ausartet und wiederum von vielen als Techno verstanden wird. Aber Achtung: Das ist kein Techno!

«Techno ist ja primitiv!»

Manche Dinge wird man sich wohl immer wieder anhören müssen, insbesondere obige Aussage. Nun, Techno klingt beim erstenmal alles andere als vielseitig, doch irgendwo muß es ja herkommen, daß gestandene Musiker Techno als ideales Ausdrucksmedium begreifen.

Der Berliner Künstler Cosmic Baby ist klassisch ausgebildeter Konzertpianist und hat sich doch der Hingabe an repetitive Strukturen,

77

sich endlos in die Tiefe schraubende Loops und scheinbar willkürlich gespielten Tönen verschrieben.

Ralf Hildenbeutel hatte auch nicht wenige Jahre Klavierunterricht, spielte in diversen Bands, ohne seine Mutter zu erhören, die entsetzt zur Kenntnis nahm: «Oh je, der Bub will Musik machen!» Nun produziert er schon seit geraumer Zeit die Platten des erfolgreichsten deutschen DJs Sven Väth. Kürzlich wurde ihm vom Musiksender VIVA auch noch der COMET, der Preis für den besten Produzenten, verliehen. Überhaupt läßt sich vermehrt feststellen, daß «echte Musiker» mit dem DJ ein Gespann bilden, insbesondere dann, wenn es sich um kommerziell ertragreichere Produktionen handelt. Das Duo Jam & Spoon besteht neben dem DJ Markus Löffel aus dem studierten Musiker Rolf Elmar, Westbam oder Marusha werden vom Hausfreund Klaus Jankuhn produziert. Dieses geschieht jedoch meistens dann, wenn Platten mit den Merkmalen klassischer Popsongs und deshalb solides Musikerhandwerk gefragt sind.

Im Gegenzug scheinen immer mehr reine Pop-Nummern vom Szene-Wissen einzelner DJs zu profitieren, schließlich sind Remix-Aufträge an der Tagesordnung, die Standard-Stücke in ein Technokorsett zwängen und oft sogar erfolgreich werden lassen. Die House-Version des New Yorker Underground-Königs Todd Torry von Everything But The Girls «Missing» ist das wohl aktuellste und eindrucksvollste Beispiel.

Die Tatsache, daß dieser Musikstil sich nahezu jedem beliebigen anderen zu öffnen vermag, macht ihn für die unterschiedlichsten Herangehensweisen interessant, und das sollte man zu verstehen versuchen.

Schließlich wird es seinen Grund haben, daß allein auf dem Sektor Technohouse pro Woche zwischen 200 und 300 Platten erscheinen. Die kann sich zwar kein Mensch alle anhören, sie tragen jedoch dazu bei, daß es jedem DJ möglich ist, einen ganz spezifischen Stil zu entwickeln. Denn oft ist es nur der reine Zufall, eine bestimmte Platte zu ergattern, denn sind die besten Stücke erst einmal über die Theke gewandert, ist Nachschub nur selten zu ordern – zu gering ist die Auflage vieler Veröffentlichungen. Bestimmte, schon länger vergriffene Platten erzielen gar dreistellige Sammlerpreise. Doch meist liebt ein DJ seine Platten zu sehr, als daß er sie hergeben würde. Oft ernähren sich die sogenannten «Vinyljunkies» die letzten Tage des Monats von Mamas Eintopf und trockenem Toastbrot, nur um sich ihre heißgeliebten Scheiben kaufen zu können.

Glücklich ist, wer sein Hobby zum Beruf machen konnte. Ein DJ kann die 2000 Mark im Monat für Schallplatten auch noch beim Finanzamt geltend machen – ungerechte Welt.

Ein anderer Punkt ist, wie voreingenommen häufig von offizieller Seite mit Techno umgegangen wird. Besonders hart ist es, wenn bayerische Politiker diese Musik gar gesetzlich verbieten wollen, mit Argumenten, bei denen es einem die Weißwurstpelle abzieht. Es wird behauptet, Techno verstärke die Gewaltbereitschaft, fördere den Drogenkonsum und sei bisweilen gar ein Werk des Teufels. Die Beweise versucht man zu erbringen, indem regelmäßige Razzien mit noch gründlicheren Leibesvisitationen durchgeführt werden. Die Erfolge stehen meist in keinem Verhältnis zum geleisteten Einsatz. Bei einer Großveranstaltung am alten Flughafen Riem, bei der man am Eingang über zehntausend Leute kontrollierte, wurden ganze drei Ecstasy-Pillen und einige Gramm Haschisch gefunden. Sicherlich rutschte einiges durch die Kontrollen, doch man wäre bestimmt in jedem U-Bahnhof auf vergleichbare Mengen gestoßen.

Aus dem Untergrund zur Massenbewegung

Am Anfang war Techno zwar nicht elitär, schließlich war er als grenzenlose Musik für jedermann gedacht, doch spielte er sich anfangs eher an verwegenen Orten ab.

Das Berlin nach dem Mauerfall bot den idealen Nährboden für kleine Partys, die mit viel Liebe und wenig Aufwand gestaltet wurden, zum Teil in verfallenen Gebäuden, deren Eigentumsverhältnisse noch nicht geklärt waren. In einem verfallenen alten Bankgebäude fand vor über fünf Jahren der wohl legendärste deutsche Club seine

Bleibe und ist bis heute Sinnbild für den Beginn dieser Bewegung – der «Tresor». Schon einige Male bedroht, scheint sein Vorhang nun 1997 zu fallen, doch seine Wirkung wird unübersehbar bleiben. Berlins Clubleben und die Produzentenlandschaft Frankfurts traten, auch durch die Medien geschürt, in Konkurrenz zueinander. Wer würde bedeutender sein?

Zwei Plattenlabels der ersten Stunde spiegeln die Atmosphäre wider.

In Berlin war dies «Low Spirit» mit seinem damals noch recht geradlinigen Technosound. In Frankfurt, genauer in Offenbach, war es EYE Q in der Strahlenberger Straße 125 a – eine Adresse, die schon länger bekannt war, residierte hier doch schon Logic Records. Im weiteren Verlauf sammelten sich auf der EYE-Q-Etage die Studios der Leute an, die den Sound einer kleinen Ära prägten. Die Platten von Produzenten wie Oliver Lieb, Ralf Hildenbeutel oder Steffen Britzke aka Stevie B-Zet, veröffentlicht unter einer Vielzahl von Projektnamen, wurden zum Inbegriff der '93er Hardtrance-Sounds. Sphärische Klänge vermochten Gefühle auszudrücken wie nie zuvor. Auf einmal fühlten sich immer mehr Menschen fasziniert und angesprochen. Namen wie Cosmic Baby, Vernon, Sven Väth oder Paul van Dyk – mit jedem Namen wurden Gefühle verbunden, ein besonderes Erlebnis. Ihre Musik hat bis heute nichts von ihrer Aktualität verloren.

Ein weiteres Phänomen trat auf: das Plattenlabel wurde zum Imageträger, zum Identifikationspunkt. Während im bisherigen Verlauf der Musikgeschichte der Künstler im Vordergrund stand, waren es auf einmal die Firmen, die die Musik herausbrachten, wohl nicht zuletzt deshalb, weil sich das Geschehen am Anfang mangels Masse auf nur wenige konzentrierte. Heutzutage scheint es mehr von ihnen zu geben, als Plattenkäufer vorhanden sind. Ein Künstler konnte direkt mit einem Label in Verbindung gebracht werden und umgekehrt. Es war eine Art Symbiose, einer profitierte vom anderen.

Schnell klinkten sich sämtliche große Plattenfirmen in das Geschehen ein, indem sie in zunehmend inflationärem Maße Kooperationen mit den kleinen Plattenlabels eingingen. So versuchen sie zum Teil noch heute, sich mit Summen in die Szenen regelrecht einzukaufen, um überhaupt ein Bein auf die Erde zu bekommen.

Vorschußzahlungen an Künstler in sechsstelliger Höhe sind bis heute an der Tagesordnung, einige wenige sollen es gar zu siebenstelligen gebracht haben. Angesichts der oft wenig berauschenden Verkaufszahlen scheint dieses wohl nur durch eine gesunde Mischkalkulation möglich zu sein.

Jedenfalls wurde Techno durch die Macht der Industrie omnipräsent. Will man Techno heutzutage aus dem Weg gehen, muß schon festes Schuhwerk geschnürt sein.

Es dauerte nicht lange, bis sich die ersten Techno-Tracks in den Charts festsetzen konnten.

Schnell wuchs auch das Interesse an den Raves, den großen Technopartys mit mehreren tausend Besuchern.

Auf den Flyern, die die Partys ankündigten, war es unerläßlich geworden, hinter den Namen der auftretenden Künstler die Labels, für die sie produzierten, sowie alle weiteren Aktivitäten wie Radio-Shows bis hin zum Plattenladen, in dem sie gegebenenfalls arbeiteten, mitanzugeben. Und so entwickelte sich etwas, was eigentlich verhindert werden sollte.

Der DJ als Star

Eines der Ziele von Techno war auch, das Startum des Künstlers, das insbesondere durch die Rock-Ära manifestiert wurde, aufzubrechen. Nur die Musik sollte im Vordergrund stehen. Am Anfang sah auch alles danach aus: Eine kleine Gemeinde trat ihren Revolutionszug an, die Platten in kleinen Auflagen von wenigen hundert Stück, aus Kostengründen meist ohne Beschriftung, die sogenannten Whitelabels, fungierten einfach als «Werkzeug». Doch damals steckte Techno eben noch in seinen Kinderschuhen, und die Bandbreite war noch nicht richtig einzuschätzen.

Doch eine Massenbewegung konnte erst einsetzen, als die Voraussetzungen dafür geschaffen wurden: Massenkompatibilität. Der monotone Sound Detroits, eine sich wiederholende Klangschleife, die von kleinen Veränderungen lebte, wich einprägsamen bis penetranten Melodien oder individuell programmierten Klängen, die den Platten einen Wiedererkennungswert verliehen, den sogenannten Rave-Signals.

Die Auflagen wuchsen allein auf dem Vinylsektor, der guten alten Schallplatte, zum Teil in fünfstellige Bereiche. Immer zahlreicher strömten die Menschen zu den immer häufiger stattfindenden Raves. Vom intimen Großstadtkeller verlagerte sich das Geschehen zusehends in Sport- und Schützenhallen auf dem flachen Land.

Namen einzelner Künstler rückten in den Vordergrund, fungierten (und fungieren) als Zugmittel, die Arena zu füllen. Das Wir-Gefühl der Underground-Bewegung rückte in den Hintergrund, dem finanziellen Aspekt fiel steigende Bedeutung zu. Immer mehr wollten etwas vom immer größer werdenden Kuchen abbekommen.

Getreu dem Motto «Handwerk hat goldenen Boden», kassieren Top-DJs wie Sven Väth oder Westbam um zehntausend Mark pro Auftritt, so ist auch nicht verwunderlich, wenn schon für relativ unbekannte Namen fast 2000 Mark berappt werden müssen. Hinzu kommen Anreise und Hotel, nicht selten Buchungsgebühr für die Agentur und Mehrwertsteuer, es sei denn ... Ob dies gerechtfertigt ist, mag dahingestellt sein, doch können, vorausgesetzt, ein Veranstalter kennt den DJ nicht privat, schnell 3000 Mark für einen Allerweltsnamen bezahlt sein. Bei Großveranstaltungen mit zehn und mehr DJs und entsprechenden räumlichen Kapazitäten, Werbeetat sowie Licht und Sound kommt man da auf Summen, die die Eintrittspreise oft in Dimensionen schrauben, wo sie mit keinem normalen Taschengeldsatz mehr zu vereinbaren sind. In der jüngsten Vergangenheit sind so auch nicht wenige, zum Teil dilettantisch organisierte Veranstaltungen regelrecht baden gegangen, und diverse Veranstalter nagen noch heute an ihrer sechsstelligen Pleite von vor drei Jahren.

Den ursprünglichen Underground kann man zwar auch heute noch antreffen, er ist größer geworden und bleibt nach wie vor Impulsgeber für neue «Trends». Vorwiegend läßt sich in den jeweiligen «Entwicklungszentren», den Tummelplätzen technobegeisterter Aktivisten, frühzeitig erkennen, ob etwas Neues im Trend liegt oder die regionalen Grenzen nie überschreiten wird.

Jede Stadt und jede Region hat im Laufe der Zeit ihre eigenen Stilmerkmale entwickelt, die sie von den anderen unterscheiden. Techno ist nirgendwo gleich, es ist ein himmelweiter Unterschied, ob man sich gerade in Berlin oder Frankfurt, in Hamburg oder Wien aufhält. Ist ein bestimmter Stil in Stadt A der große Renner, muß er den Leuten in der Stadt B noch nicht einmal ein mildes Lächeln ins Gesicht zaubern. So gibt es Lokalmatadore, die außerhalb ihres Refugiums nicht einmal einen Job als Gläsersammler bekommen würden.

Die Party als Gesamtkunstwerk

Eine Technoparty besteht, so der Grundgedanke, aus mehr als einer Halle, einer Musikanlage und ein paar lärmenden Plattenauflegern.

Die wenigen noch verbliebenen Veranstalter, die einer Party ein liebevoll gestaltetes Gesamtkonzept zugrunde legen, beherzigen hier einen der wichtigsten Aspekte, der Techno eigentlich zu dem gemacht hat, was er heute ist.

Von der Flyergestaltung, der Hallendekoration bis hin zur Zusammenstellung des Programmablaufs sollte alles stimmig sein, um den Leuten, die häufig viel Geld bezahlen, auch einen schönen Abend zu bereiten. In der jüngsten Vergangenheit betraten immer wieder regelrechte Abzocker das Feld, die für wenig Aufwand viel Geld verlangten und so den ehrlichen Veranstaltern das Leben schwer machten. Da Tanzen auf solchen Partys eine schweißtreibende Angelegenheit ist, hatte es sich schon frühzeitig etabliert, sogenannte Chill-Out-Zonen zu schaffen, Bereiche, in denen man die Gelegenheit hat, sich bei ruhiger Sphärenmusik auszuruhen, etwas zu trinken oder zu essen. Häufig wird auch frisches Obst angeboten, sicher eine gesunde Sache, und dieses Angebot zeigt, daß Techno nicht nur aus Drogen besteht, wie es manche Zeitgenossen Glauben machen wollen.

Eine auf die Musik abgestimmte Lichtanimation ist ebenso wichtig wie Visuals, Bildprojektionen und der immer wieder gerne gemietete Videobeamer.

Die Mutter aller Partys ist die halbjährlich stattfindende «Mayday». Besonders die in der Dortmunder Westfalenhalle, jedes Jahr am 30. April, stattfindende Mammutveranstaltung lenkte die Aufmerksamkeit auf diese Musik. Allein der Produktionsaufwand liegt schon im satten siebenstelligen Bereich und verdeutlicht, was für ein Markt hier an der Angel hängt. Das besondere ist nicht, daß 25 000 Menschen in einer Halle zusammenkommen, das schafft auch Herr Westernhagen. Vielmehr ist es die Tatsache, daß es einerseits die wohl massivste Zusammenkunft an Top-DJs ist, die für diese Halle aufwendigste Produktion überhaupt, bei der das Equipment aus halb Europa herangekarrt wird, und daß die Menschen von nahezu überall anreisen. Ob aus Frankreich oder aus Kroatien, es ist die wohl multikulturellste Veranstaltung überhaupt.

Allerdings werden auch hier die Stimmen lauter, die ein abfallendes Niveau zugunsten eines höheren Profites befürchten.

Techno und Medien

Parallel zur musikalischen Entwicklung vollzogen sich auch außerhalb der Produzenten/DJ-Zirkel Wandlungen. Neue Medien spielten eine immer größere Rolle. Den Anfang machten die Gestalter von Flyern, kleinen Handzetteln, auf denen die kommenden Partys angekündigt wurden. Anfangs oft von Hand collagenartig und regelrecht zusammengeschnipselt, wurden sie mit jedem Wochenende immer wichtiger. In den ersten Tagen des Technofiebers genügte es oft noch, wenige Tage vor einer Party mit deren Ankündigung aufzuwarten, der Keller war garantiert voll. Dennoch war alles neu und interessant. Sehr bald wandelte sich der Flyer vom bloßen Informationsträger zum Kunstobjekt.

Leistungsfähige Computer und Grafikprogramme rückten in finanziell erreichbare Dimensionen, nicht selten ließ sich schon an der graphischen Aufmachung erkennen, ob der musikalische Inhalt der Party dem eigenen Geschmack entsprechen würde. Von minimalistischen, klar angeordneten Fernsehtestbild-Adaptionen bis hin zu psychedelischen Farbschichtungen wurde nichts ausgelassen.

Und sammelte man vor wenigen Jahren noch jeden Flyer, den man in die Finger bekam, kann man heute angesichts der Flut teils sehr uninspirierter Kreationen schon Anfälle bekommen.

Etwas, das sicher bis heute von keinem weiteren Genre erreicht worden ist, ist die große Anzahl an Printmedien, die sich ausschließlich mit Techno auseinandersetzten. Definitiver Pionier auf diesem Sektor ist die Zeitschrift «Frontpage», erstes deutsches Techno-Magazin überhaupt. Angefangen hat alles in Schwarzweiß, wie auch bei den Flyern und hauptsächlich aus Kostengründen. Es gab auf einmal Interviews mit den Protagonisten der Szene, den DJs und Produzenten, es gab Gesichter zur Musik. Sicher wurde dadurch einiges entmystifiziert, doch es gab endlich ein Forum für eine immer größer werdende Gemeinde, die immer mehr Informationen verlangte.

Plattenlabels wurden vorgestellt, Platten rezensiert, ein Partykalender ins Leben gerufen. Somit war es auch jemandem aus Hamburg möglich, etwas über das Nachtleben in München oder Frankfurt zu erfahren und zu erkunden. Denn ein weiteres Phänomen von Techno war und ist die Bereitschaft der Tanzjünger, drei bis vier Stunden im Auto zu sitzen, nur um zu einer bestimmten Party zu gelangen.

Regelmäßig wurden auch Rückblicke auf Partys der vergangenen Wochenenden geworfen, besonders Engagierte schickten sogenannte «Cityreports», einen Überschweif über das Geschehen in einer gewissen Region, an die Magazine. Neben der immer größer werdenden «Frontpage» erblickten weitere Magazine das Licht der Welt. Die wichtigsten und noch immer bestehenden im Format A4: «Groove» (Frankfurt/Main), «Ton Dance» (Frankfurt/Oder), «Raveline» (Gelsenkirchen), «Beam Me Up» (Köln), «House Attack» (Köln). Im Format A6: «mushroom» (Soltau), «Flyer» (Berlin, München, Hamburg, NRW) und «Partysan» (insgesamt elf verschiedene Regionalausgaben mit sechsstelliger Gesamtauflage).

Das wichtigste ist die Tatsache, daß bis Mitte 1995 alle Magazine gratis erhältlich waren und sich nur durch Anzeigen finanzierten. «Frontpage» und «Raveline» sind dann mit einem Preis von 5,– DM bzw. 4,50 DM an den Kiosk gegangen, was ihnen jüngsten Informationen zufolge alles andere als gut bekommen sein soll.

Alle weiteren sind weiterhin gratis erhältlich, bei vierfarbigen Hochglanzdrucken mit teilweise über 200 Seiten sicher eine kleine Sensation.

Wichtig scheint auch die Tatsache, daß die Mehrzahl der Magazine auf eine gewisse Integrität Wert legt, sich somit nicht von der Industrie kaufen läßt und eben nur die innovativen Aspekte ausführlich beleuchtet.

Thematisch setzen die Magazine, dem Umfeld der jeweiligen Macher entsprechend, unterschiedliche Schwerpunkte. So hat jedes Magazin sein Markenzeichen, das es von den anderen unterscheidet. Kopiert wird selten; lieber läßt man sich etwas Neues einfallen. Der «mushroom» hat seine «Drogerie»-Rubrik, in der beratend auf die Drogenproblematik eingegangen wird. Und auch nur hier wird sehr ausführlich über die Goa-Trance-Szene berichtet. Das Frankfurter Groove-Magazin hat sich hingegen durch seine einzigartigen Comic-Strips in die vorderste Reihe der Beliebtheitsskala gespielt. Diese speziellen Rubriken werden fast immer von Dritten erarbeitet und dann für die jeweiligen Ausgaben zur Verfügung gestellt. Auffallend ist der stete Zuwachs von Modethemen. Mal werden ganze Firmenkollektionen präsentiert, ein anderes Mal die Werke einzelner Designer.

Ebenso werden die Technikrubriken immer informativer. Die neuesten Entwicklungen aus dem DJ-Bereich werden ebenso vorgestellt wie Instrumente, die primär für die Produktion von Techno-Musik konzipiert sind. Einige bekannte Firmen schließen sich so regelmäßig zusammen und touren mit ihren Geräten durch die wichtigsten Clubs der Republik. Durch das Zusammentreffen von Produzenten, Produktspezialisten und Interessenten existiert ein Forum, das den Bedürfnissen der scheinbar zahlungskräftigen Käuferschar zunehmend gerecht wird. Durch die Kooperation der Firmen mit den Magazinen wird so eine lückenlose Informationsversorgung gewährleistet.

Doch verglichen mit den englischen Magazinen, nehmen sich die Heftchen hierzulande noch recht bescheiden aus. Im Mutterland des Techno, den USA, hingegen herrscht definitiver Nachholbedarf.

Fester Bestandteil der Technokultur sind Radiosendungen geworden, die mittlerweile auf dem ganzen Erdball zu finden sind. DJs mixen live und nonstop, über den Äther ausgestrahlt erreichen sie ein Vielfaches des Publikums, welches sich sonst intensiv mit Techno auseinandersetzt. Dem moderierenden DJ verhilft solch eine Sendung zu einem ungeheuren Popularitätsschub. Als Paradebeispiel für Deutschland sei Steve Mason genannt, der lange Zeit auf dem britischen, für in Deutschland stationierte Soldaten eingerichteten Sender BFBS seine Sendung «The Steve Mason Experience» moderierte. Der auf der Insel gänzlich unbekannte DJ wurde hierzulande zu einem der meistgebuchten und teuersten DJs; wo er auflegte, versammelten sich Horden von Tanzwütigen.

In Deutschland hat mittlerweile jede Stadt oder Region mindestens einen Sender mit einer regelmäßig stattfindenden Show. Somit ist immer die Möglichkeit geboten, sich aus erster Hand über diese Musik zu informieren.

Eine Frage der Zeit war es dann nur noch, bis sich das Fernsehen dem Technohouse und seinen Spielarten zu öffnen wagte. Es gibt sich zwar heute noch immer recht reserviert. Nur sporadisch werden Berichte gesendet, in deren Mittelpunkt nicht selten der angeblich so hohe Drogenkonsum in der Szene steht.

Häufig wird Techno immer nur recht platt als «hämmernder Rhythmus» pauschalisiert, mit Tempoangaben um die 200 Beats pro Minute. Dichtung und Wahrheit liegen hier aufgrund mangelnder Recherche nicht weit auseinander. Die Fernsehausgabe eines bekannten Hamburger Nachrichtenmagazins verstand es, in einem Beitrag derart unqualifiziert über Techno zu berichten, daß einem bei dem Gedanken, alle übrigen Themen würden mit ähnlicher Sorgfalt aufbereitet, nur noch angst und bange werden konnte.

Die Medien scheinen nicht über das Klischee hinwegzukommen, Techno sei nur in Verbindung mit Drogen zu ertragen. Ich möchte keinesfalls behaupten, daß Drogen keine Rolle spielen, doch sollte das Maß öfter realistischer angesetzt werden. Doch derartige Horrormeldungen verkaufen sich natürlich immer besser als die Tatsache, daß Jugendliche einfach nur Spaß haben, sich durch das Zusammenwirken von Musik und Licht in glückselige Zustände zu tanzen.

Die dabei stattfindende Ausschüttung von Glückshormonen schürt lediglich eine Sucht – die nach mehr Musik.

Etwas, was die fünfminütigen Beiträge ohnehin sprengen würde, ist, daß man den Begriff «Techno» ebenso als Überbegriff sehen sollte wie Rock, Pop oder Klassik.

Denn Howard Carpendale zählt ebenso zum Pop-Genre wie Take That. Bei Techno gibt es ebenso krasse Unterschiede in den zum Teil peinlichen Erscheinungsformen, die sich einfach nicht in einigen Sätzen abhandeln lassen.

Selbst Aktivisten der ersten Stunde fällt es oft genug schwer, den Überblick zu behalten, da sich ständig neue Kombinationen verschiedenster Einflüsse auftun.

Lediglich der Musiksender VIVA vermochte mit der Sendung «Housefrau», die sich jetzt «House TV» nennt, einmal wöchentlich einen einstündigen Anriß zu etablieren, der das vorhandene Potential jedoch bei weitem nicht ausschöpfen kann.

Auch das Internet bietet immer mehr Möglichkeiten. Clubs, Labels, Magazine und auch die berühmtberüchtigten Markenartikelfirmen haben eigens gestaltete Seiten, aus denen sich jeder Interessierte Informationen holen kann.

Konsumindustrie und Techno – Clubwear: Uniformität statt Individualität

Selten wurde eine Jugendbewegung finanziell derart ausgeschlachtet wie die um Techno. Die abstrusesten Werbeideen treten bisweilen zutage, von der ravetauglichen Damenbinde, die allerdings noch auf sich warten läßt, bis zu knusperknabberknackigfrischen Chips wird alles zum unabdingbaren Partyaccessoire erklärt.

Allen voran marschiert die Tabakindustrie als übermächtiger Sponsor diverser Großevents. Die Krönung der immer kostenintensiveren Engagements sind sicherlich die von Camel veranstalteten

«Airraves», wo zum Beispiel ein Flugzeug gechartert und der zahlungsfreudige Raver für taschengeldfreundliche tausend Mark zum Tanzen nach Las Vegas geflogen wird.

Nun gibt es aber neben den schon immer dagewesenen Glimmstengeln, die lediglich eine neue Zielgruppe für sich gewinnen wollen, auch Produkte, die erst mit und durch Techno entstanden sind.

Da sind zum einen die zahlreichen Energydrinks (bisweilen gar in Granulatform oder aus Tuben), die angeblich neue Kräfte mobilisieren sollen (wobei sie erfahrungsgemäß aber selbst von Apfelschorle in den Schatten gestellt werden) und man für drei Mark für den Viertelliter ein oft zweifelhaftes Geschmackserlebnis geboten bekommt. Auffallend ist, daß sich nicht wenige dieser Zuckerwässerchen in ihrer Namengebung mit einer Droge in Verbindung bringen, die Techno anhaftet wie nichts anderes – Ecstasy. Wahrscheinlich soll den an sich harmlosen Mixturen ein leicht illegaler, kultiger Touch verliehen werden. Fast täglich gibt es neue Versionen alter Gaumenbeleidiger in immer schrilleren Aufmachungen. Selbst Kapseln, die lediglich bessere Vitaminpräparate sind, werden in grellbunter «Technoaufmachung» sogar an Tankstellen verkauft, zu einem Preis jedoch, bei dem das Lachen schnell vergehen kann.

Obgleich Techno ein Musikstil sein soll, der allen Gruppen gegenüber offen ist, gewinnen auch hier immer mehr gewisse Richtlinien die Oberhand, an denen eine Gruppenzugehörigkeit erkennbar wird.

Der Bekleidungssektor fand mit Techno ein völlig neues Betätigungsfeld. Von den klassischen Sportmarken mit eigenen technoorientierten Kollektionen über reine Merchandising-Firmen, die Einheitsshirts mit den Logos von Plattenlabels oder Clubs bedrucken, bis hin zu Designern, die Haute-Couture-ähnliche Kreationen in die Partyszene entsenden.

Allerdings wird längst nicht mehr alles von den Ravern akzeptiert, zu durchsichtig scheinen oft die Absichten. Eine Resistenz gegen vermeintliche Rave-Pflicht-Produkte scheint sich einzustellen, was hoffentlich endlich die Grenzen des Erträglichen aufzeigen wird, sofern diese nicht schon längst überschritten sind. In vielen Bereichen, ob in der Musikproduktion oder in der Konsumindustrie um Techno, wird sich zwangsläufig ein Gesundschrumpfungsprozeß einstellen. Schließlich ist alles irgendwann ausgereizt.

Einige wenige Marken vermochten sich zu etablieren und sorgten landesweit für einen einheitlichen Look. Es wurden Klischees geschaffen, vom blonden Zopfgirlie mit Rucksack, Dreistreifenkleidchen und Babyschnuller sowie dem ständig übernächtigten Raver mit ellenlangen Sweatshirts, die vor neonfarbenen, reflektierenden Logos nur so strotzten. Eine Bewegung, die eigentlich dazu beitragen sollte, die Individualität des einzelnen zu fördern, scheint das Gegenteil zu bewirken, indem sie ihn gleichsam einem Kostümzwang unterwirft − die Revolution frißt ihre Kinder! Wenn man sich auf den Partys umsieht, wird man den Eindruck nicht los, es gebe eine Technouniform.

Ganz im Gegensatz dazu sind die DJs und Produzenten oft nicht ohne weiteres als solche auszumachen, ist ihr Auftreten, Ausnahmen bestätigen die Regel, häufig doch sehr unspektakulär.

Jedenfalls scheinen die Nutzerdemographien der Zeitschriften die Zielgruppe «Techno» auch als melkbedürftig zu klassifizieren, wird doch immer wieder angegeben, es handele sich um eine überaus finanzkräftige, konsumfreudige Käuferschicht, von der knapp die Hälfte ihr Geld zu 25−50% für Techno ausgibt. Arbeitslose kommen so gut wie gar nicht vor. Bei den Zielsetzungen der Veranstalter und Firmen sicher nicht verwunderlich, obwohl ja immer wieder das «Wir-Gefühl» in der Szene erwähnt wird − nun ja.

Wie klingt Techno?

Nichts ist schlimmer, als ein Urteil über etwas zu fällen, von dem man zuwenig oder gar nichts weiß. Auch ist Techno in seiner Verschiedenartigkeit nur schwer zu beschreiben. So möchte ich im folgenden einige CDs nennen, von denen ich denke, sie könnten dem Laien ein wenig helfen, sich über diese Musik zu informieren. So ungewohnt und fürchterlich sie vielleicht im ersten Moment auf das ungeschulte Ohr wirken mag − da muß man durch, will man ein wenig über sie erfahren.

Da die CDs von recht bekannten Firmen vertrieben werden, sollte es kein Problem sein, sie auch noch zu einem späteren Zeitpunkt zu erwerben.

Mit diesen Tonträgern werden die wichtigsten Stilbereiche des Techno angerissen. Alles ausführlich beleuchten zu wollen würde den Rahmen bei weitem sprengen.

CD-Empfehlungsliste

Empfehlungsliste für CDs der wichtigsten Stilbereiche der Techno-Musik von Carsten Claus.

Mixed Up Series Vol. 2 von Jeff Mills (Vertrieb: Sony Music. Stil: harter Detroit-Techno, von einem der weltbesten DJs live im Club gemixt und aufgenommen).

DJ-Kicks, eine Serie des Berliner Labels K7!, auf der die besten US-DJs einen Überblick über das Techno/House-Spektrum geben. Besonders hervorzuheben sind die Mix-CDs der DJs Carl Craig sowie Claude Young (Vertrieb: Rough Trade).

LTJ Bukem – «Logical Progression» (Vertrieb: Metronome). Hier wird der derzeit angesagte Drum'n'Bass-Sound von einem der Altmeister präsentiert.

«Five Years Of EyeQ Musik» (EyeQ Musik im Vertrieb der WEA). Das Frankfurter Traditionslabel zieht hier Bilanz. Trance Sound, der emotional ist.

In Order To Dance 5 (R&S Records im Vertrieb von Rough Trade). Das belgische Label der ersten Stunde mit allem, was Techno ausmacht.

Aphex Twin – «Selected Ambient Works Vol. 2» (Warp Records im Rough Trade Vertrieb). Schöner kann Ruhe nicht sein. Entspannungsmusik eines gefeierten Genies. Ambient ist elementarer Bestandteil von Techno.

Strictly Rhythm Allstars (Vertrieb: Motor Music). Das New Yorker Traditionslabel in Sachen House mit einer Zusammenstellung seiner besten Stücke.

Kraftwerk – «Computerwelt» und *«Electric Cafe»* (EMI Electrola). Ohne diese beiden Platten der Düsseldorfer Combo hätte es Techno wohl nie gegeben.

Mark

«Mit XTC einfach abzuschließen ist nicht so easy!»

Meine Erfahrungen mit Ecstasy – und die Schwierigkeiten des Aufhörens

Blutende Wunden.

Vergrabene Träume,
versteckte Narben.

Sehnsucht nach Irgendwo.

Rhythmus bestimmt meinen Kopf.
Geheimnisse verlieren ihre Arroganz.

Indianertänze. Seelentänze.
Süße Luft.
Mädchen mit bunten Schleiern.

Kornblumenfelder. Grüne Seen.
Milchstraßen in meinem Kopf.
Perlendes Gold. Tanzende Küsse.

Schmutzige Straße.
Gedankenlose Fahrt.

Fixierung.
Angst.

Ignoranz ist der Killer.

Ich kann meine Zeit nicht finden.
Ich kann sie nicht finden …

Irgendwann: Selbstbestimmung.

(Gedanken meines Bruders)

Da war ich nun wieder, nach über sieben Wochen fuhr ich zum erstenmal wieder auf eine Party! Obwohl eine Party es nicht ganz trifft, denn es sollte DIE Party des Jahres werden, nämlich die VOOV 96!!

Die letzten vier Wochen verbrachte ich alleine mit mir selbst beim Wandern in den Bergen auf Gomera, und schon auf dem Rückflug war mir klar, daß dieses Wochenende im Zeichen der VOOV stehen würde! Nur, so dachte ich, würde dieses VOOV nicht im Zeichen der Drogen stehen, wie die Jahre zuvor – dachte ich!! Und fast, ja fast hätte es auch geklappt mit meinem Vorhaben, aber es kam mal wieder total anders ...! (An dieser Stelle fällt mir wieder einmal ein Satz ein, den ein sehr guter Freund schon des öfteren zu mir gesagt hat, nämlich: «Du solltest das Denken einfach abschalten!» Wieder einmal sollte er recht behalten, denn gedacht werden kann viel, aber die Ausführung sieht dann meist doch ganz anders aus!)

Die erste Zeit der Party war sehr schön, Wiedersehen mit vielen Freunden nach dem Urlaub, und da auch noch keine Musik lief, war es auch äußerst kommunikativ. Am Abend zum Partybeginn wurde es dann wie immer sehr WIRR, und ich machte mich auf, ins Zelt zu gehen, um zu pennen. Seit ich auf Partys keine Drogen mehr nahm, zog ich es vor, die Nacht über zu schlafen, da ich immer (auch auf Droge) am Morgen und tagsüber am meisten fun gehabt hatte, denn die Anonymität der Nacht mochte ich nie!

Der Sonntagmorgen begann mit einem schönen Sonnenaufgang, und in meinem Kopf geisterte seit dem Aufstehen das XTC-Gespenst. Aber ich beschloß, es weiter im Kopf herumgeistern und es nicht in Aktion treten zu lassen, denn ich fühlte mich so aufgepowert vom Urlaub, daß ich mich nahe am E-Zustand befand. Das Gefühl vom Natural-High in mir war vorhanden, ich mußte es nur noch herauslassen. Um diesen Zustand richtig genießen und ausleben zu können, war es in der Vergangenheit immer sehr gut, mit jemandem zusammen dieses Gefühl teilen zu können, der ebenfalls ohne E's, Trips oder andere Chemokracher auskam. Nur dieses Mal war die Party wieder viel zu groß, und so war ein Wiederfinden von Menschen ziemlich schwierig.

Ein Zeichen, daß ich auf dem richtigen «Trip» bin mit meiner Abstinenz, erlebte ich, als ich am Wagen stand und sah, wie neben unserem Lager die Sanitäter eintrafen. Sie versorgten jemanden aus einer

Gruppe von sechs Schweden, die extra zur VOOV angereist waren und sich am Abend davor noch mit 30 Pillen und 12 Löschis bei einem guten Freund von mir eingedeckt hatten und ihm ihr «geiles» Speed angeboten hatten. Wenig später traf dann der Notarzt ein, und der Schwede wurde an den Tropf gelegt und mitgenommen.

Gute Besserung und den anderen ein «schönes» Runterkommen. (Martin, ich hoffe, daß du auch bald das Dealen läßt!!) Das, so dachte ich, wäre nun für mich die endgültige Bestätigung einer drogenfreien VOOV 96. (Aber ich soll ja nicht denken!) Denn nun kam der Mensch auf die Tanzfläche, von dem ich schon im Urlaub von einem Berliner gehört hatte, der Lachgasverkäufer!!! Ich besorgte mir einen Ballon mit Gas und testete diesen angeblich so geilen Kick an. Nach einiger Zeit, als die Flasche leer war, merkte ich, daß ich jedesmal schon wieder dabei war, mir einen Ballon zu kaufen, obwohl er noch nicht einmal leer war! Einen kurzen heftigen Kick mit späteren Kopfschmerzen, das war's, was aus dem Luftballon kam.

Danach traf ich dann die zumeist als Partybekanntschaften abzustempelnden Menschen und somit auch zwangsläufig die Drogen! So lief mir dann auch eine angebliche MDMA-Freebase-Kapsel über den Weg, die ich aber, im Hinterkopf immer noch den Schweden, vorerst in die Tasche steckte. Aber im Laufe des Vormittags, geprägt von Jägermeister, Bier und Lachgasnachwirkungen, verschwand diese Kapsel dann schon recht bald in meinem Hals – und zu meiner Überraschung fuhr die Kapsel dann auch so ein, wie ich es mir gewünscht hatte. Blitzartig erschien die Party in einem total anderen Licht. In mir begann die Sonne zu scheinen, wie ich es seit Sylvester nicht mehr erlebt hatte. In mir stieg dieses unbeschreibliche Kribbelgefühl auf, was ich so sehr liebe. Erst zaghafte, dann immer heftigere Hitzeschübe, die sich langsam auf den ganzen Körper ausdehnen, und danach der Zustand, sich ganz anders, ganz neu und völlig intensiv zu spüren. Dieses ständige innere Lächeln, das man so leicht nach außen trägt, und jeder, der es sieht und es selbst spürt oder gespürt hat, kann es dir nachempfinden. Zumindest geht es mir so! Meine gesamte Gedankenwelt wurde so klar, so positiv, daß mich eigentlich nichts aus diesem Gefühlszustand hätte herausreißen können. Das Zusammenspiel von meinem Ichzustand, dem stumpin' Morningsound und dem Tanz war einfach total irre!

Aber ist da nicht früher viel mehr gewesen als das, was ich jetzt gerade aus diesem wunderschönen E-Zustand mache?? Das letzte Mal, als ich in Dänemark XTC nahm, war doch wesentlich mehr als nur Party, laute Musik und ein wenig tanzen. Die Gespräche am Pool erinnerten doch stark an längst vergangene und vergessene Zeiten, wo ich die Pillen nicht auf Partys nahm, sondern zu Hause mit guten Freunden in total entspannter Atmosphäre mit ruhiger Musik und tiefgehenden Gesprächen. Und heute, hier und jetzt?!?? Wieder nur der Partyfilm, der abgeht. Kurze, meist gleiche Gespräche darüber, wie's geht und was man sich eingeschmissen hat, und überhaupt, wie geil doch alles ist! (Liebe Leute, habt ihr euch eigentlich schon einmal mit euch selbst beschäftigt und die Gedanken abgewendet von Party, Party und Drogen??!) – Ein bißchen tanzen (oder war es doch ganz schön lange?), und rumsdibums geht auch schon die Musik aus! Ernüchterung – ich bin noch voll auf «E» und weiß ganz genau, welcher Film am Auto abgeht. Die meisten sind entweder total im Arsch und wollen sofort los, oder aber sie sind auf dem Schwachsinnigen – nachdem sie nun seit mehr als 15 – 18 Stunden auf «E's», Trips oder anderen Substanzen herumrennen. Aber auf jeden Fall ist jeder nur noch mit seinem eigenen Film beschäftigt! Auf dem Level, auf dem ich mich gerade befinde, waren die meisten wahrscheinlich gar nicht, oder aber sie sind schon längst drüber hinweg. Gespräche ohne «Dünnsinn» sind jetzt schwierig zu führen! Daher ziehe ich es vor, nur kurz am Wagen aufzutanken, indem ich mir ein bißchen Obst mehr oder weniger reinquäle, etwas zu trinken mitnehme und mich zu einer kleinen Afterhour auf dem Parkplatz mache, wo einige «Party um jeden Preis» spielen, was jedoch meinem Tanzfilm sehr gelegen kommt! Kurze Zeit später trifft auch noch Martin, der «Schweden-Dealer», ein und wir haben gemeinsam eine Menge Spaß, was sich bei mir später noch in einem Lachflash äußert. Bis heute weiß ich einmal wieder nicht, warum. Ich kann tun, was ich will, gucken, wohin ich will, oder auch einfach nur die Augen schließen, egal was, ich schmeiße mich weg vor Lachen. Irgendwann läßt dieser Zustand ein wenig nach, und wir beschließen, noch einen halben achteckigen Elefanten zusammen nachzulegen. (Nun bin ich wieder da, wo ich vor einem Jahr schon einmal war, Party um jeden Preis! – Aber das ist jetzt «E»-egal!)

Ich genieße den neuerlichen Energieschub und gebe mich ganz der Musik hin! Aber schon bald wird auch hier die Musik ausgestellt, und wieder macht sich diese Ernüchterung breit, soll das jetzt etwa das Ende der Party gewesen sein?! Und leider muß ich feststellen, daß es nun wirklich zu Ende ist mit der VOOV 96.

Ziemlich planlos versuchen wir, unsere Zelte abzubauen, allerdings müssen wir feststellen, daß es sehr viel einfacher ist, sie nur in den Kofferraum zu schmeißen, denn nach «Alles-schön-ordentlich-Zusammenpacken» ist mir nicht, denn die letzte halbe Pille muß doch recht stark mit Speed versetzt gewesen sein, denn ich bin total zappelig und ultraschnell mit allem, was ich tue. Der gemächliche MDMA-Film ist abgeklungen, oder besser, er ist vom achteckigen Elefanten plattgetreten worden. Dennoch fühle ich mich immer noch total gut, und in Gedanken bin ich damit beschäftigt, wo ich in Hamburg noch weiter feiern könnte. Martin, der alles andere als fit versucht, den Wagen über die Autobahn zu lenken, rät mir allerdings davon ab, noch loszuziehen, und nach längerem Nachdenken und zwei Joints beschließe auch ich, mich direkt in meine Wohnung zu begeben.

Hier angekommen genieße ich zuerst einmal die Ruhe, ehe ich mich unter den heißen Wasserfall stelle. Stundenlang könnte ich hier stehen, sitzen oder liegen und einfach nur genießen, wie das Wasser auf meinen Körper prasselt – oder prasselt es sogar in meinen Körper hinein? Dieser Flash unter der Dusche, jetzt, wo mein Gefühl für meinen Körper so sensibilisiert ist, ist jedesmal der schönste Beginn des Chills. Mit einer Tasse heißem Tee mache ich es mir auf meiner Wolke gemütlich (morgens muß ich allerdings immer feststellen, daß es «nur» mein Bett war!), und die Gedanken, daß ich wieder einmal «E» genommen habe, kann ich wunderbar verdrängen – auf morgen!!!

Und auch wenn ich es am Abend immer nicht für möglich halte, so kommt der Morgen des Erwachens doch jedesmal wieder, und von dem schönen Gefühl bleibt auch diesen Morgen wieder nur der Zustand der Erschöpfung übrig. Ziemlich matschig und total planlos im Kopf beginne ich den Montagmorgen, der aber schon lange der Montagnachmittag ist. Zum Glück für mich, daß ich noch eine Woche Ferien habe, aber sonst hätte ich auch nicht gefeiert, denn so «schlau» bin ich dann doch schon geworden nach über zweieinhalb

Jahren «Chemie»-Erfahrungen. Denn die erste Hälfte der Woche kann ich immer total knicken, denn da «leide» ich immer noch an den direkten Folgen des Wochenendes. Und waren es nicht genau diese Folgen, die mich zum Nachdenken über meine persönliche Situation gebracht haben und letztendlich zu dem Entschluß, aufzuhören, XTC, Trips bzw. allgemein Drogen zu konsumieren? Klar, ganz auf diese «Leckereien» zu verzichten, für immer und ewig, das wollte ich nie, und außerdem war ich mir auch sicher, daß ich das niemals schaffen würde, aber diese verdammte Regelmäßig- und Gleichgültigkeit, wie ich die Drogen die Jahre zuvor nahm, die wollte und hatte ich mir abgewöhnt! Und nun gestern wieder dieses eigentlich sinnlose und dämliche Nachklingen, um den Film noch zu verlängern, obwohl ich mir ja bewußt bin, daß ich den Zustand, den ich gerne hätte, nicht dadurch erhalte, daß ich immer mehr und mehr Pillen schlucke, sondern daß ich diesen Zustand nur dann erreichen kann, wenn ich lange Pausen zwischen den einzelnen Malen einlege und nicht durch die Anzahl der gefressenen Pillen.

Aber oftmals will der Kopf leider nicht so, wie es der Verstand gerne hätte, denn sonst hätte ich ja seit dem letzten Sommer keine Drugs mehr genommen, aber dem war ja nicht so! Denn auch Sylvester war ich auf «E» unterwegs, obwohl ich mir für den Urlaub nur ein paar Pilze mitgenommen hatte und diese auch auf jeden Fall nehmen wollte, allerdings nicht auf irgendeiner durchgeknallten Party, sondern schön in aller Ruhe in der Winterlandschaft Dänemarks. Aber auch in Dänemark kam es wieder anders, denn als wir eines Abends vor Sylvester in der Disco ein wenig Spaß suchten, kamen auch kurze Zeit später die «E's» durch die Tür, denn die Freunde, die uns besuchen kamen, hatten für Sylvester Pillen mitgebracht, die aber auch für zwei Feiern reichten, und so legte ich dann auch, ganz gegen mein Vorhaben, mir eine Pille in den Mund. Und auch hier zeigte sich wieder, daß sich dieses Gefühl nur dann einstellt, wenn es zum einen saubere Pillen sind und vor allem dann, wenn man eine lange XTC-Pause eingelegt hatte. Jedoch muß ich sagen, daß sich der richtige Genuß der Pille bei mir erst in unserem Haus einstellte, denn dort lagen wir noch lange am Pool und tauschten Gedanken aus. Denn glücklicherweise waren wir auf denselben Pillen und hatten ansonsten nichts anderes genommen. So kam es, daß der Austausch, der stattfand, sehr tief ging, was wir dieser schönen

Kleinigkeit MDMA zu verdanken hatten. Das traurige an dieser Tatsache ist nur, daß die meisten Menschen es nicht schaffen, von dem, was sie auf «E» lernen, auch ohne Pillen zu profitieren. Sprich: diese totale Offenheit und Ehrlichkeit sich selbst und anderen gegenüber mit in die «Realität» herüberzunehmen, um so über kurz oder lang auf die Notwendigkeit, sich chemisch auf Glück zu setzen, verzichten zu können, ja sogar zu wollen.

Das Erlebte auf MDMA ist keinesfalls nur auf MDMA zu erleben – denn alles, was mit mir passiert, kommt aus mir selbst heraus. MDMA ist der Schlüssel zur Tür, aber ist sie einmal auf, sollte man sie nicht wieder zuschmeißen, nur weil der «E»-Film vorbei ist. Leider – und das mußte ich jetzt wieder einmal an mir selbst feststellen – ist der Weg des geringsten Widerstandes nun einmal der einfachste. Also ist es auch bequemer, sich Pillen einzuschmeißen, als ständig an sich selbst zu arbeiten, um dorthin zu gelangen, wo einen MDMA hinbringen kann.

Wenn ich das letzte Jahr für mich rekonstruiere, muß ich sagen, daß es mir auf Partys und auch so wesentlich besser geht als in der Zeit, wo ich auf keiner Party ohne Drogen war. Denn auf einer Party natürlichen Spaß zu haben und dann mit einem Lächeln nach Hause zu kommen und nicht völlig im Arsch zu sein, das ist der richtige Flash, den man ganz schnell lieben lernt. Nur unterliege ich leider auch äußeren Einflüssen, und es ist nicht ganz leicht für mich, der einzige zu sein, der sich nichts knallt, und daher ist es wichtig, daß ich mit jemandem zusammen bin, der sich ebenfalls von den Drogen verabschiedet hat. Denn ansonsten lastet auf mir doch stark dieser angeblich nicht herrschende Gruppenzwang, und ich bringe mich selbst leicht in die Versuchung, wieder einmal zu naschen! Bei mir besteht die Gefahr, daß ich ganz schnell wieder in den alten Trott zurückfalle. Das liegt eben einfach daran, daß es leichter ist, auf Droge Party zu machen, als alles aus mir selbst holen zu müssen. – Das Gefühl ist jedoch viel, viel besser ohne, und so schwierig ist es auch wieder nicht.

Ende letzten Sommers wollte ich austesten, ob es auch ein Leben ohne Drogen und Party gibt. Ich beschloß, ab sofort keine «E», Trips und auch keine «Kiffe» mehr zu nehmen. Der Gedanke war sehr einfach zu fassen, jedoch die Ausführung stellte sich als ziemlich schwierig heraus, hing ich doch voll drin im Kreislauf der Drogen! Meinen

Job tat ich, wenn ich nicht krank machte, nur ungern und als Alibi für meine Eltern. Dazu sei gesagt, daß ich seit fünf Jahren mehr als regelmäßig kiffe und mir aus der Chemie LSD, XTC und Speed nicht fremd waren! Wie das nun unter einen Hut bekommen, fragte ich mich selbst. Also versuchte ich, trotz Gras (Marihuana) im Kühlschrank, Haschisch unterm Bett und Trips in der Gefriertruhe keine Drogen mehr zu nehmen und gleichzeitig mein Projekt «Perspektive» in Angriff zu nehmen. Soll heißen, ich wechselte den Job – besser gesagt: ich wurde gewechselt, denn da ich «angeblich» im Geschäft gedealt haben sollte, wurde ich gefeuert – und begann eine Ausbildung, die ich zwar schon lange beginnen wollte, aber das Kiffersyndrom in mir sagte mir jeden Tag aufs neue, «das mach ich morgen». Aber als ich dann endlich aufhörte zu kiffen, fing ich auch an, etwas wirklich am nächsten Tag zu erledigen. Und so schaffte ich es dann auch, auf die chemischen Drogen zu verzichten. Jedoch wurde ich mir nun das erste Mal ernsthaft der Gefahren bewußt, denen ich mich aussetzte beim Konsum. Mir war zwar schon lange klar, daß die Chemie auf keinen Fall gut ist für mich und meinen Körper, jedoch habe ich es immer sehr gut verdrängen können, als ich den ganzen Tag über breit war.

Jetzt, da ich meinen Kopf endlich einmal nach über fünf Jahren wieder täglich frei hatte, fing ich auch endlich mal wieder an, zu denken und auch zu handeln. Dieser mich ständig begleitende Spruch «Das geht schon, Hauptsache, wir haben Spaß» fing regelrecht an, mich anzukotzen! Ich war zwar immer noch umgeben von «Drogies», aber ich für mich hatte die Augen geöffnet und benutzte wieder meinen Verstand ohne Drogen im Kopf, was die meisten Freunde leider nicht tun.

Ihr meint zwar, die Weisheit gefressen zu haben, macht euch mit Sicherheit auch so eure Gedanken, aber keiner – doch einer! – würde jemals sich selbst oder anderen eingestehen können, daß er/sie ein Drogenproblem hat. Ihr bekommt auch erst alle dann eure Probleme mit, wenn ihr mal eine Zeit keine Drogen nehmen würdet, erst dann müßtet ihr der Realität ins Auge blicken, und verdrängen ist dann sehr, sehr schwer.

Aber keine Angst davor, denn am Ende des Tunnels ist wieder Licht, und es wird kein realitätsverzerrtes Schwarzlicht sein, sondern ein helles, angenehmes Leuchten! Also solltet ihr alle diesen Versuch einmal unternehmen. Für mich war das auf jeden Fall die «Rettung», denn dort, wo ich im letzten Sommer gelandet war, das kann ich für mich selbst nur als «ganz weit unten» bezeichnen.

Ich hing zwar nicht an der Nadel, aber psychisch war ich zu dieser Zeit absolut im Keller. Die einzigen Gedanken, die mich tagtäglich und auch in den Nächten begleiteten, waren: Drogen nehmen, Drogen kaufen, und wann ist wieder wo Party bzw. wann knalle ich mir wieder was!! Das durchzog, wie gesagt, meine gesamte Lebenslage – mit Drogen kannte ich mich aus, wußte alles, was in diesem Zusammenhang los war (wußte ich es wirklich?). Nur im Zusammenleben mit Nicht-Usern gab es ohne Ende Probleme. Das Verhältnis zu meinen Eltern will ich hier lieber nicht erläutern, da ich total glücklich darüber bin, wie es jetzt wieder ist! Aber im allgemeinen konnte ich mich nur schwer mit Menschen auseinandersetzen, die nicht mit Drogen zu tun hatten, da ich mich mit nichts anderem außer Drogen beschäftigte! –

Heute ist es fast schon eher andersherum! Dazu hat ein netter Mensch vor einiger Zeit mal zu mir gesagt, daß ich für mich nur dann wieder richtig glücklich werden kann, wenn ich mich von bestimmten Leuten trenne. Und eigentlich sagte er mir damit nichts Neues, sondern hielt mir nur einen Spiegel vor die Nase, denn auch ich wußte das für mich, nur fiel und fällt mir dieser Schritt sehr, sehr schwer. Denn ich habe große Angst davor, dann doch irgendwie erst mal alleine dazustehen! Zumal mir diese Menschen auch schon am Herzen lagen ohne Drogen. Aber wenn ich mich wirklich vor ständigen «Rückfällen» schützen will, muß ich diesen Schritt Richtung Dunkelheit und zeitlicher Einsamkeit tun, denn erst dann kann ich wieder so glücklich und ausgeglichen werden, wie ich es einmal war. Oder aber alle anderen um mich herum gehen einige Schritte mit mir mit und fangen an, ihren Konsum zu stoppen. Aber daran kann ich leider vorerst nicht glauben! Denn sein Kapitel XTC einfach abzuschließen ist nicht easy, denn es macht ja so viel Spaß, und die Gefahr tritt dabei total in den Hintergrund, und solange man dabei ist, dreht sich halt alles nur um «E»!!

Untersuchungen und Interviewstudien mit Konsumierenden

Katrin Krollpfeiffer

Die Sehnsucht nach dem Paradies: Ecstasy, Ekstase-Suche und die Freiheit zur Unvernunft

Gespräche mit Ecstasy-Konsumenten aus der Selbsterfahrungs- und Rave-Szene.

«Die Ekstase vergegen-
wärtigt vorübergehend
den ursprünglichen Zustand der ganzen Menschheit ... (...) ... die Sehnsucht
nach einem verlorenen Paradies, das Verlangen, mit den Sinnen selbst sowohl
die Gottheit als auch die unerreichbaren Zonen der Wirklichkeit zu erkennen.
(...) Die ‹Sehnsucht nach dem Paradies› hat ihren Grund ... in den tiefen
Triebkräften des Menschen, der, während er danach verlangt, mit seinem
ganzen Wesen am Heiligen teilzuhaben, entdeckt, daß diese Ganzheit nur
scheinbar ist und daß in Wirklichkeit sein eigenes Wesen von Anfang an unter
dem Zeichen eines Bruches steht.» *(Mircea Eliade, 1961, S. 142 ff)*

Vorbemerkung

Eliades Worte, auch wenn sie in einem anderen
Kontext stehen, beschreiben in bildhafter Weise,
worum es in diesem Artikel geht: die Suche nach ekstatischer Erfahrung in einer Welt, die die Sehnsucht nach ebendieser Art von Erfahrung abgespalten und verdrängt hat und deren Verhältnis zur Ekstase
als Form menschlichen Erlebens ebenso gebrochen ist wie das Verhältnis der Menschen zueinander – und zu sich selbst. Ich möchte in
diesem Artikel zeitgenössische Ekstase-Sucher zu Wort kommen lassen, die offen und mutig genug waren, in unseren Gesprächen ihre
Erfahrungen von Bruch und Wachstum, von Sucht und Sehnsucht,
von Rausch und Erkenntnis mit mir zu teilen. Es sind zum Teil sehr
unterschiedliche Erfahrungen, die hier präsentiert werden, doch alle
haben zumindest eines gemeinsam: sie wurden unter Einfluß der
Droge Ecstasy (MDMA) gemacht. Was für den einen eine «Eintritts-

karte ins Reich der Gefühle» darstellte, wurde für den anderen ein «Selbsttest bis zum Exitus». Wo die eine eine «knallharte Konfrontation mit sich selbst» erlebte, war es für die andere «ein absolutes Genußding».

Timothy Leary hat als einer der ersten auf die Wichtigkeit der Faktoren Dosis, Set und Setting für den Verlauf von Drogenerlebnissen aufmerksam gemacht. Die Unterschiede und Gemeinsamkeiten der hier dargestellten Ecstasy-Erfahrungen sollen speziell im Hinblick auf Set und Setting untersucht und diskutiert werden (aufgrund der in den meisten Fällen unklaren Dosierungen lassen sich zu dem Faktor «Dosis» nur relative Aussagen machen). Es handelt sich dabei vor allem um einen Vergleich zwischen Erfahrungen mit Ecstasy in eher introspektiven, selbsterfahrungsorientierten Settings und Erfahrungen in der Rave-Szene. Dabei ist mir besonders daran gelegen, die *Bedeutungen* herauszuarbeiten, die die einzelnen Personen ihren Erfahrungen beimessen, und diese in einen *kulturellen Zusammenhang* zu stellen. Abschließend möchte ich der Frage nachgehen, inwiefern Ecstasy-Konsum als eine Form der modernen Ekstase-Suche aufgefaßt werden kann und welche Rolle die Entwicklung von Ritualen für den konstruktiven Gebrauch psychoaktiver Substanzen spielen könnte.

Die diesem Artikel zugrundeliegenden acht Interviews mit Ecstasy-Konsumenten[1] habe ich zwischen Oktober 1993 und Mai 1994 im Rahmen einer Diplomarbeit am Fachbereich Psychologie der Universität Hamburg gemacht[2]. Mein Forschungsansatz war qualitativ und subjektorientiert: durch die Erforschung des Einzelfalles (im kulturellen/gesellschaftlichen Kontext) sollten subjektive Handlungsweisen, Bedeutungen und Bewertungen entschlüsselt werden. Wie schon aus der extrem kleinen Stichprobe ersichtlich ist, wird *Verallgemeinerbarkeit* hier nicht im statistisch-mathematischen Sinne aufgefaßt, sondern vielmehr als ein *Aufzeigen von Möglichkeiten* in einem bestimmten Kontext. Der humanistische Psychologe Inghard Langer spricht in diesem Zusammenhang vom «*Aufschließen der Lebenserfahrungen von Menschen für andere Menschen*» (Langer 1985, S. 448).

Gleichsam das «Dach» meiner Arbeit stellte die Betrachtung von Drogenerfahrungen im kulturellen Kontext dar. Der Gebrauch von

Drogen jedweder Art, zu verschiedenen Zwecken, wurde als universelles, zeitübergreifendes Phänomen verstanden. Es galt nun, die Besonderheiten des Gebrauchs von Ecstasy in den von mir betrachteten kulturellen Szenen am Einzelfall herauszuarbeiten. Teil dieser Betrachtungsweise war auch die Frage danach, inwieweit sich im Konsumverhalten meiner Gesprächspartner der Versuch offenbart, konstruktive Rituale für ihre Drogenerfahrungen zu kreieren. Mehr dazu folgt in der Diskussion der Ergebnisse.

Die Interviews wurden in Form von fokussierten «persönlichen Gesprächen» (eine von Langer entwickelte Forschungsmethode, siehe Langer 1985) durchgeführt und dauerten zwischen einer und drei Stunden. Ich begann mit einer offenen Einstiegsfrage: «Erzähle doch mal, wie Du mit Ecstasy in Berührung gekommen bist und wie sich das dann so entwickelt hat!» Die schriftliche Zusammenfassung («*Verdichtung*», siehe Langer 1985) der Gespräche wurde den Befragten zur Korrektur vorgelegt.

Im folgenden möchte ich die Aussagen meiner acht Gesprächspartner[3] dazu, wie sie ihre Ecstasy-Erfahrungen gestalten, erleben und bewerten, wonach sie suchen und warum, zusammenfassen und vergleichen. Wörtliche Zitate sollen dabei helfen, den subjektiven Besonderheiten der einzelnen Personen gerecht zu werden.

Erfahrungen mit Ecstasy:
Acht Gespräche im Vergleich

Vorstellung meiner Gesprächspartner

Anna – oder «die Lust auf das Unbekannte» Anna ist zum Zeitpunkt unseres Gesprächs 26 Jahre alt und Studentin. Sie hat nach eigenen Aussagen in den letzten sechs Jahren ungefähr fünf- bis sechsmal Ecstasy genommen, vielleicht auch etwas öfter. Ihre letzte Ecstasy-Erfahrung liegt zum Zeitpunkt unseres Gespräches fast ein Jahr zurück. Sie hat Ecstasy in verschiedenen Settings ausprobiert: zu zweit mit dem Partner, in kleinen Gruppen von Freunden und auf «Ecstasy-Festen» mit ritueller Einstimmung, an denen bis zu dreißig Personen teilnahmen. Anna betrachtet Ecstasy vorwiegend als Mittel zur Selbsterkundung. Es ist ihr sehr wichtig, sich im Rauschzustand mit Themen aus ihrem Alltag auseinanderzusetzen und die Erkenntnisse, die sie während der Erfahrung gewinnt, in ihr Leben zu integrieren. Trotzdem genießt sie auch das Berauschtsein an sich. Sie hat eine positive Definition von Rausch, raucht regelmäßig Haschisch und experimentiert auch mit diversen psychedelischen Drogen. Bewußten Drogengebrauch sieht sie als einen wichtigen Bestandteil ihres Lebens an, wobei sie der Naturerfahrung allerdings eine noch bedeutsamere Rolle für ihre persönliche Entwicklung einräumt. Anna übt Kritik an dem gesellschaftlichen Umgang mit der Drogenthematik und entwirft in unserem Gespräch Alternativen dazu.

Bea – oder «eine knallharte Konfrontation mit mir selbst!» Bea ist 33 Jahre alt. Sie ist verheiratet, hat einen kleinen Sohn und studiert. In den letzten fünf Jahren hat sie dreimal Ecstasy genommen. Alle drei Erfahrungen fanden im Rahmen eines (illegalen) psychotherapeutisch[4] geleiteten, mehrtägigen Workshops statt. Bea, die sich bereits einige Jahre vor ihrer ersten Ecstasy-Erfahrung wegen diffuser Panikattacken in psycho-therapeutische Behandlung begeben hat, ist überzeugt, durch Ecstasy zu einem neuen Verhältnis zu ihrer Angst und zu sich selbst gelangt zu sein. Sie kann sich Ecstasy ohne den schützenden therapeutischen Rahmen nicht vorstellen, da die Erfahrungen für sie jedesmal sehr konfrontativ und schmerzhaft waren. Von der Intensität her ver-gleicht sie die Ecstasy-Erfahrungen mit der Geburt ihres Sohnes. Den therapeutischen Effekt dieser Sitzungen stellt sie auf eine Stufe mit ihren anderen Therapie-Erfahrungen. Von Ecstasy abgesehen, nimmt Bea keinerlei Drogen, da der berauschte Zustand ihr eher unangenehm ist. So würde sie denn auch Ecstasy nicht zur Rekreation verwenden. Im Prinzip möchte sie die Teilnahme an den jährlich stattfindenden Ecstasy-Workshops fortsetzen. Bea überlegt sich jedoch jedesmal sehr genau, ob es tatsächlich der richtige Zeitpunkt dafür ist.

Cecile – oder «einfach mal alles auschecken!» Cecile ist 29 Jahre alt und arbeitet als kaufmännische Angestellte. Sie hat vor ungefähr einem Jahr zuletzt Ecstasy genommen und dann beschlossen, nach sieben Jahren regel-mäßigen Konsums damit aufzuhören. Ceciles Ecstasy-Erfahrungen fanden fast ausschließlich in der Rave- und House-Musik-Szene statt. Für sie ist Ecstasy eindeutig eine Tanzdroge, mit deren Unterstützung sie sich noch besser in die Musik fallenlassen kann und mehr Durch-haltevermögen für die in dieser Szene üblichen langen Nächte hat. Von anderen, z.B. introspektiven Anwendungsweisen hat sie zwar gehört, verbindet Ecstasy aber selbst immer mit Bewegung und Kör-pergefühl. Cecile, die in den letzten drei Jahren fast jedes Wochen-ende Ecstasy genommen hat, hat ihren Konsum mittlerweile aus ver-schiedenen Gründen eingestellt. Neben gesundheitlichen Bedenken physischer und psychischer Art erwähnt sie eine Veränderung des Rauscherlebens, dahingehend, daß sie mit der Droge nicht mehr die gewünschte, angenehme Wirkung erreichen kann. Hinzu kommen für sie Veränderungen in der Szene. Cecile spricht in diesem Zusammen-hang auch vom «Ende einer Phase». Trotzdem geht sie noch häufig tanzen, wobei sie Ecstasy nur als zusätzliche Energiequelle vermißt. Cecile hat auch Erfahrung mit anderen Drogen, vorrangig Kokain.

Daniel – oder «eine Eintrittskarte ins Reich der Gefühle» Daniel ist zum Zeitpunkt unseres Gespräches 38 Jahre alt und studiert. Seine erste Ecstasy-Erfahrung liegt fünf Jahre zurück. Nach dieser ersten Erfahrung dauert es ungefähr ein Jahr, bis er wieder Ecstasy konsumiert. Im Anschluß an die zweite Erfahrung hat Daniel ziemliche gesundheitliche Probleme, die er mit Ecstasy in Verbindung bringt, woraufhin sein Interesse an dieser Droge zunächst nachläßt. Erst zwei Jahre später nimmt er seinen Konsum wieder auf. Ungefähr ein halbes Jahr lang nehmen Daniel und seine Freundin dann alle zwei bis drei Wochen Ecstasy – ausschließlich gemeinsam in ihrer Wohnung. Daniel glaubt, daß Ecstasy ihnen in der Anfangsphase ihrer Beziehung geholfen hat, sich durch intensive, intime Gespräche und «Regressionserfahrungen» besser kennenzulernen. Eine von ihm erhoffte Lösung ihrer sexuellen Probleme unter Ecstasy-Einfluß bleibt jedoch aus. Daniel betrachtet Ecstasy als ein Hilfsmittel, um bestimmte Bewußtseinszustände zu erreichen, die er aber eigentlich lieber ohne Drogen erreichen würde. Eine Drogenerfahrung bleibt für ihn stets etwas Fremdes, Gemachtes. Deshalb hat er seinen Ecstasy-Konsum inzwischen auch bis auf weiteres eingestellt und sich, gemeinsam mit seiner Freundin, verstärkt anderen Wegen der Selbsterkundung zugewandt. Dabei ist es ihm wichtig zu betonen, daß das nicht bloß eine Reaktion darauf gewesen sei, daß «die Droge es nicht brachte». Zur Zeit hat er kein Interesse mehr an Ecstasy. Daniel stellt bei sich selbst rückblickend exzessive Tendenzen im Umgang mit Drogen fest (Ecstasy, Kokain, Alkohol).

Erik – oder «mach das, woran du Spaß hast!» Erik ist zum Zeitpunkt unseres Gesprächs 33 Jahre alt und arbeitet selbständig. Seit circa einem Jahr nimmt er fast jedes Wochenende Ecstasy, im Setting der House-Club-Szene. Er ist überrascht zu hören, daß es auch andere Anwendungsweisen dafür gibt. Erik beschreibt allerdings eine eigene Ausnahme-Erfahrung mit Ecstasy, als er es einmal zu Hause mit seinem Partner eingenommen hatte und im Zuge dessen feststellte, daß «Sex auf E» sehr gut funktioniert. Vorrangig schätzt er Ecstasy jedoch als Tanzdroge mit einer auflokkernden, enthemmenden Wirkung, die es ihm ermöglicht, zum ersten Mal in seinem Leben ungezwungen zu tanzen. Über diesen Effekt ist er sehr erfreut, hat aber den Eindruck, daß es ihm deshalb schwerfallen würde, zur Zeit auf Ecstasy zu verzichten. Erik kombiniert Ecstasy meist mit anderen Drogen (Haschisch, Amphetamine, LSD, Alkohol, Kokain). Er macht sich Gedanken um seinen Kokain-Konsum und ist generell etwas besorgt um die Auswirkungen, die die Drogen auf seine Gesundheit haben könnten. Noch sieht er darin jedoch keinen Grund, aufzuhören. Was seinen Ecstasy-Konsum angeht, so gehört dieser für ihn zum Lebensstil der House-Club-Szene. Erik glaubt, daß er damit aufhören wird, wenn in ein paar Jahren vielleicht mal «etwas anderes angesagt» ist.

Felix – oder «dich dem hingeben, was passiert» Felix ist zum Zeitpunkt unseres Gespräches 34 Jahre alt und Student. Nach seiner ersten Ecstasy-Erfahrung, die in einer (illegalen) Therapiegruppe stattfindet und ihn nicht sonderlich beeindruckt, dauert es sieben Jahre, bis er wieder mit Ecstasy in Berührung kommt. Dann nimmt er es eine Zeitlang circa alle zwei Monate, mittlerweile seltener. Felix hat Ecstasy in vier verschiedenen Settings ausprobiert: in einer geleiteten Therapiegruppe (einer anderen als der ersten), auf großen «Ecstasy-Festen» mit ritueller Einstimmung, in kleinen Gruppen von Freunden und zu zweit mit seiner Freundin. Der Selbsterfahrungs-Aspekt steht für ihn in jedem Setting im Vordergrund. In der Therapiegruppe schätzt er den schützenden Rahmen, der ihm eine tiefere Erfahrung ermöglicht. Auf den Ecstasy-Festen geht es ihm auf die Dauer zu ungeschützt zu, da er sich in diesem Zustand sehr offen und verletzlich fühlt. Mit seiner Freundin macht er wichtige Lernerfahrungen. Er betrachtet Ecstasy als einen Zugang zu sich selbst und vergleicht es mit anderen Therapie-Erfahrungen. Felix macht sich viele Gedanken um das richtige Setting für eine Ecstasy-Erfahrung. In Zukunft möchte er selber in kleinem Rahmen Ecstasy-Gruppen veranstalten. Außerdem experimentiert er seit vielen Jahren mit psychedelischen Drogen.

Gina – oder «ein absolutes Genußding!» Gina ist zum Zeitpunkt unseres Gespräches 37 Jahre alt und arbeitet selbständig.

Ihre ersten Ecstasy-Erfahrungen machte sie vor circa neun Jahren mit Freunden in einem eher ruhigen, selbstexplorativen Setting. Als sich diese «kleinen» Ecstasy-Feste zu größeren Veranstaltungen ausweiten, zieht sie sich aus der Szene zurück. Eine Zeitlang nimmt sie überhaupt kein Ecstasy mehr, experimentiert dafür aber im rituellen, schamanistischen Kontext mit psychedelischen Drogen (LSD, Meskalin). Mit Ecstasy kommt sie erst wieder viel später, über die Rave-Szene, in Berührung, in die sie vor ungefähr zwei Jahren durch Freunde eingeführt wurde. Seitdem nimmt Gina Ecstasy nur noch zum Tanzen auf «Trance-Parties», in Abständen von circa zwei Monaten. Obwohl Gina unterscheidet zwischen dem «MDMA», das auf früheren Festen zur Verfügung stand, und dem «Ecstasy», das sie heute auf Raves nimmt, stellen ihre Erfahrungen in der Rave-Szene für sie eine Fortsetzung ihrer früheren Erfahrungen dar: damals sei es mehr um Selbsterkenntnis gegangen, heute ginge es mehr um Trance und Körpergefühl, immer stehe jedoch der Lustgewinn im Mittelpunkt. Beide Formen des Ecstasy-Konsums bezeichnet sie als «Rituale». Gina ist der Auffassung, daß ihre Drogenerfahrungen ihr zu mehr Lebensfreude, Selbstbewußtsein, Offenheit und Genußfähigkeit verholfen haben. Zur Zeit sieht sie keinen Grund, ihren Ecstasy-Konsum einzustellen.

Hope – oder «Selbsttest bis zum Exitus» Hope ist zum Zeitpunkt unseres Gespräches 26 Jahre alt und selbständig tätig.

Er hat von seinem neunzehnten Lebensjahr an bis vor circa vier Monaten regelmäßig Ecstasy genommen, nicht nur jedes Wochenende, sondern später auch unter der Woche, während seiner Arbeitszeit. In diesen sechs Jahren intensiven Konsums, die Hope rückblickend äußerst negativ bewertet, gab es mehrere erfolglose Ausstiegsversuche. Weder ein Ortswechsel, eine Nah-Todeserfahrung (vermutlich ein Kreislaufkollaps) unter Ecstasy-Einfluß noch der Selbstmord seines besten Freundes, der ebenfalls zur «Szene» gehörte, konnten Hope längerfristig dazu bewegen, seinen Ecstasy-Konsum zu reduzieren. Erst die Begegnung mit seiner jetzigen Freundin hat sein Leben so maßgeblich verändert, daß er beschlossen hat, keine Drogen mehr zu nehmen, was seit vier Monaten der Fall ist. Hope bezeichnet sich selbst als «süchtig» und berichtet, daß er sich zur Zeit mit Hilfe seiner Freundin «selbst therapiert». Nach eigener Einschätzung ist er mit Ecstasy sowie in geringerem Umfang mit anderen Drogen (Kokain, LSD) «ziellos» umgegangen. Er hat sie in verschiedenen Settings (z.B. Nachtclubs, Rave-Szene, private Parties), jedoch immer zum «Feiern» eingesetzt. Er hält einen sinnvollen Umgang mit Ecstasy in rituellen oder therapeutischen Settings für möglich, seine eigenen Erfahrungen seien allerdings immer auf «Sex, Party, Exzeß» hinausgelaufen. Um den Höhepunkt der Wirkung zu verlängern, hat er zum Teil extrem hohe Dosierungen (angeblich bis zu 15 Pillen pro Nacht) zu sich genommen. Hope steht dem Drogenkonsum in unserer Gesellschaft heute äußerst kritisch gegenüber und bringt ihn mit einer generellen Ziel- und Hoffnungslosigkeit der jungen Generation sowie mit einem Mangel an «echten Vorbildern» in Verbindung.

Vergleich der acht Gespräche

Ich möchte nun die Aussagen meiner Gesprächspartner zu folgenden Themenkomplexen gegenüberstellen:

1. Die erste Ecstasy-Erfahrung
2. Settings/Anwendungsweisen für weitere Erfahrungen
3. Die Bedeutung von Set und Setting
4. Häufigkeit/Dosierung/Substanzqualität/Quelle/Informiertheit
5. Typische Elemente der Ecstasy-Wirkung
6. Bewertung der Ecstasy-Erfahrungen/Auswirkungen auf den Alltag
7. Haltung zu Drogen allgemein
8. Rückblick und Perspektive

Die erste Ecstasy-Erfahrung

Alter   Zum Zeitpunkt ihrer ersten Ecstasy-Erfahrung sind von meinen Gesprächspartnern drei knapp über bzw. unter 20 Jahre alt; drei Mitte bis Ende Zwanzig; zwei über 30 Jahre alt. Damit steht meine Stichprobe in deutlichem Kontrast zu den vorwiegend jugendlichen Ecstasy-Konsumenten der wachsenden Rave-Szene (die von mir interviewten Raver sind zwischen 29 und 38 Jahre alt!).

Anlaß / Setting

- Geleitetes Therapie- oder Selbsterfahrungswochenende (2)
- Private Grillparty (2)
- Kleiner Kreis von Freunden (1)
- House-Club (1)
- Zu zweit mit einem Freund zu Hause (1)
- Spaziergang mit einem Freund, später allein (1)

Motivation / Vorbereitung / Erwartungen

Für Anna, Hope, Erik und Cecile folgt die erste Ecstasy-Erfahrung aus einer spontanen, situativ bedingten Entscheidung. Bea, Felix und Gina haben sich darauf bereits länger gedanklich vorbereitet. Bea, Felix und Daniel haben eine relativ klare Vorstellung von der Wirkung, vermittelt durch persönliche Berichte und Literatur. Gina, Erik und Cecile haben von der Wirkung keine genaue Vorstellung. Als Motivation wurden genannt:

- Positive Berichte von Freunden / Bekannten (8)
- Neugier, «einfach mal ausprobieren» (4)
- Vertrauen zu der Person, die die Droge anbietet (4)
- Neue Bereiche erschließen (3)
- Beliebtheit der Droge im sozialen Umfeld (3)
- Der «richtige Zeitpunkt» (2)

Vorerfahrung mit anderen Drogen

- Alkohol und Haschisch/Marihuana (8)
- LSD (2)

Anna, Gina und Felix betonen, daß sie generell Drogen gegenüber aufgeschlossen sind. Bea dagegen hat eher Angst vor Drogen und mag den berauschten Zustand nicht.

**Wirkungselemente der
ersten Ecstasy-Erfahrung**

- Angst vor Kontrollverlust, Überwältigung (4)
- Intensives Körperempfinden (4)
- Konfrontation mit persönlichen Themen (3)
- Umfassendes Akzeptanzgefühl, Bei-sich-Sein (3)
- Visionen/Innere Bilder (2)
- Gefühle von Liebe und Wärme (2)
- «sehr kuschelig» (1)
- Bessere Aufnahmefähigkeit für Musik, Tanzen (1)
- Gesteigerte Kommunikationsfähigkeit (1)
- Wachheit, Klarheit (1)

Die Tage danach   Hope und Anna berichten von depressiven Gefühlen im Anschluß an ihre erste Ecstasy-Erfahrung. Cecile fühlt sich «zwar körperlich kaputt, aber sonst beflügelt!». Für Gina und Daniel hält die positive Stimmung, die sie auf Ecstasy erlebt haben, noch länger an: «Man hat die Welt wirklich mit neuen Augen gesehen!» (Gina)

Settings/Anwendungsweisen
für weitere Erfahrungen

Ecstasy-Erfahrungen in einer Therapiegruppe Bea und Felix haben Ecstasy im Rahmen einer geleiteten Therapiegruppe genommen. Während Felix auch noch Erfahrungen in anderen Settings hat, ist für Bea eine Ecstasy-Erfahrung außerhalb des schützenden therapeutischen Rahmens undenkbar. Auch Felix empfindet die therapeutische Betreuung als schützend und hilfreich: «Es ging irgendwie tiefer!»

Ecstasy-Erfahrungen auf großen Festen mit ritueller Einstimmung Anna, Felix und Gina haben an sogenannten «Ecstasy-Festen» mit bis zu dreißig Personen teilgenommen. Ihr Erleben dieser Feste ist unterschiedlich: Anna genießt den intimen, vertrauensvollen Kontakt mit bisher unbekannten Menschen. Sie glaubt, daß die Feste ihr zu einem sinnvollen Umgang mit Ecstasy verholfen haben. Felix ist zwar einerseits beeindruckt von den Festen, speziell von der meditativen Einstimmung. Andererseits fühlt er sich in der großen Gruppe isoliert und ungeschützt: «Ich konnte mich da einfach nicht richtig fallenlassen, ich mußte mich irgendwie kontrollieren.» Gina stört es, daß sich die zunächst im kleinen Kreis stattfindenden Feste zu immer größeren Veranstaltungen ausweiten: «Ecstasy zu nehmen ist natürlich auch 'ne sehr intime Angelegenheit ... und das mit fremden Leuten!»

Ecstasy-Erfahrungen in kleinen Gruppen von Freunden Anna, Felix, Gina und Hope haben Ecstasy zu Hause in einer kleinen Gruppe von Freunden genommen. Gina empfindet dieses Setting als besonders angenehm: «Da ging es schwerpunktmäßig um den Genuß!» Für Felix waren diese Erfahrungen angenehmer als die großen Feste, aber «auch nicht so herausragend». Anna und Hope gehen darauf nicht weiter ein.

Ecstasy-Erfahrungen mit dem Partner/der Partnerin Anna, Bea, Daniel, Felix, Erik und Hope berichten von Ecstasy-Erfahrungen, die sie gemeinsam mit ihrem Partner/ihrer Partnerin gemacht haben. Für Hope und Erik steht dabei die sexuelle Begegnung im Vordergrund. Hopes sexuelles Empfinden ist auf Ecstasy extrem gesteigert: «Das war 100×100 im Quadrat!» Während seiner nächtlichen «Kieztouren» sucht er unter Ecstasy-Einfluß sexuelle Abenteuer jeglicher Art. Erik schätzt die «Entspanntheit und Ausgeglichenheit», die ihm Ecstasy beim Sex mit seinem Partner ermöglicht: «Sex auf E ist gut!» Daniel erhofft sich von Ecstasy eine Lösung der sexuellen Probleme, die er mit seiner Freundin hat. Dies erfüllt sich jedoch nicht. Auch er erlebt die Ecstasy-Wirkung als stark erotisierend und verspürt eine intensive «Sehnsucht nach Verschmelzung». Felix' Wunsch ist es, bei den Ecstasy-Erfahrungen mit seiner Freundin den «Mangel an Begegnung und Kontakt» in ihrer Beziehung zu beheben. Ähnlich wie Daniel sucht er nach «Verschmelzung», wird jedoch enttäuscht, da seine Freundin sich auf Ecstasy ganz in sich selbst zurückzieht. Trotzdem bewertet er die gemeinsamen Erfahrungen positiv, weil er dabei gelernt habe, «für sich selber zu sorgen und sich alleine wohl zu fühlen». Anna setzt Ecstasy mit ihrem Partner in einer schwierigen Phase ihrer Beziehung ein, «um noch mal zu schauen, wie's mit der Liebe eigentlich aussieht». Sie schätzt die Leichtigkeit, mit der sie auf Ecstasy mit ihrem Partner kommunizieren kann, räumt aber ein, daß sie die Droge nicht «für das A und O der Beziehungsklärung» hält. Bea hebt die Tatsache hervor, daß ihr Mann gemeinsam mit ihr an den Ecstasy-Workshops teilnimmt: «Wir machen das ganz bewußt zu zweit!» Sie berichtet von einer wichtigen Konfrontation zwischen ihnen an einem der Wochenenden, «wo also in drastischer Form ein ganz großer Problemkomplex von uns deutlich wurde ... Danach war der Pfropfen auch raus!»

Ecstasy-Erfahrungen in der Rave/House-Szene Cecile, Erik, Gina und Hope haben Ecstasy im Setting der Rave-Parties oder House-Clubs genommen. Cecile, Erik und Gina betonen die Wichtigkeit der Musik für die Erfahrung: «Die Musik hat genau so'n großen Anteil an diesem Erleben wie die Droge selbst!» (Gina) Ebenfalls von Bedeutung ist die besondere Atmosphäre der Parties: «Das war irgendwie ein Kreis, der zusammen einfach gefeiert und geschrien hat, der einfach tanzen wollte ... und das puschte dich total hoch!» (Cecile) «Also, es ist 'ne sehr angenehme Gesellschaft, von den Leuten her ... diese 68er-Drogen-LSD-Flower-Power-Mentalität ...» (Erik) Das Tanzen ist für alle vier Raver das zentrale Element der Ecstasy-Erfahrung in diesem Setting: «Wir haben getanzt bis zum Untergang!» (Hope)

Sonstige Settings für Ecstasy-Erfahrungen

- Alleine zu Hause (1)
- In Nachtclubs und Bars (1)
- Auf Gruppensex-Parties (1)
- Während der Arbeitszeit (1)
- Am Strand (1)

Die Bedeutung von Set und Setting

Kriterien für «das richtige Setting» Die meisten meiner Gesprächspartner geben Kriterien dafür an, wie das richtige Setting (äußere Umstände der Situation) bzw. Set (Einstellung, Vorbereitung etc.) für eine Ecstasy-Erfahrung beschaffen sein sollte. Für Bea ist es ausschließlich der therapeutische Rahmen, den sie in unserem Gespräch detailliert beschreibt. Felix empfiehlt eine «offene, annehmende Haltung» und «daß die Umgebung, in der man das nimmt, so sicher und angenehm wie möglich» sein sollte. Anna beschreibt ihre Vision eines Ortes, «wo man die Möglichkeit hat, das vor Ort unter adäquater Betreuung zu nehmen», was aber nicht auf den Therapiebereich begrenzt sein sollte. Da so etwas heute noch nicht existiert, empfiehlt sie Erstkonsumenten einen «ruhigen, kleinen Rahmen ... am besten zu zweit». Wie Felix und Bea hält auch Anna die gedankliche Vorbereitung auf einen Ecstasy-Trip für maßgeblich. Hope dagegen gibt zu, mit Ecstasy äußerst wahllos umgegangen zu sein: «Wir hatten keinen Anker, wir hatten keine Rettungsleine, wir hatten keinen Weg und kein Ziel ... wir haben uns einfach nur treiben lassen ...» Gina, die ihre erste Ecstasy-Erfahrung in einem kleinen geschützten Rahmen gemacht hat und erst später zur Rave-Szene gestoßen ist, stellt fest: «Man muß es einfach ausprobieren!». Auch ein Rave könne «eine richtig gute Initialzündung sein». Auf den Parties selbst legt sie allerdings bestimmte Kriterien an, um zu entscheiden, ob die jeweilige Party das richtige Setting für Ecstasy ist: der Ort, die Leute, die Musik und die eigene Stimmung müssen passend sein. Cecile schätzt die Anwesenheit von «vertrauten Personen». Daniel erinnert sich an einige Male, «wo die Situation nicht sorgfältig genug ausgeguckt war ... wo ich mich dann auch hinterher leicht geärgert habe ... So macht es keinen Sinn für mich, die Droge zu nehmen!»

Offenheit für alternative Settings / Anwendungsweisen Es ist auffällig, daß die Mehrzahl meiner Gesprächspartner (mit Ausnahme von Gina) sich auf eine bestimmte Anwendungsweise von Ecstasy festgelegt hat. Anna, Bea, Daniel und Felix können sich eine Ecstasy-Erfahrung nur in einem ruhigen, selbstexplorativen Setting vorstellen: «Also, Hektik und Unruhe kann ich (auf Ecstasy) überhaupt nicht vertragen, auch Tanzen oder laute Musik nicht ... Hab ich auch nie ausprobiert, mir stand einfach nicht der Sinn danach!» (Daniel.) Cecile dagegen sagt: «... Zu Hause 'ne Ecstasy ... also, das kann ich mir gar nicht vorstellen! Ich würd ja durchdrehen hier!» Von alternativen Anwendungsweisen, z.B. im Ritual oder zur Selbsterkundung, hat sie allerdings gehört: «Ich weiß nicht, warum ich da irgendwie nie hingekommen bin ... Irgendwie hatte ich nicht die Leute um mich herum ... Vielleicht ist mir dieser Weg damit verschlossen geblieben.» Erik ist überrascht, daß «nicht die gesamte ‹E›-Produktion dieses Globus von irgendwelchen House-Music-People verzehrt wird!». Seine eigene sexuelle Erfahrung unter Ecstasy-Einfluß habe für ihn jedoch «das Spektrum dessen, was man auf Ecstasy empfinden kann, erweitert». Gina ist die einzige, die sowohl Erfahrungen in einem ruhigen selbstexplorativen Setting als auch in der Rave-Szene hat. Für sie stellen ihre heutigen Erfahrungen auf den Raves «die andere Seite der Medaille» dar: «Was wir jetzt machen, sind auch Rituale ... nur eben mit'n paar mehr Leuten ... und der Zeremonienmeister, der früher einer der Freunde war, ist heute der DJ!»

Häufigkeit / Dosierung / Substanzqualität / Quelle / Informiertheit

Häufigkeit

Cecile: *Zeitraum:* 7 Jahre; *Frequenz:* alle 4 Wochen, später jedes Wochenende

Hope: *Zeitraum:* 6 Jahre; *Frequenz:* jedes Wochenende, später auch öfter (mit Unterbrechungen)

Erik: *Zeitraum:* 1 Jahr; *Frequenz:* fast jedes Wochenende

Gina: *Zeitraum:* 9 Jahre (mit Unterbrechungen); *Frequenz:* 1 Jahr: alle 4–6 Wochen, dann seltener; heute: alle 2 Monate

Daniel: *Zeitraum:* 5 Jahre (mit Unterbrechungen); *Frequenz:* alle 1–2 Jahre, dann 6 Monate lang alle 2–3 Wochen

Felix: *Zeitraum:* circa 10 Jahre; *Frequenz:* 7 Jahre zwischen 1. und 2. Erfahrung; dann alle 2 Monate; heute seltener

Anna: *Zeitraum:* 6 Jahre; *Frequenz:* insgesamt mindestens 5–6 Erfahrungen

Bea: *Zeitraum:* 5 Jahre; *Frequenz:* insgesamt 3 Erfahrungen

Dosierung

Hope: 2 bis 15 Pillen pro Nacht
Daniel: 1 bis 5 Pillen pro Nacht
Erik: ½ bis 2 ½ Pillen pro Nacht
Felix: 100 bis 200 Milligramm pro Nacht
Gina: 150 bis 200 Milligramm (zu Hause); ¼ bis 1 Pille (Rave-Szene)
Cecile: ½ bis 1 Pille pro Nacht
Anna und Bea: keine Angaben
(Bei den Pillen ist keine Angabe in Milligramm möglich, da der Inhalt ungewiß ist.)

Substanzqualität / Quelle Bis auf Daniel und Hope, die betonen, sie hätten eine «gute Quelle», erwähnen alle meine Gesprächspartner Schwankungen in der Qualität des zur Verfügung stehenden Ecstasy. Gina unterscheidet zwischen dem «MDMA», was sie früher im kleinen Kreis genommen hat, und dem «Ecstasy», das sie heute auf Raves nimmt (wobei es sich bei letzterem zum Teil auch um MDE und verwandte Substanzen handelt). Bea berichtet, daß die Therapeuten für die Gruppe als «Vorkoster» agieren und sie über Schwankungen in der Wirkung im voraus informieren. Felix erinnert sich an Ecstasy-Feste, auf denen offenbar unreines Ecstasy (kein reines MDMA) verteilt wurde, das ihm Schlaflosigkeit und Kopfschmerzen verursachte. Anna fühlt sich durch die Tatsache, daß Ecstasy illegal und daher ohne Qualitätskontrolle hergestellt wird, «vorsätzlich mißhandelt»: «Mir wär's also viel lieber, ich hätte da irgendwie ‹Merck› draufgedruckt.» Cecile und Erik stellen deutliche Unterschiede zwischen den verschiedenen Ecstasy-Pillen fest, die sie in der Club-Szene über Freunde und Bekannte beziehen. Teilweise lassen sich die Unterschiede an Form und Farbe der Pillen erkennen. Für beide ist die Unklarheit darüber, was sie da zu sich nehmen, beunruhigend.

Informiertheit   Meine Gesprächspartner haben sich auf folgende Weise über Ecstasy informiert: Fachliteratur, z.B. Drogenhandbücher oder Bücher über MDMA-Therapie (alle, bis auf Cecile, in unterschiedlichem Maße); Presseberichte (alle, dabei oft mit großer Skepsis); Berichte von Freunden und Bekannten (alle). Auffällig ist, daß sich zahlreiche Gerüchte über Ecstasy in Umlauf befinden – z.B., daß es absichtlich auf den Markt gebracht worden sei, um «Leute krank zu machen» (Cecile); oder daß viele Jahre nach dem Konsum von Ecstasy die «Nieren explodieren» könnten (Hope). Es herrscht offenbar einige Verwirrung darüber, wie die tatsächlichen gesundheitlichen Risiken beschaffen sind. Mehr sachliche, leicht zugängliche Information zu diesem Thema wird von allen meinen Gesprächspartnern gewünscht.

Typische Elemente der Ecstasy-Wirkung

Akutes Erleben während des Rausches

- Intensiviertes Körpergefühl (7)
- «Öffnung auf der Herzebene», Liebesgefühle (6)
- Gesteigertes erotisches/sexuelles Empfinden (6)
- Konfrontation mit persönlichen Themen (5)
- Gesteigerte Sensibilität für die Umgebung (5)
- Gesteigerte Kommunikationsfähigkeit (4)
- Bei-sich-Sein (4)
- Gefühl allumfassender Akzeptanz (4)
- Verringerte innere Abwehr (4)
- Intensiviertes Musik- und Rhythmusempfinden (4)
- Bewegungsdrang, Energieschub (4)
- Gesteigerte Wachheit, Klarheit (3)
- Innere Bilder, «psychedelische Komponente» (3)
- Traurigkeit, Schmerz (3)

- Verschmelzungswünsche (2)
- Verändertes Zeitgefühl (2)
- Auflockerung, Enthemmung (2)
- Stimmungsaufhellung (2)

Schwierige Endphase Anna, Felix und Hope sprechen von einem Gefühl des Bedauerns beim Abklingen der Wirkung: «... das Bedauern, daß man dieses schöne Gefühl, was man jetzt zehn, zwölf Stunden genossen hat, wieder gehen lassen muß ...» (Hope). «Dann merkt man, daß so ein Zugehen wieder passiert ... Das kann auch sehr hart sein ...» (Felix). «Man stellt selber fest, daß die gängigen Schranken wieder fallen, Grenzen wieder gesetzt werden ... Es ist so reizvoll, das bis in die Unendlichkeit auszudehnen ...» (Anna).

Zustand in den Tagen nach einer Ecstasy-Erfahrung

- Körperliche Erschöpfung, Müdigkeit (5)
- Besondere Offenheit, «Nachschwingen» der Wirkung (3)
- «Starkes Berührtsein» (3)
- Verlustgefühle, Depression (3)
- «Seelische Dünnhäutigkeit» (3)
- Schlechte Laune (2)
- Gute Laune, Euphorie (1)
- «groove» im Körper (1)

Bedeutung und Bewertung der Ecstasy-Erfahrungen, Auswirkungen auf den Alltag

Bedeutung und Bewertung der Ecstasy-Erfahrungen

Im Zuge meiner Auswertung der acht Gespräche habe ich (unter Bezug auf BLÄTTER (1989) und BECK et. al. [1989, 1994]) vier Kategorien entwickelt, in die sich die Aussagen meiner Gesprächspartner dazu, welche Bedeutung sie ihren Ecstasy-Erfahrungen vorrangig zuschreiben, einordnen lassen:

- Die Ecstasy-Erfahrung als Weg zur Bewußtseinserweiterung *(Erkenntnisaspekt)*
- Die Ecstasy-Erfahrung als Lustgewinn *(Hedonismusaspekt)*
- Die Ecstasy-Erfahrung als Kompensationsversuch *(Suchtaspekt)*
- Die Ecstasy-Erfahrung als peak-experience *(Grenzerfahrungsaspekt)*

Dabei werden von den einzelnen Personen meist mehrere Aspekte genannt, wobei jeweils einer im Vordergrund steht.

Die Ecstasy-Erfahrung als Weg zur Bewußtseinserweiterung

Anna, Bea, Daniel, Felix und Gina betrachten ihre Ecstasy-Erfahrungen – in unterschiedlichem Ausmaß – unter dem *Erkenntnisaspekt*: «Ich würde es als Mittel des persönlichen Weiterkommens betrachten ... Es hilft mir manchmal in Bereiche hinein, in die ich in meinem Normalzustand nicht hineinkommen würde.» (Anna) «Es ist ein Zugang ... wie Körpertherapie, wie analytische Therapie ... es ist ein bewußtseinserweiterndes Ritual!» (Bea) «Es hat, denke ich, jedesmal meinem persönlichen Wachstum einen Schub gegeben.» (Felix) «Es hat mein Leben wirklich verändert, und es hat mich verändert, absolut zum Positiven! Zu mehr Offenheit, mehr Genußfähigkeit, mehr Liebesfähigkeit, mehr Freude am Leben!» (Gina)

Die Ecstasy-Erfahrung als Lustgewinn Der *Hedonismusaspekt* kommt bei meinen Gesprächspartnern in unterschiedlicher Weise zum Tragen. Cecile, Erik und Gina räumen dem Spaß- und Genußeffekt große Wichtigkeit ein. «Ich hab ja alles rausgeholt, was will ich mehr! Ich hab jahrelang getanzt, ich hatte Spaß ...» (Cecile) «Der Lustaspekt, der war natürlich immer an erster Stelle!» (Gina) Daniel, Felix, Hope und auch Anna beschreiben sinnliche und lustvolle Gefühle unter Ecstasy-Einfluß: «Ich hab immer so absolut tierischen Bock gekriegt ... also, Lust von oben bis unten!» (Daniel) «... die kleinste Berührung, selbst der kleinste Luftzug (war) eine Liebkosung ...» (Hope) Bea ist die einzige, die angibt, Ecstasy keinerlei hedonistische Erlebnisse abgewinnen zu können.

Die Ecstasy-Erfahrung als Kompensationsversuch Hope, Daniel, Erik und Cecile beziehen in die Bewertung ihrer Ecstasy-Erfahrungen den *Suchtaspekt* mit ein: «Die Sucht nimmt dann den größten Stellenwert ein! (Ecstasy) war mir auch phasenweise wichtiger als alles andere ... daß ich eher ohne Wasser und ohne Essen leben konnte als ohne diese Pille ...» (Hope) Daniel sieht für sich selber rückblickend die Gefahr, «so'ne Langzeitabhängigkeit zu entwickeln ... so zu sagen, ach, alle zwei Monate brauch ich das eigentlich ... weil dann irgendwie so dieser Eindruck langsam wieder abnimmt, und dann füllt man wieder auf ...» Durch die Droge hole man sich etwas «auf Kredit ... und wenn man sich das nicht hinterher wieder erarbeitet, im wirklichen Leben ... dann entsteht höchstens der Wunsch, wieder 'ne Droge zu nehmen ...». Erik: «... wenn wir ausgehen, brauch ich die Droge schon, jetzt für's Wochenende ... Ich müßte jetzt natürlich prüfen, ob ich überhaupt in der Lage bin, das ohne ‹E› zu genießen ... aber ich bemüh mich dann eben doch immer, sortiert zu sein ...» Auch Cecile stellt rückblickend eine gewisse Gewöhnung an Ecstasy fest: «... wenn du's regelmäßig zum Ausgehen benutzt, daß du dann gleich assoziierst: Ausgehen–Drogen!»

Die Ecstasy-Erfahrung als peak-experience

Alle meine Gesprächspartner kommen auf diesen Aspekt der *Grenzerfahrung*, also einer extremen Erfahrung außerhalb ihres Normalbewußtseins, die sowohl ekstatisch-lustvoll als auch gefährlich-beängstigend sein kann, von verschiedenen Gesichtspunkten her zu sprechen. Bea stellt die Ecstasy-Erfahrungen von der Intensität her auf eine Stufe mit der Geburt ihres Sohnes: «Zusammen mit der Geburt meines Sohnes waren das die einschneidendsten Erlebnisse, die ich überhaupt je gehabt habe ... und auch die mit am meisten Angst besetzten Erlebnisse!» Daniel spricht von «exzessiven Tendenzen» im Umgang mit Ecstasy und liefert als Begründung «den Wunsch nach intensivem Gefühl! Der Wunsch, rauszukommen aus dem, was man so als alltägliches Bewußtsein bezeichnet, eigentlich das, was alle Leute wollen, wenn sie Drogen nehmen oder sich in Trance tanzen oder sich mit 'nem Drachen von irgendwelchen Bergen stürzen ... über das normale Bewußtsein hinauszugehen!» Hope bezeichnet seine Ecstasy-Erfahrungen als «Selbsttest bis zum Exitus ... Immer weiter, immer schneller, immer härter! ... Ich meine, wo krieg ich am meisten Emotionen her? Sex! Party! Exzeß!» Er sagt auch, er hätte «Grenzbereiche erforschen» wollen. Gina und Cecile berichten von tranceartigen Zuständen, wenn sie unter Ecstasy-Einfluß tanzen: «Es ist natürlich auch 'ne Form von Meditation ... oder wie 'ne Mindmachine ... Licht- und Tonstimulation ...» (Gina) «... daß ich teilweise die Augen zugemacht habe und echt woanders war!» (Cecile) Anna spricht von der «Lust auf das Unbekannte» und der «Bereitschaft, ein Risiko zu tragen». Erik vergleicht das Tanzen zu *house music* unter Ecstasy-Einfluß mit «archaischen Tanz- und Bewegungsformen» und bewundert den «Rhythmisierungseffekt».

Ich werde auf diese vier Kategorien, vor allem auf den Grenzerfahrungsaspekt, in meiner abschließenden Diskussion der Ergebnisse noch einmal zurückkommen.

Veränderungen im Alltag durch die Ecstasy-Erfahrungen   Anna, Bea, Daniel, Felix, Erik und Gina berichten von konkreten positiven Veränderungen in ihrem Leben, die die Ecstasy-Erfahrungen bewirkt oder unterstützt haben, sei es mehr Selbstakzeptanz (Bea, Gina), mehr Kontaktfreudigkeit (Anna, Gina), mehr Genußfähigkeit (Gina) oder ein besseres Körpergefühl (Erik). «Wenn ich so meinen eigenen Lebensweg betrachte, war es für mich eine positive, bereichernde Ergänzung.» (Anna) «Das ist wie so'n Fenster, aus dem du mal rausgeguckt hast ... Fast als ob du Blut geleckt hast!» (Bea) Für eine tatsächliche Integration des Erlebten in den Alltag spiele aber die Einbeziehung der eigenen Problemthemen in den Rausch sowie die Aufarbeitung der Erfahrungen im nachhinein eine große Rolle. So stellt Daniel fest: «... daß vieles von dem, was in den letzten Jahren so meine Entwicklung gewesen ist, beeinflußt gewesen ist von diesem (Ecstasy-)Gefühl ... daß ich das im nüchternen Zustand aber auch ganz bewußt übe beziehungsweise auch da ganz bewußt an mir arbeite ...» Hope dagegen berichtet ausschließlich von negativen Auswirkungen seines Ecstasy-Konsums: er hätte mit der Zeit den Kontakt zur Realität und zu sich selbst verloren und leide noch heute unter einer «gestörten Emotionalität». Auch das Scheitern seiner letzten Liebesbeziehung führt er auf seinen exzessiven Ecstasy-Konsum zurück. Cecile macht zu diesem Punkt keine Aussagen.

Vergleichbare Erfahrungen   Als von der Bedeutsamkeit und Intensität her mit Ecstasy vergleichbare Erfahrungen werden von meinen Gesprächspartnern genannt:

- Therapieerfahrungen, inklusive Reiki und Rebirthing (4)
- Zwischenmenschliche Begegnungen erotischer und freundschaftlicher Art (3)
- Andere Drogen (2)
- Tanzen (1)
- Naturerfahrung (1)
- Geburtserfahrung (1)

Für Gina und Hope ist die Ecstasy-Erfahrung mit nichts zu vergleichen: «Ecstasy ist Ecstasy, und nichts ist wie Ecstasy ... Weil, gut drauf sein ohne Ecstasy ist einfach was anderes, als gut drauf sein mit Ecstasy» (Gina).

Haltung zu Drogen allgemein

Erfahrungen mit anderen Drogen

Neben Alkohol und Nikotin wurden genannt:
- Haschisch/Marihuana (alle)
- LSD (6)
- Kokain (4)
- Psilocybin (3)
- Ketamin (2)
- Amphetamine (1)
- Meskalin (1)

Kombination von Ecstasy
mit anderen Drogen

- mit Haschisch/Marihuana (5)
- mit Alkohol (3)
- mit Kokain (3)
- mit LSD (2)
- mit Ketamin (2)
- mit Amphetaminen (1)
- ausschließlich Ecstasy (1)

Generelle Einstellung zu Drogenkonsum und Drogenpolitik

Die Mehrzahl meiner Gesprächspartner kritisiert sowohl das «gesellschaftliche Bild, das von Rauschmitteln entworfen wird» (Anna), als auch die Kriminalisierung der Konsumenten. Bea findet den «bewußten und verantwortungsvollen Umgang» mit Drogen entscheidend. Anna und Erik wünschen sich eine legale, kontrollierte Produktion von Ecstasy, um die Gefährdung durch unreine Substanzen zu verringern und die Konsumenten aus der Illegalität zu befreien. Was ihren eigenen Umgang mit Drogen angeht, so wird bei manchen meiner Gesprächspartner Ambivalenz deutlich: Cecile sorgt sich um «Abhängigkeit an sich», bezieht dies aber nie direkt auf ihren eigenen Konsum. Erik schwankt zwischen fatalistisch-hedonistischer und (selbst)-kritischer Betrachtung seines Drogenkonsums. Gina sieht in ihrem eigenen Umgang mit Drogen kein Problem, räumt jedoch ein: «Nicht jeder ist ein Mensch, für den es gut ist, Drogen zu nehmen.» Daniel würde eigentlich lieber ohne Drogen auskommen und betrachtet sie als eher zweitrangiges «Hilfsmittel». Hope sieht den wachsenden Drogenkonsum in unserer Gesellschaft als ein Zeichen für die Perspektivlosigkeit der Jugend und eine Flucht aus der Realität an. Verbote hält er allerdings für sinnlos – statt dessen müsse man Alternativen und Vorbilder schaffen.

Rückblick und Perspektive

Gründe, den Ecstasy-Konsum einzustellen
Cecile, Daniel und Hope haben zum Zeitpunkt unseres Gesprächs beschlossen, kein Ecstasy mehr zu nehmen, bzw. ihren Konsum bereits eingestellt. Als Gründe dafür nennen sie:

- Gesundheitliche Bedenken, physischer und psychischer Art (3)
- Andere Möglichkeiten, ähnliche Erfahrungen zu machen (2)
- Veränderung des Rauscherlebens über die Zeit (1)
- Unklarheit über Substanzqualität (1)
- Suchtverhalten aufgeben (1)
- Einschneidende Lebensveränderung durch eine Liebesbeziehung (1)

Während Cecile und Daniel ihre Ecstasy-Erfahrungen rückblickend vorwiegend positiv bewerten, zieht Hope daraus für sich die Erkenntnis: «Es hat mir wirklich nichts gebracht, was positiv ist!» Trotzdem sei er als «gefestigte Persönlichkeit da herausgekommen».

**Gründe, den Ecstasy-Konsum
fortzusetzen** Anna, Bea, Erik, Felix und Gina
wollen ihren Ecstasy-Gebrauch
zunächst fortsetzen. Während
Anna, Bea und Felix diese Drogenerfahrungen als etwas tendenziell
Lebensbegleitendes, das jedoch sparsam eingesetzt und immer wieder
sorgfältig durchdacht und neu entschieden wird, betrachten, sprechen Gina und Erik eher von «Phasen»: «Irgendwann werd ich auch
sicher mal wieder damit durch sein.» (Gina) «Also, wahrscheinlich
wird's in ein paar Jahren was anderes sein ...» (Erik)

Diskussion der Ergebnisse

An dieser Stelle möchte ich
die wichtigsten Ergebnisse
des Vergleichs der hier vorgestellten acht Gespräche kurz zusammenfassen und im Zusammenhang mit meinen theoretischen Überlegungen zur Bedeutung von Set und Setting, zum kulturellen Kontext sowie zu Ekstase-Suche und Ritualkonzept diskutieren.

Die Bedeutung von Set,
Setting und «social world»[5]

Der kulturelle Kontext, das Netzwerk von Bedeutungszusammen-
hängen, in das die Ecstasy-Erfahrungen meiner Gesprächspartner
eingesponnen sind, trägt, so wird aus den Ergebnissen meiner Arbeit
deutlich, entscheidend zum Verlauf und zur Bewertung der Drogenerfahrungen bei. Es macht einen großen Unterschied, ob Ecstasy im
Kontext der Rave/House-Szene oder der New Age/Therapieszene
genommen wird[6]. Die Erwartungen und die Absichten im Zusammenhang mit der Ecstasy-Erfahrung (Set) und das soziale Umfeld im
engeren und im weiteren Sinne (Setting) beeinflussen den Verlauf und
die subjektive Bewertung der Erfahrung. Das, wovon man glaubt,
daß es passieren soll (weil die anderen es einem erzählt haben), wird –

tendenziell – auch passieren. Sowohl das individuelle Set als auch das gewählte Setting werden von der Zugehörigkeit zur jeweiligen «social world» mitgeprägt. Dabei spielt offenbar die erste Erfahrung, im Sinne einer Einführung in die Bedeutungswelt der Droge, eine wichtige Rolle: wer Ecstasy als «Herzöffner» und Mittel zur Selbsterfahrung vorgestellt bekommt, geht anders an diese Substanz heran als jemand, dem sie als *dance-drug* empfohlen wurde. Durch die Zugehörigkeit zur «social world» engt sich oft auch der Radius der möglichen Erfahrungen ein. Cecile gibt an, sie habe zwar davon gehört, daß Ecstasy im Selbsterfahrungs-Ritual angewendet wird, sei selber aber nie mit dieser Szene in Berührung gekommen. So hat denn auch, bis auf Gina, keiner meiner selbsterfahrungsorientierten Gesprächspartner Verbindungen zur Rave-Szene. Für Gina bringt die Einführung in eine neue «social world» (Rave) eine drastische Veränderung ihres Ecstasy-Konsum-Verhaltens mit sich. Auch was die Bewertung der verschiedenen Aspekte der Ecstasy-Wirkung selbst angeht, lassen sich Unterschiede nach der Zugehörigkeit zu verschiedenen sozialen Welten feststellen. Während für die Raver die Körpererfahrung, das Trance-Tanzen und das intensivierte Musik- und Rhythmusempfinden zentral ist, stellen die selbsterfahrungsorientierten Ecstasy-Konsumenten z. B. die «Öffnung auf der Herzebene» (siehe Punkt 3.2.5.) und die Konfrontation mit persönlichen Themen in den Vordergrund. Ein und derselbe Wirkungsaspekt kann von dem einen positiv, vom anderen negativ bewertet werden – so stellt zum Beispiel die «Speedkomponente» für die meisten «New Ager» eine eher unangenehme Nebenwirkung dar, wohingegen sie von den Ravern als Energieschub zum Tanzen und «Wachmachereffekt» geschätzt wird. (Raver kombinieren Ecstasy denn auch häufig [wenn auch nicht ausschließlich] mit Amphetaminen, New Ager tendieren eher zu Psychedelika.)

Rave, Kreisritual, Therapie: MDMA-Gebrauch und Ritualkonzept

Die Frage, inwieweit man bestimmte Formen des MDMA-Gebrauchs als moderne Rituale bezeichnen kann, erscheint mir höchst interessant im Zusammenhang mit der Möglichkeit eines risikoarmen und konstruktiven Umgangs mit dieser Substanz. Forscher wie ZINBERG (1984) und DOBKIN DE RIOS (1976, 1977) gehen davon aus, daß es auch in den modernen westlichen Industrienationen Ritualisierungstendenzen im Umgang mit Drogen gibt, wenn diese auch meist auf eine weniger festverwurzelte Tradition zurückgehen als die Drogenrituale archaischer Kulturen. Sinn und Zweck solcher Rituale sei es, Kontrolle über den Verlauf der Drogenerfahrung sowie über den eigenen Umgang mit der Droge zu erlangen und negative Auswirkungen des Konsums zu verhindern oder zu vermindern, bei gleichzeitiger Optimierung der positiven Effekte. Als Beispiel wird u. a. die im Laufe der sechziger und siebziger Jahre gewachsene «LSD-Kultur» angeführt. Wenn man im Sinne dieser Forscher unter «Ritual» in diesem Kontext *bestimmte Verhaltensweisen beim Gebrauch einer Droge, die Auswahl des Settings, Aktivitäten während des Rausches und Regeln/Methoden zur Abwendung unangenehmer Erfahrungen damit* versteht, lassen sich meiner Ansicht nach bei einigen meiner Gesprächspartner durchaus ritualhafte Züge in ihrem MDMA-Gebrauch erkennen. Fast alle haben bestimmte «Regeln» für den Gebrauch von MDMA sowie Kriterien für «das richtige Setting» und «die richtige Einstellung» (vgl. Punkt 3.2.3). Auf den Ecstasy-Therapieworkshops ist der Rahmen für die Erfahrung klar festgelegt und strukturiert, was von meinen Gesprächspartnern als «schützend» empfunden wird. Auf den «Ecstasy-Festen» wird versucht, die Teilnehmer mit meditativen oder schamanischen Kreisritualen auf die «innere Reise» einzustimmen. Und auch die Raves könnten unter dem Aspekt eines großangelegten Ritualisierungsversuches aufgefaßt werden – die *location*, die Gestaltung und Atmosphäre der Parties, und natürlich die Musik sind mindestens ebenso wichtig für die Qualität der Erfahrung wie die Droge selbst. Die englische Sozialwissenschaftlerin Mary Anna WRIGHT (1993) stützt in ihrer Dissertation zum Thema Rave-Kultur die These des amerikanischen Autors Terence MCKENNA (1994), das Rave-Phänomen sei Teil eines «archaischen Revivals»: Raver bedienten sich traditioneller Trance-erzeugender Elemente wie monotoner Rhythmen, stundenlangem Tanzen und nicht zuletzt psychoaktiver Substanzen, um ein wachsendes Bedürfnis nach «Archaik» zu befriedigen. Sind also, mit anderen Worten, alle Raver moderne Ekstase-Sucher? Ich werde auf diese Frage noch zurückkommen. Es ist meiner Auffassung nach allerdings auch wichtig, darauf zu verweisen, daß nicht alle Rituale positive Auswirkungen haben (man denke z. B. an die typische «Cocktail»-Kombination verschiedener Drogen auf Raves oder an die gemeinsame Benutzung von Spritzen bei Heroinkonsumenten). Und nicht immer gelingt es dem einzelnen, durch ein Ritual seinen Drogenkonsum unter Kontrolle zu halten. Es stellt sich also die Frage, ob tatsächlich konstruktive Rituale für den Konsum von Substanzen wie MDMA existieren, und falls dem so ist, wie sie als ein Mittel zur Risikoverminderung eingesetzt werden könnten.

Aufgeklärter Hedonismus – Ekstasesuche zwischen Sucht und Sehnsucht

Zum Abschluß möchte ich nun noch einmal auf die bereits vorgestellten vier Aspekte zurückkommen, unter welchen meine Gesprächspartner ihre Ecstasy-Erfahrungen bewerten und interpretieren: *1. Erkenntnisaspekt; 2. Hedonismusaspekt; 3. Suchtaspekt; 4. Grenzerfahrungsaspekt.* Es liegt nahe, daß man bei den zur Rave-Szene gehörenden Ecstasy-Konsumenten eine Betonung der hedonistisch-lustvollen Komponente des Ecstasy-Konsums findet, wohingegen die eher auf Therapie- und Selbsterfahrung ausgerichteten «New Ager» den Erkenntnisaspekt hervorheben. Trotzdem aber leugnet die Mehrzahl meiner «erkenntnisorientierten» Gesprächspartner nicht, daß sie den Ecstasy-Rausch an sich auch als angenehm und lustvoll empfinden. Dies wirft meines Erachtens eine wichtige Frage auf, die hier nur am Rande erörtert werden kann: nämlich inwieweit tiefe

Erkenntnisse persönlicher oder auch spiritueller Natur mit lustvollen Erfahrungen einhergehen – und durch Drogen induziert sein – können. Sehr oft wird in unserer Gesellschaft die Gültigkeit solcherart gewonnener Erkenntnisse bezweifelt, da sie ja «nur chemisch erzeugt» und «nicht wirklich erarbeitet» seien. Im Gegensatz zu manchen nicht-westlichen oder auch archaischen Weltbildern, die den Rausch als Medium der Erkenntnis kultivieren, stehen Rausch und Erkenntnis für uns im Widerspruch zueinander. Hier offenbart sich der nüchtern-rationale, tendenziell rausch- und ekstasefeindliche (oder zumindest -fürchtende) Charakter unserer modernen westlichen Kultur.

BLÄTTER (1989) weist außerdem darauf hin, daß auch das Genießen selbst, mithin der Kern der hedonistischen Erfahrung, erlernt werden muß. So spricht z. B. Gina davon, daß die Ecstasy-Erfahrungen ihre «Genußfähigkeit» erweitert hätten. Wahres Genießen ist also nicht mit bloßem Konsumieren zu verwechseln; vielleicht handelt es sich dabei sogar schon um eine eigene Form von «Bewußtseinserweiterung».

Was die Bewertung der Ecstasy-Erfahrungen als peak-experience oder Grenzerfahrung betrifft, so findet sich dieser Aspekt in unterschiedlicher Form bei allen meinen Gesprächspartnern wieder. Sei es, daß sie sich unter Ecstasy-Einfluß in Trance tanzen und «ganz in die Musik fallenlassen», wie Gina und Cecile; sei es das intensive Sich-Versenken in die eigene innere Welt, das einhergeht mit einem tiefen Gefühl von Akzeptanz und Ganzheit, wie bei Bea und Felix; sei es das Überwältigtwerden von «allumfassender Liebe», das Hope, Gina und Anna erleben. Auch der Wunsch nach Verschmelzung, der von Daniel und Felix hervorgehoben wird, trägt Züge von Selbstentgrenzung und reflektiert das Verlangen, sich der alltäglichen Wirklichkeit zu entheben. Das gleiche gilt für die intensiven erotisch-sexuellen Erlebnisse, von denen Hope und Daniel sprechen. Dabei kann das Überschreiten der Grenze sowohl lustvoll-ekstatisch als auch beängstigend und schmerzhaft sein («Angst vor Kontrollverlust» wird von der Hälfte meiner Gesprächspartner erwähnt).

Betrachtet man diese Erfahrungen genauer, so enthalten sie klassische Elemente sogenannter ekstatischer Erfahrungen. Um es gleich vorwegzunehmen: Es wäre falsch, die Ecstasy-Erfahrung *per se* als ekstatische Erfahrung zu bezeichnen. Nicht jeder Rausch schließt automatisch Ekstase (oder Erkenntnis!) mit ein, nicht jede Drogenerfahrung erweitert das Bewußtsein. So wird auch in den von mir geführten Gesprächen deutlich, daß einige (meist die ersten) Erfahrungen sehr viel intensiver erlebt werden als andere. Häufiger Konsum führt oft zu einer gewissen Abstumpfung: der Rausch verliert seinen Glanz, man gewöhnt sich an das Außergewöhnliche. – Dies alles vorweggestellt, vertrete ich trotzdem die These, *daß es die als ekstatisch erlebten Momente einer Ecstasy-Erfahrung sind, die den Wunsch wecken oder verstärken, diese Erfahrung zu wiederholen; und daß die Sehnsucht nach ekstatischer Erfahrung eine allgemein menschliche Eigenschaft und tief in uns verwurzelt ist.*

Diese Sehnsucht erscheint mir als eine zentrale Triebfeder hinter dem Konsum von Ecstasy – in einer Welt, die mit dem Konzept «Ekstase» nicht mehr allzu vertraut ist und in der Modelle, Methoden und Rituale für ekstatische Erfahrungen alles andere als reich gesät sind. So ist es denn kein Wunder, wenn jungen Menschen, getrieben von derartiger Sehnsucht und ohne «Anker und Rettungsleine» (Hope), der Gebrauch einer Droge, die ekstatische Erfahrungen scheinbar mühelos «erzeugen» kann, äußerst verlockend erscheint. Der Mangel an kultureller Einbettung und konstruktiven Ritualen für diese Art von Drogengebrauch führt jedoch häufig dazu, daß solche ekstatischen (oder ekstase-ähnlichen) Erfahrungen beziehungslos, quasi «im luftleeren Raum» stehenbleiben und nicht in den Alltag integriert beziehungsweise mit dem eigenen Selbstkonzept oder dem «normalen» Lebensgefühl in Verbindung gebracht werden können. Alles erscheint plötzlich grau und trist im Vergleich zu dem auf Ecstasy erlebten Hochgefühl. Besonders eindrucksvoll wird dies von Hope in unserem Gespräch beschrieben, wenn er von den Gefühlen im Anschluß an seine erste Ecstasy-Erfahrung erzählt: «Oh, wie traurig ist diese Welt und wie grau und wie blaß ... Wir wußten gar nicht, wie wir das jetzt einzuordnen hatten ... Das war mit nichts zu vergleichen!» – Vor diesem Hintergrund wird es verständlich, wenn jemand versucht, eine ekstatische Erfahrung ständig aufs neue zu wiederholen: die Suche nach ekstatischer Erfahrung wird zur Sucht, im Sinne von METZNER: «Sucht ist fixiertes, wiederholendes Suchen.» (METZNER 1992, S. 11).

Exzessive Konsummuster, wie sie sich häufig bei Ecstasy-Konsumenten aus der Rave-Szene finden lassen (siehe Hope!), illustrieren dieses Phänomen.

Ich behaupte, daß die Integration ekstatischer oder quasi-ekstatischer Erfahrungen, die durch MDMA ausgelöst werden, um so leichter fällt, je zufriedener jemand mit sich selbst und seinem Leben ist, je vielfältiger sein Repertoire an Möglichkeiten, sich «gut zu fühlen», ist und je intensiver er sich mit der Erfahrung im nachhinein auseinandersetzt. Dazu gehört auch das Annehmen von Schmerz und Traurigkeit, was Anna auf sehr schöne Weise ausdrückt: «Selbstverständlich ist der Wunsch danach vorhanden, in einem ständigen Glück zu leben ... aber es ist mir auch bekannt, daß das in meinem Leben nicht so ist, und ich will eben auch exakt die andere Seite leben, wenn sie vorhanden ist!» Auch eine kräftig ausgeprägte Genußfähigkeit – merke, Genießen will gelernt sein! – scheint hilfreich dabei, sich mehr auf die Qualität als auf die Quantität der Erfahrungen zu konzentrieren. Man könnte vielleicht von einem «aufgeklärten Hedonismus» sprechen. Alle diese Voraussetzungen bieten, obwohl ich sie für tendenziell einer Suchtentwicklung entgegenwirkend halte, keine Garantie für die Risikolosigkeit des MDMA-Konsums (von medizinischen Komplikationen ganz abgesehen). Niemand ist gegen Einbrüche gefeit, und das Überschreiten von Grenzen kann gefährlich sein. Es muß aber auch die Freiheit zur Unvernunft geben. Oder – mit den Worten Daniels –: «Das Leben ist nicht ganz ungefährlich – mit oder ohne Drogen!»

Anmerkungen

[1] Die Stichprobe bestand aus vier Männern und vier Frauen im Alter zwischen 26 und 38 Jahren.

[2] Diese Arbeit wurde 1995 vom Verlag für Wissenschaft und Bildung (VWB) in Berlin veröffentlicht (Krollpfeiffer, Katrin: Auf der Suche nach ekstatischer Erfahrung. Erfahrungen mit Ecstasy; Berlin 1995). Die Interview-Zitate in diesem Artikel sind der Buchveröffentlichung entnommen.

[3] Sämtliche Namen und diverse andere persönliche Daten wurden aus Anonymitätsgründen geändert.

⁴ Zur psychotherapeutischen Anwendung von MDMA, die bis 1985 legal war, siehe auch GREER und TOLBERT 1992 sowie WIDMER 1989.

⁵ Das Konzept der «social worlds» geht auf den Symbolischen Interaktionismus zurück und wird von BECK et al. (1989, 1994) in ihrer soziologischen Studie über Ecstasy-Konsumenten in den USA verwendet.

⁶ Obwohl das Problem, daß nicht jede «Ecstasy»-Pille tatsächlich MDMA enthält, hierbei nicht außer acht gelassen werden darf, halte ich es doch nicht für den entscheidenden Faktor. Tatsache ist, daß MDMA und verwandte Substanzen (MDE, MDA) in der Rave-Szene konsumiert werden und daß der Wirkungsverlauf entscheidend durch diese «social world» geprägt wird.

Literatur

Beck, Jerome E., et al.: Exploring Ecstasy: A Description of MDMA Users; Final Report to the National Institute on Drug Abuse; Institute for Scientific Analysis, San Francisco, California, 1989

Beck, Jerome E., and Rosenbaum, Marsha: Pursuit of Ecstasy; State University of New York Press, Albany, 1994

Blätter, Andrea: Kulturelle Ausprägungen und die Funktionen des Drogengebrauchs; Dissertation an der Universität Hamburg, 1989

Dobkin De Rios, Marlene, and Smith, David E.: Using or Abusing? An Anthropological Approach to the Study of Psychoactive Drugs – in: Journal of Psychedelic Drugs, Vol. 8 (no. 3), S. 263 ff; Jul-Sep 1976

– *dieselben*: The Function of Drug Rituals in Human Society: Continuities and Changes – in: Journal of Psychedelic Drugs Vol. 9 (no. 3), S. 269 ff; Jul-Sep 1977

Eliade, Mircea: Mythen, Träume und Mysterien; Otto Müller Verlag, Salzburg, 1961

Greer, George, und Tolbert, Requa: Der Klinische Gebrauch von MDMA; in: Rätsch, Christian (Hrsg.): Das Tor zu inneren Räumen; Verlag Bruno Martin, Deutsche erweiterte Ausgabe, 1992 (Amerik. Original 1989)

Krollpfeiffer, Katrin: Auf der Suche nach ekstatischer Erfahrung. Erfahrungen mit Ecstasy; Verlag für Wissenschaft und Bildung; Berlin, 1995

Langer, Inghard: Das Persönliche Gespräch als Weg in der Psychologischen Forschung – in: Zeitschrift für personenzentrierte Psychologie und Psychotherapie, Nr. 4, S. 447 ff, Jahrgang 1985

McKenna, Terence: «Earth to Terence!» Interview in: Alternative Press, No. 68, S. 90: March 1994

Metzner, Ralph: Sucht und Transzendenz als Zustände veränderten Bewußtseins; Der Grüne Zweig 158; Löhrbach/Solothurn, 1992

Widmer, Samuel: Ins Herz der Dinge lauschen – Vom Erwachen der Liebe. Über MDMA und LSD: Die unerwünschte Psychotherapie; Nachtschatten-Verlag, Solothurn, 1989

Wright, R. Mary Anna W.: The Rave-Scene in Britain: A Metaphor for Metanoia; Dissertation an der University of Edinburgh, 1993

Zinberg, Norman E.: Drug, Set, and Setting: The Basis for Controlled Intoxicant Use; Yale University Press, New Haven/London, 1984

Gerd Rakete, Udo Flüsmeier

Psychosoziale Aspekte
des Ecstasykonsums

Ergebnisse einer explorativen Studie

Die vorliegende explorative Studie zum Konsum und Mißbrauch von Ecstasy wurde 1995 von der Hamburgischen Landesstelle gegen die Suchtgefahren durchgeführt. Ziel war es, Zugang zur Gruppe der Ecstasykonsumenten zu finden, erste Erkenntnisse über Konsummuster, Konsummotive und die wahrgenommenen Wirkungen von Ecstasy zu gewinnen und hieraus Hypothesen und Untersuchungsstrategien für eine umfangreichere empirische Untersuchung abzuleiten, die gegenwärtig von der Hamburgischen Landesstelle gegen die Suchtgefahren im Auftrag der BZgA durchgeführt wird.

1. Problemstellung

Folgende Beobachtungen und Statistiken deuten darauf hin, daß der Konsum synthetischer Drogen – insbesondere der von Ecstasy – gegenwärtig stark zunimmt:

Die durch die Polizei sichergestellten Konsumeinheiten (KE) sind 1993 gegenüber 1992 um 119% gestiegen, 1994 gegenüber 1993 um 200%. 1994 wurden insgesamt 238 262 KE sichergestellt, 1995 waren es bereits 380 858 KE (Rauschgift-Jahresberichte des Bundeskriminalamtes 1993, 1994, 1995).

Im Jahre 1993 hat sich gegenüber 1990 die Bereitschaft zum Probieren von Ecstasy und Amphetaminen bei den 14- bis 25jährigen verdoppelt (Bundeszentrale für gesundheitliche Aufklärung 1994).

Hurrelmann schätzt, daß gegenwärtig bei 3 bis 4% der über 17jährigen und 8 bis 9 % der 18- bis 24jährigen eine Probierbereitschaft zum Ecstasykonsum vorliegt (Rabes 1995).

Nachdem 1994 sechs Personen im Zusammenhang mit dem Konsum von Ecstasy verstarben, wurden 1995 fünfzehn Todesfälle bekannt (Rauschgift-Halbjahresbericht 1995 des BKA). Im ersten Halbjahr 1996 starben 10 Personen in direkter und indirekter Folge des Ecstasykonsums (Rauschgift-Halbjahresbericht 1996 des BKA).

Gleichzeitig sinken seit 1992 die Zahl der Erstkonsumenten von Heroin und ebenso die Zahl der Todesfälle im Zusammenhang mit dem Konsum dieser Droge (Leune 1993). Der Anteil der Heroinkonsumenten unter den erstauffälligen Konsumenten «harter» Drogen ist von 69,6 % im Jahre 1992 auf nur noch 35,4 % im ersten Halbjahr 1996 gesunken (Rauschgift-Halbjahresbericht 1996 des BKA).

«Der Anteil der erstauffälligen Konsumenten mit synthetischen Rauschgiften (Ecstasy, Amphetamine und LSD) beträgt bereits 43,9 % der Gesamtzahl der Erstauffälligen» (Rauschgift-Halbjahresbericht 1996 des BKA). Unter den erstauffälligen Konsumenten harter Drogen gibt es also inzwischen mehr Konsumenten synthetischer Drogen als Heroinkonsumenten.

Die Anzahl der erstauffälligen Ecstasykonsumenten ist im ersten Halbjahr 1996 gegenüber dem ersten Halbjahr 1995 um 64,8 % gestiegen (Rauschgift-Halbjahresbericht 1996 des BKA).

Steigende Zahlen im Bereich leistungssteigernder Drogen – besonders bei Ecstasy – gehen also einher mit sinkenden Zahlen bei betäubenden, leistungsmindernden Drogen – insbesondere Heroin. Diese Verschiebungen könnten – mit aller Vorsicht gegenüber der Aussagekraft der vorliegenden Daten – auf eine Trendwende hindeuten, wie sie beispielsweise in England seit einiger Zeit beobachtet wird. «Today's young basically reject heroin users and junkies as ‹old› and as ‹history›. Yet they are also, from the age of 14 experimenting with a wide range of illicit and illegal drugs (...) especially Ecstasy, amphetamines and LSD» (Parker 1993).

Weitgehend unklar sind derzeit die gesundheitlichen Risiken des Ecstasykonsums. Über die neurobiologische Wirkung von MDMA (vgl. Bösel 1981, Rattray 1991, Schmidt et al. 1994), über die Toxizität dieser Droge (vgl. Wodarz & Böning 1993, Beck & Morgan 1986, Henry et al. 1992) und über deren psychische Effekte (Fleischmann

1991, Wodarz & Böning 1993, Saunders 1994, Watson & Beck 1991, Ricaurte et al. 1992) liegt zwar eine Reihe von Erkenntnissen vor. Empirisch gesicherte Daten über Konsummotive, Gesundheitsrisiken und psychosoziale Hintergründe der Konsumenten gibt es im deutschsprachigen Raum jedoch unseres Wissens bisher nicht.

2. Durchführung der Untersuchung

Es wurden 12 Ecstasykonsumenten in teilstandardisierten Tiefeninterviews nach ihren Erfahrungen mit Ecstasy befragt (Rauchfleisch 1994). Das Frauen-Männer-Verhältnis beträgt in der untersuchten Population 8:4. Das Alter der Befragten liegt zwischen 18 und 23 Jahren (2 Studenten, 4 Personen in der Ausbildung, 2 Facharbeiter und 4 Angestellte).

Zu folgenden Bereichen wurden Daten erhoben:
1. Bisheriger Drogenkonsum
2. Bisheriger Ecstasykonsum
3. Aktueller Konsum
4. Konsumentwicklung
5. Erfahrungen mit dem Ecstasykonsum
6. Zusätzlich erfaßt wurden: Alter, Geschlecht, berufliche Situation.
Die ca. einstündigen Gespräche wurden mit einem Aufnahmegerät aufgezeichnet. Die Interviews liegen transskribiert vor. Als Auswertungsverfahren wurde in Anlehnung an *Mayring* (1988) die reduktive, qualitative Inhaltsanalyse angewendet (vgl. auch Lamnek 1993).

3. Ergebnisse

Drogenkonsum

Die ersten Drogen im Leben der befragten Ecstasykonsumenten sind Alkohol, Nikotin sowie Medikamente. Bereits vor dem ersten Ecstasykonsum haben alle bereits andere illegale Drogen – in unserer Stichprobe ausschließlich Cannabis – konsumiert. Das Alter beim Erstkonsum liegt hierbei zwischen 13 und 20 Jahren (im Durchschnitt 15 Jahre). Das Alter beim Erstkonsum von Ecstasy liegt zwischen 16 und 22 Jahren (Durchschnittsalter 20 Jahre). Die Konsumdauer liegt zwischen 8 und 36 Monaten. Die durchschnittliche Dauer des Ecstasykonsums beträgt 24 Monate.

11 der 12 Probanden konsumieren Ecstasy ausschließlich am Wochenende. Die pro Wochenende konsumierte Menge liegt zwischen 2 und 10 Ecstasy. Die Anzahl bisher konsumierter Ecstasytabletten liegt zwischen 10 und 400 (Durchschnitt 170 Tabletten). Bei dieser Stichprobe handelt es sich also nicht um Gelegenheitskonsumenten, sondern um langfristig und häufig Konsumierende. Keiner der Befragten konsumiert ausschließlich Ecstasy. Cannabis, Kokain und Speed sind die häufigsten zusätzlichen Drogen. Durchschnittlich verwenden die Befragten zusätzlich zu Ecstasy zwei weitere Drogen – in der Regel Cannabis sowie Speed oder Kokain.

Es lassen sich verschiedene Konsumformen identifizieren: der Ecstasyrausch wird verlängert bzw. modifiziert durch wiederholte Einnahme, aber auch durch Kombination mit anderen Drogen, etwa Speed oder Kokain. Beim Nachlassen des Rausches, dem sog. chill out, wird häufig Cannabis geraucht. Die Drogen werden auch alternierend genommen. Während am Wochenende Ecstasy bzw. Ecstasy plus andere Drogen konsumiert werden, wird in der Woche ausschließlich Cannabis geraucht.

Erfahrungen mit dem Ecstasykonsum

Einzelne der in den Interviews gemachten Angaben werden im folgenden – thematisch geordnet – aufgeführt. Dies soll einen direkten Einblick in die Erfahrungen Konsumierender ermöglichen.

Zugang zur Droge Der Zugang zu Ecstasy erfolgt bei den Befragten ausschließlich über Bekannte und Freunde. Keiner geht zu einem ihm nicht genauer bekannten Dealer.

Beispiele von Äußerungen der Interviewten:

«Meine Freundin hat Ecstasy bereits vor einer Woche genommen und mir es dann sehr empfohlen.»

«Meine erste Ecstasy habe ich von einem Kollegen bekommen. Der hat was besorgt, als ich ihn danach gefragt habe.»

Wo und mit wem wird konsumiert? Es wird nicht nur auf Tanzveranstaltungen konsumiert, sondern auch zu Hause und ebenso im Freien. Allerdings wird Ecstasy nur sehr selten allein und eigentlich auch nicht konsumiert, wenn Konzentrationsfähigkeit benötigt wird, z. B. während der Arbeit.

Beispiele für weitere Äußerungen:

«Die ersten drei Mal habe ich zu Hause und danach nur noch in der Disco konsumiert.»

«Ich war damals in einer Disco und habe abgetanzt. Alles war Neuland, man ist unsicher. Man kennt die Disco nicht, man kennt die Droge nicht. Diese Unsicherheit war damals vorhanden.»

«Zu Hause nehme ich die nicht. Das war nur einmal so, daß ich eben zu Hause eine genommen habe. Da mußte ich dann losgehen und Party feiern, in eine Disco halt. Man kann ja dann nicht so ruhig rumsitzen.»

Welche Konsummotive gibt es?

Motive für den Erstkonsum

Verschiedene Motive zeigen sich beim Erstkonsum. Neugierde, der Wunsch nach größerer Kreativität sowie intensiverer Selbstwahrnehmung u. ä. führen zur Einnahme von Ecstasy.

«Das erste Mal habe ich es genommen, als ich Musik gemacht habe. Und dann dachte ich, ja, wenn du jetzt eine Ecstasy nimmst, dann kannst du vielleicht mal besonders gut so ein Techno-Stück produzieren. Dann habe ich halt 'ne halbe Ecstasy genommen.»

«Ich hab erst mal viel gelesen über Ecstasy. Und daß viele Leute E. heute nehmen, das kriegt man ja mit. Und dann habe ich mir irgendwann gedacht, ja, probier es auch mal aus. Habe dann eine Freundin gefragt, ob sie mir was besorgen kann – und das klappte.»

«Ich bin darauf gekommen, weil ich mich zu dem Zeitpunkt sowieso für Drogen interessiert hab. Das fehlte mir in meiner Sammlung.»

Motive für den fortlaufenden Konsum

Die Motive für den fortlaufenden Konsum unterscheiden sich von den Motiven für den Erstkonsum. Zu Motiven für den fortlaufenden Konsum werden die positiven Erfahrungen, die im Ecstasyrausch gemacht werden. Vor allem sind dies Spaß-haben-Wollen (auf Partys), der Wunsch, zu tanzen, zu reden, oder auch nach sexuellen Erfahrungen. Anscheinend ist die Überwindung einer schlechten Befindlichkeit kein Konsummotiv. Die Zunahme negativ bewerteter Effekte wie z. B. «Breitsein» und Gewöhnung wird in Kauf genommen und führt nicht automatisch zu einer Beendigung des Konsums.

«So mit der Zeit war ich dann nur noch breit vom Ecstasy. Ich habe eigentlich auch gar nicht mehr darüber nachgedacht, ob das wirklich das Gefühl ist, das ich will, sondern es war einfach so. Man hat sich das einfach geschmissen, fertig, am Anfang des Abends. Und dann hat man seine Party gehabt und gar nicht mehr so darüber nachgedacht.»

«Wenn es mir in dem Sinne schlechtgeht, nehme ich kein E. Ich gehe auch gar nicht erst los. Und wenn ich was nehme, dann mache ich das nur, wenn ich in Diskotheken, zu den Partys gehe und zu der Musik.»

«Ich weiß, was ich davon will, und ich weiß, danach ist es vorbei. Ich weiß, am nächsten Morgen mach ich was anderes. Das ist bei Drogen, die zumachen, ganz anders. Wenn ich mich zumachen und nicht nachdenken will, und es (die Wirkung der Droge) läßt nach, dann denke ich, Scheiße, ich werde wieder nüchtern, schnell nachwerfen. Das ist ja nicht meine Motivation. Ich will ja meinen Spaß haben.»

Welche Effekte hat der Konsum?

Effekte bei Erstkonsum

Der Erstkonsum wird sehr verschiedenartig erlebt. Von sehr positiv bewerteten Effekten über ausbleibende Effekte bis hin zu starker Übelkeit reichen die Erfahrungen.

Beispiele für Äußerungen der Befragten:

«Beim ersten- und zweitenmal habe ich mich gleich übergeben, und mir war tierisch schlecht. Später habe ich dann eine Viertel Ecstasy genommen, aber davon nichts gemerkt.»

«Nun saß ich da – aber nichts ist passiert. Und so war die erste E. Und dann dachte ich, das wirkt ja gar nicht, haben sie mir 'nen Scheiß angedreht.»

«Das war ein Gefühl, das war unbeschreiblich. Das war warm, hat alles gekribbelt, und ich mußte immer grinsen und lachen, und meine Stimme war mit Liebe erfüllt. Ich konnte gar nicht normal sprechen. Ich war irgendwo so voller Liebe, daß ich gar nichts anderes mehr tun mußte.»

Effekte bei fortlaufendem Konsum

Die Effekte bei fortlaufendem Konsum sind sehr vielfältig. Wir unterscheiden zwischen positiv und negativ bewerteten Effekten.

Bei fortlaufendem Konsum kommt es zu Einbußen in der Attraktivität der Wirkung. Unangenehme Effekte nehmen zu. Anstelle des Glückserlebens stehen nun ein «Breit-» und «Zusein». Insgesamt werden die Selbst- und Fremdwahrnehmung sowie das Interaktionsverhalten und -erleben beeinflußt. Die Beziehungsaufnahme wird erleichtert und die Interaktionen intensiv erlebt. Für den Außenstehenden ist dies am Verhalten der Konsumenten nicht ohne weiteres erkennbar. Für ihn ist diese Konsumentengruppe eher unauffällig.

Positiv bewertete Effekte:

Das Selbstvertrauen wird gestärkt, und ein starkes Glücksgefühl stellt sich ein. Angst verfliegt, Hemmungen lassen nach, Berührungen und Sexualität werden intensiviert. Ein Bewegungsdrang setzt ein, und die Tanzlust wird dominierend.

«Ich bin am Tag danach (nach Ecstasykonsum) selbstbewußter als sonst. Der Alltag ist nicht mehr so grau, wie er eigentlich ist. Man ist viel geiler drauf, lacht mehr.»

«Man ist völlig angstlos, man fühlt sich sicher aufgehoben, egal, wo man ist. Man denkt, niemand kann einem was Böses tun. Man liebt alle Menschen, alle lieben dich. Deswegen auch dieses angstfreie Sprechen, du denkst, dir kann nichts Böses passieren, du kannst alles erzählen. Egal, wie düster deine schlechten Seiten sind, es ist alles okay. Du kannst dich frei auslassen, und das wird einem abgenommen, und – also es ist total toll.»

«Also wenn ich Ecstasy nehme, ist es eigentlich extrem anders. Ich habe mich auch schon in meiner Persönlichkeit geändert, im Laufe der Jahre. Durch die Erfahrungen mit Ecstasy kriegte man mit, daß man verschlossen ist und daß man sich Leuten gegenüber öffnen will. Aber es ist halt so, daß, wenn ich z. B. Ecstasy genommen habe, dann habe ich jedesmal ein/zwei Mädchen angesprochen, was ohne Drogen bisher nicht der Fall war.»

«Man tanzt dann ekstatisch. Und ja, man ist auch nicht aggressiv, obwohl ich sowieso eigentlich nicht aggressiv bin. Es wirkt aber auch bei anderen so, auch die ganzen anderen Leute wirken ‹peacig› (Abwandlung von peace), alle lächeln sich schön an.»

Negativ bewertete Effekte:

Als unangenehm erlebte Folgen des Ecstasykonsums werden genannt:

Appetitlosigkeit, Schlafstörungen, Vergeßlichkeit, depressive Verstimmungen und paranoide Gedanken, starke Traurigkeit, körperliche Unruhe und Zittern.

«Zwei Tage nach der letzten Ecstasy hatte ich keinen richtigen Appetit und konnte nicht schlafen. Und dann fiel ich in ein Loch: lohnt sich doch alles nicht oder total viel Streß jetzt. Dann habe ich immer aufs nächste Wochenende gefiebert, als wenn das alles wäre. Wenn ich dann depressiv war, habe ich zum Glück keine anderen Drogen genommen, weil ich in der Woche arbeiten mußte.»

«Ich habe nachts wirre Träume gehabt, und ich hab eben auch angefangen zu denken, daß immer alle anderen über mich reden. Auch daß ich doof bin. Und davon habe ich dann Komplexe gekriegt. Mir ging es ziemlich schlecht.»

«Ich habe einfach nur noch das gemacht, wo ich Lust drauf hatte. Alles, was mir nicht gefallen hat, das war mir egal, da habe ich nicht weiter drüber nachgedacht. Ich habe kaum noch mit Leuten gesprochen, die keine Drogen nehmen. Ich war einfach total unzugänglich und wollte nur meine Ruhe haben. Das Menschliche, das wird irgendwie ausgeschaltet. Man ist zu den Leuten, von denen man die Drogen kriegt und mit denen man die dann zusammen nimmt, zu denen ist man nett, aber auch oberflächlich. Aber die waren okay für mich. Und alle anderen, die habe ich gar nicht mehr an mich rangelassen.»

Welche Probleme werden beim Ecstasykonsum gesehen?

Die Befragten geben folgende Problembereiche im Zusammenhang mit dem Ecstasykonsum an:

• Unkontrollierten Drogenmißbrauch (Suchtgefahr)
• Fehlende Unterscheidung zwischen Rausch und Realität
• Gesundheitliche und psychosoziale Risiken
• Isolierung gegenüber Nichtkonsumenten

Bei vielen scheint es eine Phase zu geben, in der sie die Kontrolle über ihren Konsum verlieren und zuviel konsumieren.

Einige finden zu einem kontrollierten Gebrauch zurück, während anderen dies offensichtlich nicht gelingt. Für sie führt der Konsum von Ecstasy möglicherweise zu schweren physischen und psychosozialen Beeinträchtigungen.

Unkontrollierter Drogenmißbrauch (Suchtgefahr)

Es wurde bereits deutlich, daß die Problematik des unkontrollierten, übermäßigen Konsums von manchen durchaus gesehen wird, ebenso die damit einhergehenden Probleme. Auch ist die Zunahme negativ bewerteter Effekte bei lang andauerndem Konsum kein Motiv für die Beendigung des Konsums.

Diese Angaben können als Hinweis auf ein Suchtpotential von Ecstasy betrachtet werden. Weitere Aspekte: Die Erfahrungen in der Szene (Gefühl der Verbundenheit mit Mitkonsumenten, ekstatisches Tanzen) werden als Suchtfaktor betrachtet.

Das Suchtpotential liegt nicht in der Betäubung. Daher ist die Beseitigung einer unerwünschten psychischen Befindlichkeit auch kein Konsummotiv. Zwar lassen sich Sorgen in den Hintergrund drängen – aber das psychische Suchtpotential scheint vorrangig in der Beschaffung hedonistischer Befriedigungsmöglichkeiten zu liegen.

«Also eine Suchtgefahr oder ein Suchtverhalten, wie ich das bei anderen Drogen kenne, ist das nicht. Weil es ja nicht besser dadurch wird, wenn ich eine Ecstasy schmeiße. Dann hat man nur Bock, loszugehen und Party zu machen. Das ist z. B. bei Alkohol oder Heroin anders. Das ist ja eine totale Betäubung, und dann scheint irgendwie die Sonne für eine Zeit.»

«Das kommt schon öfter vor, daß mich alles ankotzt und ich nichts gebacken kriege. Dann kann ich keine E. schmeißen, das würde auch irgendwie nicht betäuben, da hätte ich nur den Drang, auf Party zu gehen.»

«Ich glaube, die Szene ist auch schon eine gewisse Sucht. Ich bin jetzt drauf, ich kann jetzt tanzen. Das sind jetzt meine Freunde, und alle anderen sind irgendwie tot. Mit diesen Leuten machst du nur noch was. Und mit allen anderen hat man nichts mehr zu tun.»

Fehlende Unterscheidung zwischen Rausch und Realität
Im «Ecstasyrausch» erleben sich die Konsumenten nicht als «stoned», sondern als sehr wirklichkeitsnah. Möglicherweise erschwert dies die klare Unterscheidung zwischen Rausch und Realität – gerade auch bei sehr häufigem Konsum.

«Wenn man das zu oft macht (Ecstasy nehmen), dann kann man leicht bescheuert werden. Dann verliert man den Kontakt zur Wirklichkeit, lebt dann in einer anderen Welt, ungefähr so wie Kinder.»

«Hm, ich kenne eine, die ist mit 14 Jahren da reingeschlittert. Und die fühlt sich im nachhinein jetzt auch, also ist davon ab, angeblich, und fühlt sich verdammt betrogen. Ich meine, alte Freundinnen, wie sie glaubt, das waren gar keine, und die ganzen Traumerlebnisse blieben eben nur Träume.»

Gesundheitliche Risiken

Von den Befragten wird eine Vielzahl unterschiedlicher körperlicher Beeinträchtigungen im Zusammenhang mit dem Ecstasykonsum genannt.

«Ich hatte keine Beschwerden, aber meine Freundin hatte immer Nierenschmerzen und ein halbes Jahr lang überhaupt nicht ihre Tage bekommen.»

«Du machst dir mit der Zeit auch die Zähne kaputt, weil du kaust, du knirschst mit den Zähnen. Deswegen nehm ich immer Kaugummi mit. Damit meine Zähne, die aufeinander reiben, über Stunden, nicht kaputtgehen.»

«Gefährlich wird es für Leute, die in keiner guten Verfassung sind, die keinen stabilen Kreislauf haben, die sowieso schon magersüchtig dadurch geworden sind oder wochenlang nichts gegessen haben.»

Isolierung gegenüber Nichtkonsumenten

Mit dem Ecstasykonsum geht das Gefühl intensiver Verbundenheit mit allen anderen Konsumenten einher. Entsprechend wird sich um diejenigen mit einem «bad trip» gekümmert.

Nicht Konsumierende hingegen werden gemieden. Dies führt dazu, daß die Beendigung des Ecstasykonsums zu einer Auflösung des bisherigen sozialen Netzes führt. Hier wird deutlich, daß Gruppenprozesse von erheblicher Bedeutung bei der Beendigung (und Aufrechterhaltung) des Ecstasykonsums sind.

«Das sind jetzt meine Freunde (die anderen Konsumenten), und alle anderen sind irgendwie tot. Nur mit diesen Leuten machst du noch was. Und mit allen anderen hat man nichts mehr zu tun. Wenn man zusammen Drogen nimmt, ist das wie eine Vereinigung. Man fühlt sich irgendwie verbunden. Die anderen, die sind wie Ausländer, die verstehen dich sowieso nicht. Die waren mir irgendwie zu doof.»

«Man muß immer jemanden bei sich haben, aber möglichst nur Leute, die auch was nehmen. Wenn wieder andere Leute kommen, die völlig nüchtern sind und ganz vernünftige Sachen reden wollen, ist das gar nicht schön. Also da kann ich gar nicht drauf.»

«Das Team ist jetzt einfach nicht mehr so toll ... An der Szene hat mir immer viel gelegen, und es waren für mich immer mehr die Leute und dabei die Drogen. So hab ich es mir auf jeden Fall immer gedacht, vielleicht war es auch andersherum. Die Drogen reizen mich im Moment nicht so und die Leute auch nicht. Als ich aufgehört habe (mit dem Ecstasykonsum), habe ich mich wahnsinnig erschrocken, als ich gemerkt habe, wie oberflächlich ich dann überhaupt bin.»

Konsum von Ecstasy in Kombination mit anderen Drogen

Nur sehr selten wird ausschließlich Ecstasy konsumiert. Häufig wird ebenso Cannabis geraucht – nicht selten auch Speed oder Kokain genommen.

Es lassen sich verschiedene Konsummuster erkennen: der Ecstasyrausch wird verlängert bzw. modifiziert durch wiederholte Einnahme, aber auch durch Kombination mit anderen Drogen, etwa Speed oder Kokain. Beim Nachlassen des Rausches, dem sog. chill out, wird häufig Cannabis geraucht.

Andere benutzen die Drogen alternierend. Während am Wochenende Ecstasy bzw. Ecstasy plus andere Drogen genommen werden, wird in der Woche ausschließlich Cannabis konsumiert.

«Ecstasy habe ich nur am Wochenende genommen, und in der Woche habe ich immer Hasch geraucht.»

«Früher hat mir das immer gelangt, auf einer Droge abzufeiern. Und irgendwann war das nicht mehr genug, weil ich wirklich geil auf das Zeug war. Und ich konnte auch nicht breit genug sein. Ich habe einfach alles, was mir zwischen die Finger gekommen ist, reingeschmissen – ob ich nun schon breit genug war oder nicht.»

«Am Wochenende habe ich immer auch Speed genommen, weil ich das ganze Wochenende durchmachen wollte. Geschlafen habe ich dann gar nicht.»

4. Zusammenfassung der Ergebnisse

Orte, Motive und Effekte des Ecstasykonsums

Es wird nicht nur auf Tanzveranstaltungen konsumiert, sondern auch zu Hause und ebenso im Freien. Allerdings wird Ecstasy nur sehr selten allein und kaum konsumiert, wenn Konzentrationsfähigkeit benötigt wird, z. B. während der Arbeit.

Für den Erstkonsum von Ecstasy werden verschiedene Motive genannt: Neugierde, der Wunsch nach größerer Kreativität sowie nach intensiverer Selbstwahrnehmung.

Die Motive für den fortlaufenden Konsum unterscheiden sich hiervon. Es werden vor allem die positiven Erfahrungen, die im Ecstasyrausch gemacht werden, genannt: Spaß haben (auf Parties), tanzen, reden, sexuelle Erlebnisse. Die Überwindung einer schlechten Befindlichkeit wird als Konsummotiv nicht genannt. Die Zunahme negativ bewerteter Effekte wie «Breitsein» und Gewöhnung wird in Kauf genommen und führt nicht automatisch zu einer Beendigung des Konsums.

Der Erstkonsum wird sehr verschiedenartig erlebt. Die Erfahrungen reichen von sehr positiven über ausbleibende Effekte bis hin zu starker Übelkeit.

Die Begleiterscheinungen fortlaufenden Konsums sind sehr vielfältig: kurzfristige Effekte sind ein gestärktes Selbstvertrauen, das Erleben eines starken Glücksgefühls, Angstminderung, weniger Hemmungen, Intensivierung des Erlebens von Berührung und Sexualität, ein starker Bewegungsdrang und Tanzlust sowie Appetitlosigkeit. Die Beziehungsaufnahme wird erleichtert und die Interaktionen intensiv erlebt. Für den Außenstehenden ist dies am Verhalten der Konsumenten nicht ohne weiteres erkennbar. Die Konsumenten bleiben für ihn eher unauffällig.

Längerfristige Effekte sind Schlafstörungen, Vergeßlichkeit, depressive Verstimmungen und paranoide Gedanken. Es kommt zu Einbußen in der Attraktivität der Wirkung. Unangenehme Effekte nehmen zu. Anstelle des Glückserlebens stehen nun ein «Breit-» und «Zusein».

Darüber hinaus werden als Konsumeffekte starke Traurigkeit und körperliche Unruhe und Zittern genannt.

Problembereiche und Beziehungen zu Mitkonsumenten

Die Probanden geben folgende Problembereiche im Zusammenhang mit dem Ecstasykonsum an: Verlust der Kontrolle über den Drogenkonsum, Verlust der Unterscheidungsfähigkeit zwischen Rausch und Realität, gesundheitliche und psychosoziale Nachteile, Isolierung gegenüber der Gruppe der Nichtkonsumenten.

Mit dem Ecstasykonsum geht das Gefühl intensiver Verbundenheit mit allen anderen Konsumenten einher. Dementsprechend intensiv kümmert man sich um diejenigen mit einem «bad trip». Nicht Konsumierende hingegen werden gemieden. Dies führt dazu, daß die Beendigung des Ecstasykonsums einhergeht mit der Auflösung des aus Mitkonsumenten bestehenden sozialen Netzes. Hier wird deutlich, daß Gruppenprozesse von erheblicher Bedeutung bei der Aufrechterhaltung, aber auch beim Versuch der Beendigung des Ecstasykonsums sind.

5. Diskussion

Aus **psychologischer Perspektive** betrachtet, beeinflußt Ecstasy die Selbst- und Fremdwahrnehmung sowie das Interaktionsverhalten und -erleben. Die Kontaktaufnahme zu Mitkonsumenten wird subjektiv als einfach und die Interaktionen intensiv erlebt. Dies ist für den Außenstehenden am Verhalten der Konsumenten nicht ohne weiteres erkennbar, so daß wir es mit einer eher unauffälligen Konsumentengruppe zu tun haben.

Bei Menschen mit unterschiedlichen Konsummotiven stellen sich auch unterschiedliche vorrangige Effekte ein (vgl. auch Watson & Beck 1991). Von denjenigen, die – etwa im Sinne der psycholytischen Therapie (Widmer 1989) – verstärkt Innenschau betreiben möchten, wird Ecstasy wegen dieser Wirkungsweisen konsumiert. Andererseits werden diejenigen, die Ecstasy auf Tanzveranstaltungen konsumieren, vorrangig die prosozialen und leistungssteigernden Effekte schätzen.

Das **Spezifische des Ecstasyrausches** entsteht aus einer Kombination leistungssteigernder und psychotroper Effekte. Darin liegt vermutlich die besondere Attraktivität dieser Droge begründet. Sich sowohl leistungsfähiger (zumindest während des Rausches) wie auch enthemmter, kontaktfreudiger und einer Gruppe zugehörig zu fühlen (in der Regel zur Konsumentengruppe) ist in dieser Zeit, in der sich ein großer Teil der Jugendlichen häufig eher gehemmt und nicht eingebunden fühlt, attraktiv.

Die befragten Ecstasykonsumenten haben eine Art **Problembewußtsein** gegenüber ihrem Tun. Sie sehen die «durchgeknallten» Raver und spüren auch am eigenen Leib unangenehme Nebenwirkungen. Bei der Konzeption suchtpräventiver Maßnahmen ist dies zu berücksichtigen.

Die Erfassung von Abhängigkeit war nicht Gegenstand dieser Untersuchung. Es ist unklar, ob Ecstasykonsum zu **körperlicher Abhängigkeit** führt. Da Ecstasy massiv in den Neurotransmitterstoffwechsel eingreift, muß dies bei fortgesetztem Konsum wohl angenommen werden. Um diese Hypothese zu überprüfen, sind jedoch weitere Untersuchungen erforderlich.

Die psychotropen Effekte von Ecstasy legen die Annahme nahe, daß der Ecstasykonsum zur Entwicklung einer **psychischen Abhängigkeit** führen kann. Die mit der Konsumdauer zunehmend negativen Effekte müssen nicht unbedingt die Entwicklung einer Abhängigkeit verhindern. Ecstasy kann dann ebenso wie andere Drogen benutzt werden zum sich «Zumachen», d. h. zur Betäubung.

Die von einigen Autoren (vgl. Solowij et al. 1992) vertretene Ansicht, Ecstasy eigne sich nicht für fortgesetzten und häufigen Konsum, erscheint daher fragwürdig. Der Konsum von Ecstasy wird von 11 der 12 befragten Konsumenten in den Alltag integriert.

151

Vermutlich ist der ausschließliche Konsum von Ecstasy selten. Insgesamt hat sich das Konsumverhalten in Richtung **auf einen Mischkonsum** entwickelt.

Da aber bei längerfristigem Ecstasykonsum die gewünschten Effekte ab- und die unerwünschten zunehmen, ist folgende Hypothese naheliegend: durch kombinierten Konsum verschiedener Drogen wird die Qualität des Ecstasyrausches modifiziert. Sie wird in einer Art und Weise verändert, daß sich auf die gewünschten Effekte erst relativ langsam eine Toleranz entwickelt und die unerwünschten Effekte weniger schnell auftreten. Diese Hypothese wird in der zur Zeit von uns durchgeführten empirischen Untersuchung geprüft.

Die auch von Konsumenten anderer Drogen bekannte Tendenz zur Abgrenzung gegenüber Nichtkonsumenten scheint bei Ecstasykonsumenten besonders stark ausgeprägt zu sein. Da sich die Wirkung von Ecstasy intensivierend auf das Kontaktverhalten und -erleben auswirkt, stellt sich eine besondere Verbundenheit der Konsumenten ein. Der Preis dafür scheint eine starke Ausgrenzung aus der Gruppe der Nichtkonsumenten zu sein.

Literatur

Beck, J., & Morgan, P. A. (1986). Designer Drug Confusion: A Focus on MDMA. *Journal for Drug Education*, Vol. 16 (3).

Bundeskriminalamt 1995. Rauschgiftjahresbericht 1994.

Bundeskriminalamt 1995. Lagebericht Rauschgift 1. 1.–30. 6. 1995.

Bundeskriminalamt 1996. Rauschgiftjahresbericht 1995.

Bundeskriminalamt 1996. Lagebericht Rauschgift 1. 1.–30. 6. 1996.

Bösel, R. (1981). *Physiologische Psychologie*. Berlin; New York: de Gruyter.

Fleischmann, H. (1991). *Designer-Drogen*. Krankenhauspsychiatrie 2, 185–189. Verlag F. Enke: Stuttgart.

Henry, J., et al (1992). *Toxicity and Deaths from MDMA*. In: The Lancet 340, 384–387.

Lamneck, S. (1993). *Qualitative Sozialforschung*. Psychologie-Verl. Union, Weinheim: Beltz.

Leune, J. (1993). Illegale Drogen. In: Deutsche Hauptstelle gegen die Suchtgefahren (Hrsg.), *Jahrbuch Sucht '94*. Geesthacht: Neuland.

Parker, H. (1993). The new drug users. Criminal justice matters. University of Manchester.

Rabes, M. (1995). *Ecstasy – und Partydrogen*. In: Jahrbuch Sucht 1996. Geesthacht.

Rauchfleisch, U. (1994). *Testpsychologie*. Göttingen: Vandenhoeck und Ruprecht.

Rattray, M. (1991). Ecstasy: towards on understanding of the biochemical basis of the actions of MDMA. *Essays in Biochemistry*. Vol. 26.

Ricaurte et al (1992). Chronic MDMA Use: Effects on Mood and Neuropsychological Function? *American Journal of Drug and Alcohol Abuse*.

Saunders, N. (1994). *Ecstasy*. Verlag Rico Bilger: Zürich.

Solowij, N., Hall, W., & Lee, N. (1992). Recreational MDMA use in Sydney: a profil of «Ecstasy» users and their experiences with the drug. *British Journal of Addiction*, 87, pp. 1161–1172.

Watson, L., & Beck, J. (1991). New Age Seekers: MDMA Use as an Adjunct to spiritual Pursuit. *Journal of Psychoactive Drugs*. Vol. 23 (3), July-September 1991.

Widmer, S. (1989). *Ins Herz der Dinge lauschen.* Nachtschatten Verlag: Solothurn, Schweiz.

Wodarz, N., & Böning, J. (1993). «Ecstasy»-induziertes psychotisches Depersonalisationssyndrom. *Nervenarzt* 64: 478–480.

Reiner Domes

Zur Lebenswelt von XTC-Konsumenten in der Techno-Szene

Seit Ende der 80er Jahre hat sich in Deutschland und einigen anderen europäischen Ländern eine Jugendkultur entwickelt, die mit einigem Recht als «raving society» bezeichnet werden kann. Das Bild, das die Medien von dieser neuen Bewegung zeichnen, spiegelt recht deutlich deren Abgrenzung zur Mainstream-Gesellschaft wider: da tanzen junge Menschen in alten Fabrikhallen nächtelang zu lauter elektronischer Musik, nehmen dazu Drogen, um sich näher sein oder um länger durchhalten zu können. Vielfach wurden diese Jugendlichen und jungen Erwachsenen als unpolitisch bezeichnet, als wäre die Tatsache, daß Jugendliche insbesondere in den Großstädten erst durch Drogen zu Nähe und Offenheit fähig sind, unpolitisch. Jede Zeit hat die Jugend, die sie verdient.

Die Zahl derer, die im Laufe der letzten Jahre zumindest für einige Zeit Anteil an dieser Jugendkultur hatten, dürfte in die Hunderttausende, möglicherweise in die Millionen gehen. Ein nicht geringer Teil davon hatte Kontakt zu den gemeinhin als Partydrogen bezeichneten Substanzen Ecstasy, Speed, LSD und in einigen Fällen auch Kokain. In den Einrichtungen der Jugend- oder Drogenhilfe trat diese Klientel allerdings lange Zeit nicht oder nur vereinzelt in Erscheinung.

Dafür sind zumindest zwei Erklärungen möglich: zum einen besteht Grund zu der Annahme, daß die Beratungseinrichtungen der Drogenhilfe mit ihrem Schwerpunkt auf der Arbeit mit Opiatkonsumenten für diese sehr verschiedene Szene wenig attraktiv erschienen. Partydrogenkonsumenten und Opiatkonsumenten unterscheiden sich stark sowohl in der Konsummotivation als auch in den sich aus dem Konsum und der Lebensweise ergebenden Konsequenzen.

Möglicherweise, und das wäre die zweite Erklärung, sind aber auch die resultierenden Probleme im alltäglichen Lebensvollzug noch nicht hinreichend untersucht und bekannt. Das kann im Einzelfall durchaus den positiven Effekt haben, daß sich der Konsument beispielsweise nicht durch den Verweis auf eine irgendwie definierte «Ecstasy-Abhängigkeit» aus der persönlichen Verantwortung etwa für den Abbruch seiner Ausbildung stehlen kann. Für die Arbeit mit Konsumenten fehlte in diesem Fall allerdings eine notwendige Grundlage.

Der Blick auf die Raver erfolgt von seiten der interessierten Öffentlichkeit im wesentlichen in altbekannten Schablonen: entweder als *Drogenkonsumenten* oder als *Jugendliche*. Beide Konzepte haben ihre Geschichte und sind nicht unumstritten.

Drogenkonsum erscheint uns im Alltagsbewußtsein vor dem Hintergrund von Opiatabhängigkeit, sozialer Verelendung, Beschaffungskriminalität, Dealermafia etc. Besonders illegale Drogen aktivieren in den meisten von uns schnell eine ganze Batterie solcher Stereotype. Es geraten dann nur zu leicht alle legalen Suchtmittel aus dem Blick (neben Alkohol und Nikotin vor allem Psychopharmaka). Dabei sind die Wirkungsweisen doch grundsätzlich ähnlich. Darüber hinaus wird allzu gerne übersehen, daß der überwiegende Teil z. B. der Cannabiskonsumenten nie solche oder ähnliche Auffälligkeiten entwickelt. Selbst unter den Konsumenten von Opiaten scheint es nicht wenige zu geben, die sozial unauffällig im Rahmen unserer Leistungsgesellschaft noch ausreichend funktionieren können. Damit möchte ich keineswegs einer völligen Beliebigkeit das Wort reden. Doch wir können froh sein, daß die Phänomene «Konsum illegaler Drogen» einerseits und «Sucht, Elend und Verwahrlosung» andererseits in keinem zwingenden Zusammenhang stehen. Wir müssen also nach weiteren Bedingungen für solch schwerwiegende Beeinträchtigungen suchen.

Unser Bild auf «die Jugend» ist im wesentlichen ebenfalls problemorientiert. Jugend als etwas ganz Normales ist uns nicht so recht geheuer, jugendliches Verhalten wird nur zu gerne verbunden mit Vandalismus, Entwicklungskrisen etc.

Kaum jemand macht sich die Mühe, sich der Welt der Betreffenden möglichst «unvoreingenommen», also zunächst ohne Problembrille, zu nähern. Eine Betrachtung der «Jugend» bezieht sich aber in der Regel auf die Andersartigkeit der Jüngeren zu den Lebensentwürfen und Lebensweisen der Älteren aus der Erwachsenenperspektive. Jugendliches Verhalten vollzieht sich aber in der Lebenssituation Jugendlicher vor dem Hintergrund des Standes ihrer Identitätsentwicklung und ist als solches nicht «unfertiges» Erwachsenenverhalten, sondern etwas qualitativ anderes. Die Notwendigkeit der Entwicklung eigener und von den elterlichen Normen zumindest teilweise unabhängiger Identität wird zwar formal, aber selten praktisch eingeräumt. Partyleben und gegebenenfalls sogar Probierkonsum von Partydrogen sollten m. E. weniger als Problemverhalten per se, sondern als jugendtypische Erprobung von identitätsstiftenden Rollen betrachtet werden.

Anliegen meiner Arbeit war eine grundsätzlich «verstehende» Herangehensweise, um zumindest vorschnelle oder verallgemeinernde Problematisierungen zu vermeiden. Daß ich dabei teilweise auf durchaus problematische Verläufe in den Lebensweisen der Betreffenden gestoßen bin, steht hierzu in keinem grundsätzlichen Widerspruch. Bemerkenswert ist sicher auch die Tatsache, daß sich die Altersspanne derer, die als «jugendlich» bezeichnet werden, zusehends ausgedehnt hat. Offensichtlich werden «Jugendliche» immer weniger nach ihrem Lebensalter als viel mehr nach ihren abweichenden Lebensentwürfen klassifiziert. Erst die Gewöhnung der Gesellschaft an solche kollektiven Lebensentwürfe der angeblichen Jugendlichen positioniert diese in der Gesellschaft der Erwachsenen (keiner wird z. B. die Grünen mehr ernsthaft als Jugendbewegung bezeichnen).

Zur Fragestellung

Zum Verständnis der Lebenswelt notwendig ist eine Betrachtung der jeweiligen und je individuellen Konstruktion von Erleben: Wie interagieren die unterschiedlichen Lebensfelder? Welche Konsequenzen hat das? Wie wird mit solchen möglicherweise belastenden Spannungen umgegangen? Wie werden sie bewältigt, und welche neuerlichen Konsequenzen fördert das zutage? Schließlich: gibt es Gemeinsamkeiten in den Erlebensweisen, sich daraus ergebenden Konsequenzen und Bewältigungsstrategien? Wo liegen die Unterschiede, und gibt es hierfür Erklärungsansätze?

Der Lebenswelt-Ansatz liefert in Verbindung mit der Theorie des kommunikativen Handelns (J. Habermas 1987) eine gute theoretische Grundlage für die systemische Betrachtung von Handlungen in ihrem jeweiligen, eben lebensweltlichen Kontext. Jugendliches Verhalten soll dabei weniger in seiner Andersartigkeit zu vermeintlichem Erwachsenenverhalten betrachtet werden, sondern vielmehr als eigener, durchaus abweichender Lebensentwurf, ohne den eine gesellschaftliche Entwicklung kaum denkbar wäre. In diesem Sinne sehe ich die meisten (bei weitem nicht alle) Jugendkulturen als emanzipative Bewegungen, werden sie doch erst in der Abgrenzung zur vorherrschenden Kultur erkennbar und spiegeln sie dadurch dieser ihren Veränderungsbedarf wider.

Zur Methodenwahl

In der psychologischen Methodendiskussion herrscht seit Forschergenerationen ein scheinbar unüberbrückbarer Grabenkrieg zwischen quantitativen und qualitativen Methoden. Streben erstere vor allem statistische Signifikanz, also Verallgemeinerbarkeit, an, bemühen sich letztere vor allem um ein tieferes Verständnis des Einzelfalls und um die Konstruktion von Theorien, die der Unterschiedlichkeit dieser Einzelfälle gerecht werden kann. Darunter leidet zwangsläufig zumeist die Übertragbarkeit. Dafür können z. B. durch offene Interviews weitaus besser neue Aspekte des Forschungsgegenstandes gefunden und herausgearbeitet werden.

Obgleich das Phänomen Partydrogen inzwischen gut zehn Jahre alt ist, ist das gesicherte Wissen hierüber relativ gering. Erst in den letzten zwei Jahren zeichnet sich eine Trendwende ab, und der vorliegende Band ist Teil dieser Entwicklung. Als ich meine Untersuchung im Spätsommer 1994 erstmals konzipierte, lagen über die Lebensweise der Partygänger, ihre Konsummuster und -gewohnheiten keine gesicherten Untersuchungen vor. Dieser Umstand gebot ein exploratives Studiendesign, d. h., Ziel sollte zuerst weniger Repräsentativität als vielmehr die Entwicklung neuer Ideen und Hypothesen über ein für die Sozialwissenschaft relativ neues Feld sein. Die Soziologen B. G. Glaser und A. Strauss (1967) haben für ihre Untersuchung zu «Sterben im Krankenhaus» die Methode der *grounded theory* entwickelt, die sich besonders für weitgehend offene Fragestellungen eignet.

Einige Auswahlkriterien

Die Umgehensweise mit Partydrogen ist naturgemäß sehr unterschiedlich. Neben den Nicht-Konsumenten gibt es innerhalb der Techno- oder Partyszene (wie auch immer man sie definiert) ebenso Gelegenheitskonsumenten mit den unterschiedlichsten Konsummustern. Ecstasy wird zudem längst in einer Vielzahl anderer Settings von sehr unterschiedlichen Kreisen konsumiert. Eine Festlegung auf eine bestimmte Gruppe von Konsumenten tat also not. Um bei der relativ geringen Zahl der Interviews möglichst deutliche Effekte zu finden, sollten meine Gesprächspartner mindestens ein halbes Jahr regelmäßig (mehrmals im Monat) Partydrogen konsumieren und sich selbst vornehmlich über die Techno-Szene identifizieren. Durch meine Mitarbeit in der Berliner Raver-Selbstorganisation «Eve & Rave, Verein zur Förderung der Partykultur und Minderung der Drogenproblematik e. V.» ergaben sich viele interessante Gespräche mit Freunden und Bekannten, die zumindest indirekt in die Arbeit einflossen. Besonders viel Spaß hat mir allerdings die methodische Notwendigkeit der teilnehmenden Beobachtung gemacht.

Hands up, ravers! (Dr. Motte)

Die Darstellung der Ergebnisse meiner Studie beginne ich mit der Vorstellung meiner Gesprächspartner resp. meiner Gesprächspartnerin *. Ich beschreibe kurz das Zustandekommen und die wichtigsten Aspekte der Interviews. Danach komme ich nicht um eine Erklärung der – wie ich hoffe – verständlichen theoretischen Überlegungen umhin. Eine vorläufige Theorie stelle ich daran im Anschluß vor.

Armin, 18 Jahre:
«irgendwann kotzt du da tierisch ab»

Armin arbeitet stundenweise als Aushilfe in einer Boutique. Ich habe ihn nach dem Besuch eines kleinen illegalen Clubs auf einem anschließenden Chill out kennengelernt. Im Gespräch erzählte er, daß er zur Zeit auf Wohnungs- und Arbeitssuche ist und daß er schon seit einiger Zeit nicht mehr die rechte Lust auf Ausgehen und Parties hat. Da er offensichtlich über einige Erfahrung mit Partydrogen und der Techno- und Partyszene verfügte, hielt ich ihn für einen geeigneten Einstieg in meine Arbeit. Ich beschrieb kurz mein Anliegen und bat ihn um ein Interview. Er willigte gleich ein, zehn Tage später fand dann das Interview in meiner Wohnung statt.

Armin besucht seit etwa eineinhalb Jahren die Clubs und Parties der Technoszene. Etwa seit seinem Auszug aus der elterlichen Wohnung vor acht Monaten nimmt er hier regelmäßig jedes Wochenende Drogen, vornehmlich Ecstasy oder LSD, daneben Alkohol, Cannabis und Speed. Eine begonnene Ausbildung brach er wenige Wochen später ab, nachdem er wegen Drogenkaters mehrere Tage nicht am Arbeitsplatz erschienen war. Seit seinem Auszug aus der elterlichen Wohnung lebt er bei Freunden oder in WGs. Finanzielle Schwierigkeiten zwangen ihn

---

* Um der besseren Lesbarkeit willen benutze ich im folgenden überwiegend den männlichen Artikel.

kurzzeitig, noch einmal bei seiner Mutter, seinem Stiefvater und seinem zehnjährigen Bruder zu wohnen. Die Folgen des Drogenkonsums (körperliche Auszehrung, Mangelernährung) waren offensichtlich und führten zu einer Auseinandersetzung mit der Mutter, die zuvor in einer Einrichtung der Drogenhilfe Beratung gesucht hatte. Armin verließ nach nur sechs Tagen die Familie, ohne sich dort noch einmal zu melden, und lebt seither wieder mietfrei bei Bekannten.

Vor und nach der kurzen Zeit seiner Ausbildung hat er Phasen intensiven Speed-, Ecstasy- und LSD-Konsums durchlebt. Die Wochen bestanden im wesentlichen aus Clubbesuchen am Wochenende (Freitagabend bis Montagnacht) und der Schlafphase dazwischen (Dienstag bis Freitag). Inzwischen geht er eher *gewohnheitsmäßig* tanzen. Drogen werden nach seiner Einschätzung genommen, um *seine Problemchen ... vorübergehend zu vergessen*. Er sieht die Gefahr für sich und einige seiner Bekannten, *in so'n Loch* zu fallen, aus dem man selber nicht mehr herauskommt. Er hegt für sich die Hoffnung, daß er *das alleine schafft*, wenn sich seine Arbeits- und Wohnsituation erst stabilisiert haben. Dabei ist er sich seiner eigenen Verantwortung scheinbar bewußt: *was in Zukunft passiert mit mir, das liegt dann auch an mir*.

Inzwischen hält er nicht mehr so engen Kontakt zu Leuten aus der Szene und feiert, wenn er weggeht, *seine eigene Party*. Auch in der Dosierung macht er inzwischen *keine halben Sachen* mehr: er dosiert höher als in der Anfangszeit und hat inzwischen ein differenziertes Wissen über die Wirkungen der Drogen (und verschiedener Psychopharmaka) in unterschiedlichen Dosierungen und Kombinationen gesammelt. Die Grundprobleme, die sich aus seiner Lebensweise ergeben, benennt er mit *keine Arbeit, keine Knete, ne, und Wochenende unterwegs, dann ist die Woche auch gelaufen*. Seit seinem Eintritt in die Techno- und Partyszene hat sich eine Vielzahl psychosozialer wie persönlicher Probleme ergeben: er hat keine eigene Wohnung und wohnt bei Freunden, lebt von einem Aushilfsjob mit einem Einkommen unter der 560 DM-Grenze, hat eine Ausbildung nach wenigen Wochen abgebrochen, litt zeitweise unter Mangelernährung und Ekzemen, kann kaum auf tragfähige soziale Beziehungen zurückgreifen, hat keine konkrete Lebensperspektive und isoliert sich zunehmend von der Außenwelt.

Tina, 23 Jahre:
«also das wichtigste ist bei mir
eigentlich dieses, daß die Leute
sehr offen sind»

Tina ist Studentin im zweiten Semester, ihre Frisur und Kleidung erinnern deutlich an die 70er Jahre. Das macht sie trotz ihrer geringen Körpergröße zu einer augenfälligen Erscheinung. Ich habe sie bei einem Treffen von Eve & Rave e. V. kennengelernt, und sie war gleich zu einem Interview bereit. Nach dem ersten Interview mit Armin suchte ich für mein zweites Interview nach einer Frau, die sich vornehmlich in anderen Clubs als Armin aufhält und die mir weitgehend unbekannt war, um möglichst auf viele neue Aspekte in der Lebenswelt zu stoßen. Ich besuchte sie einige Tage später in ihrer Ein-Zimmer-Altbau-Wohnung. Sie empfing mich freundlich und bot mir Kaffee an; die Küche wirkte unübersichtlich, und es dauerte eine Weile, bis sie die dazu notwendigen Utensilien fand. Das Zimmer dagegen war wohnlich und einladend; die Wände waren orange gestrichen, und im Zimmer dominierte ein Bett mit einem ebenfalls orangenen Satin-Baldachin, darunter Bilder von Barbie und Ken. Auf dem Baldachin stand eine beeindruckende Sammlung unterschiedlichster Kitschgegenstände: Madonnen, Gartenzwerge und Plastikblumen; ich war beeindruckt.

Tina ist vor vier Jahren aus Süddeutschland nach Berlin gezogen. Wegen Depressionen habe sie aber drei Jahre *eigentlich auch gar nichts machen* können. Sie wird von ihren Eltern finanziell unterstützt. Seit einem Jahr studiert sie; partybedingt beginnt ihr Wochenalltag allerdings immer erst dienstags. Die Clubs und Discotheken der Technoszene besucht sie seit etwa zweieinhalb Jahren, vornehmlich wegen der *offenen* und *netten* Leute dort. Sie zieht eher die ruhigeren Clubs vor, wo das Publikum älter und *lebenserfahrener* ist. Die Musik, die sie mag (Acid Jazz), wird hier selten gespielt. Sie hat Erfahrungen mit Ecstasy, Speed, LSD und Cannabis; Haschisch hat sie schlecht vertragen und wird von ihr nicht mehr konsumiert (*da hab ich's immer wieder versucht und noch mal probiert, und da war's dann einmal so horrormäßig, daß ich's gar nicht mehr wollte*). Insgeheim wünscht sie sich ähnliche Einsichten irgendwann auch einmal für Speed und Ecstasy.

Der Schwerpunkt des Interviews liegt auf den Problemen nach der Party und den entsprechenden Bewältigungsversuchen. Das tolle Gefühl von Ecstasy hat sie nicht mehr so wie am Anfang, was sie mit Qualitätsschwankungen der Drogen begründet. Ihren Speedkonsum hält sie für zu hoch, und sie versucht in vielfältiger Weise, den Konsum zu reduzieren bzw. den gewünschten Nutzen zu maximieren, ganz aufgeben möchte sie den Konsum aber nicht. Sie hat das Gefühl, ihren Konsum jetzt besser im Griff zu haben (*nicht so dieses Sinnlose*) als etwa vor einem Jahr, wo sie, wie auch ein Bekannter von ihr, die Zeit von Montag bis Freitag mit Depressionen im Bett verbrachte, schlimme *Abtörne* (depressive oder paranoide Zustände) erlebte und die Stunden bis zur nächsten Party zählte. Zur Reduktion bzw. Vermeidung solcher Katerstimmungen sucht sie gemeinsam mit ihren Bekannten ständig nach ähnlich interessanten Alternativen. Verärgert ist sie über die vielen recht jungen Partygäste, die in der letzten Zeit ihr Bild von der Szene erheblich verändert haben. Sie entdeckt bei *diesen ganzen Kindern* nicht die Eigenschaften, die für sie das Leben in der Szene ausmachen: Lebenserfahrung, Kommunikationsfreudigkeit, Offenheit, Toleranz und einen Schuß Exaltiertheit.

Stefan, 25 Jahre:
«*also ich brauch jetzt erst mal 'n Ziel*»

Stefan ist gelernter Handwerker mit Fachabitur und seit dem Ende seines Zivildienstes arbeitslos. Seit etwa der Mitte seines Zivildienstes ging er auf Parties; weil er sich für seine Tätigkeit in der Psychiatrie nicht mehr im erforderlichen Maße belastbar fühlte, mußte er sich dann die letzten Wochen krankschreiben lassen. Ich kenne ihn flüchtig aus der Gruppe Eve & Rave, auf einer Großveranstaltung haben wir schon gemeinsam einen Info-Stand betreut. Stefan geht seit einiger Zeit selten oder gar nicht mehr aus. Wichtigste Auswahlkriterien waren mir für mein drittes Interview ein heterosexueller Mann (im Kontrast zu Armin und Tina); zum anderen ergaben sich aus den ersten beiden Interviews Anzeichen für einen ähnlichen Entwicklungsverlauf, und ich hoffte von ihm als Ex-User etwas mehr über den weiteren Verlauf dieser Entwicklung bis hin zum Ausstieg zu erfahren.

An unserem ersten vereinbarten Termin stehe ich vor verschlossener Tür, eine Woche später findet das Interview dann in seiner Wohnung statt.

Stefan hat sich aus der Partyszene weitgehend zurückgezogen, als ihm klarwurde, *daß andere Sachen erst mal wichtiger sind* und *daß das nicht alles sein kann*. Deutlicher als Armin oder Tina beschreibt er den Verlauf seiner Identifikation über die Szene von der anfänglichen Euphorie, dem Auftreten seiner Schwierigkeiten im Zivildienst bis hin zum Wunsch nach Veränderung und dem anschließenden Ausstieg und dem nun folgenden Prozeß der Umorientierung. In der folgenden Zeit hat er sich viele Gedanken über sich selbst und die Partyszene gemacht. Seine nunmehr retrospektive Sicht auf die Szene wirkt entsprechend reflektiert. Auslösende Situation war eine Talk-Show, in der er vor wenigen Wochen als Ecstasykonsument zu Gast war. Die daraus erfolgende Aussprache mit seinen Eltern, die die Sendung nur zufällig gesehen hatten, ging weit über das Thema Drogen hinaus und hat bei ihm ein tiefes Gefühl der Trauer und *Gefühlskälte* hinterlassen (man kann sich den Aufruhr in seinem Heimatdorf vorstellen: er verbrachte zum Sendetermin, der ihm nicht mitgeteilt worden war, gerade ein paar bis dahin geruhsame Tage bei seinen Eltern; seine Oma bot ihm spontan eine Couch unter dem Dach an, um ihn aus dem Sumpf der Großstadt zu retten). Nicht zuletzt seine Erfahrungen mit Ecstasy und der menschlichen Nähe und Wärme, die er damit erlebt hat, haben zu der Erkenntnis geführt, *noch nie richtig geliebt* worden zu sein. In diese belastende Situation *paßt das Partyfeiern ... irgendwie nicht rein.* Zur Zeit sucht er nach einer neuen Lebensperspektive (möglicherweise ein Studium) und einem *Gegengewicht* zum Partywochenende.

Auf den Parties nahm er hauptsächlich Speed und Ecstasy und hatte schon vor seinem Umzug nach Berlin auf dem Land Erfahrungen mit Cannabis und Kokain gemacht.

Kai, 17 Jahre:
«die Nächte wurden länger und mehr und mehr, und wenn man keine Drogen nimmt, nimmt's einen ja doch körperlich mit, ne?»

Kai hat gerade eine handwerkliche Ausbildung begonnen. Ich habe ihn erstmals auf einer der vielen Parties zur Loveparade getroffen, und wir sind kurz ins Gespräch gekommen. Zwei Monate später traf ich ihn wieder in einem Club, und wir unterhielten uns etwas länger. Er erzählte, daß er vornehmlich Speed und relativ selten Ecstasy konsumiert, und wir tauschten Telefonnummern aus.

Der weitverbreitete Mischkonsum Ecstasy, Speed u. a. macht es schwer, herauszufinden, welchen Anteil speziell der Ecstasykonsum an den aus der Lebensweise resultierenden Problemen hat. Ich hielt es daher für angebracht, in Kai eine Person mit annähernd gleichen Partygewohnheiten, aber mit nur gelegentlichem Ecstasykonsum zu interviewen. Sollten sich hier bestimmte Probleme nicht in der gleichen Art und Weise ergeben, wären diese Effekte möglicherweise auf den Ecstasykonsum der anderen Interviewpartner oder andere Ursachen (Mediatoren oder intervenierende Variablen), die sich dann möglicherweise auch auf das Konsummuster auswirken, zurückzuführen.

Als ich ihn anrief und ihm das Anliegen meiner Arbeit darstellte, war er gerne zu einem Interview bereit. Da er noch bei seinen Eltern wohnt, schlug ich vor, das Interview in meiner Wohnung durchzuführen. Er kam zu dem vereinbarten Termin direkt von der Arbeit, nach dem Interview unterhielten wir uns noch etwa zweieinhalb Stunden über Leute, Clubs und Musik.

Kai besucht seit eineinhalb Jahren regelmäßig die Clubs der Technoszene und konsumiert hier im Durchschnitt ein Gramm Speed pro Wochenende. Früher hat er mehrmals in der Woche Cannabis geraucht. Seit er regelmäßig am Wochenende Speed nimmt, schränkte er seinen Haschischkonsum weitgehend ein. Ecstasy nimmt er selten und dann vornehmlich zum Ende der Party oder zum Chill out. Er hat gerade eine Ausbildung begonnen und möchte demnächst gemeinsam mit einem szenefernen Freund eine eigene Wohnung beziehen. Er fühlt sich im Alltag durch das Partyfeiern nicht nennenswert beeinträchtigt, im Vergleich zu seinen Kifferzeiten fühlt er sich sogar erheblich fitter. Er beschreibt ausführlich seine schulische Biographie und seine Erfahrungen mit gleichaltrigen Hip-Hoppern in einem Jugendclub (*der eine größer als der andere und der andere wichtiger als der und Motherfucker hin, Motherfucker her*). Sein Partyleben erscheint mir besser mit anderen Lebensbereichen (Ausbildung, andere Szenen, Beziehung zur Mutter etc.) verbunden als bei meinen anderen Gesprächspartnern.

Mir fällt auf, daß er meine Fragen oft monologisch wiederholt, bevor er sie beantwortet. Ich vermute eine Schwäche des Kurzzeitgedächtnisses, die er mir bei einem späteren Treffen auch bestätigt. Ein Zusammenhang zwischen Gedächtnisleistung und Drogenkonsum sollte ohne weitere diagnostische Absicherung nicht interpretiert werden.

Sicher kann die erhobene Stichprobe keinen Anspruch auf Repräsentativität erheben, dazu wären erheblich mehr Personen zu befragen gewesen. Aber es zeigt sich schon bei der geringen Zahl, daß viele voreilige Verallgemeinerungen über den Umgang mit Partydrogen (der Automatismus der sozialen Verelendung ebenso wie die kritiklose Annahme der völligen Unbedenklichkeit) nicht gerechtfertigt sind. So scheint es, wie im Fall von Kai oder Tina, durchaus einen relativ dauerhaften, sozial unauffälligen und (wie im Fall von Stefan) subjektiv als bereichernd erlebten Partydrogen-Konsum zu geben. Bei anderen, wie bei Armin, können die negativen Konsequenzen in relativ kurzer Zeit existentiell bedrohliche Ausmaße für die Lebenssituation annehmen; Depressionen und sozialer Rückzug sind hier die Folge. Im Fall von Stefan könnte man mit einiger Vorsicht sogar von einem wichtigen, wenn auch unbeabsichtigten, quasi selbsttherapeutischen Effekt sprechen. Die Begegnungen in der Szene und die Rauscherfahrungen können die Initialzündung für nachhaltige und bereichernde Selbsterkenntnis und persönliche Entwicklung sein (nicht umsonst wurde mit MDMA in der Psychotherapie experimentiert). Solche und ähnliche Erfahrungen werden von vielen Konsumenten gerade in der Anfangsphase gemacht; mit zunehmender Konsumhäufigkeit tritt dann zumeist eine Gewöhnung ein, die die Integration der Erfahrungen in einen funktionierenden Alltag kaum mehr zuläßt.

Meine vier Gesprächspartner, soviel sollte deutlich geworden sein, unterscheiden sich sowohl in den Motiven zum Partybesuch bzw. situativen Drogenkonsum, in der Bedeutung, die dem wochenendlichen Partyerleben im jeweiligen Lebensvollzug beigemessen wird, in den sich ergebenden Komplikationen als auch in deren Bewältigung. Die Integration der sehr unterschiedlichen Umgehensweisen mit Partydrogen schien mir anfangs eine kaum zu bewältigende Aufgabe.

Zum weiteren Verständnis seien an dieser Stelle noch einige grundsätzliche Gedanken und Begriffe eingeführt.

Bedürfnisse / Ressourcen:

Ressourcen bezeichnen alle Kompetenzen und Sicherheiten, die der Person im sozialen Kontext zur Entwicklung und Durchführung einer Handlungsstrategie zur Verfügung stehen oder die zu deren Umsetzung notwendig sind. Ich folge damit weitgehend der von J. G. Kelly (in: W. Stark, 1989) vorgelegten Definition als *die Energie und die Möglichkeiten für Wachstum, für Selbstbehauptung und Reproduktion. Ressourcen innerhalb einer ökologischen Sichtweise können Ideen, Personen, Kompetenzen, Eigenschaften, Werte und Interaktionsmuster ebenso wie Geld sein* (a. a. O., S. 131).

Wünsche können positiv als Bedürfnisse (pull-Faktor) oder negativ als zu bewältigende Belastungen (push-Faktor) zu Bedingungen einer Handlung werden. Ich verwende daher die Begriffe Belastung und Bedürfnis dann synonym, wenn es um Motive geht, bei denen die Richtung (push oder pull) unklar bleibt oder unerheblich ist und dadurch keine begriffliche Verwirrung zu befürchten ist.

Handlungserzeugende Bedürfnisse und die zur Handlung erforderlichen Ressourcen verweisen aufeinander. So werden z. B. die Befriedigung sozialer Bedürfnisse in einem tragenden Freundeskreis oder die Entbindung von der Belastung unsteter Wohnverhältnisse durch einen bezahlbaren Hauptmietvertrag zugleich Ressourcen.

Drei Handlungsebenen:

Betrachtet man, der handlungstheoretischen Orientierung der Grounded Theory folgend, jedes Verhalten als motiviert, also durch eine Bedürfnisspannung oder einen Wunsch in einer Situation ausgelöst, kommt man schnell zu den Bedürfnissen einer Person, auch nach Verringerung oder Vermeidung von Belastungen, und den dazu erforderlichen psychischen, sozialen und materiellen Ressourcen (vgl. H. Keupp, 1994). Das Verweilen in der Szene und das exzessive Feiern mit Drogenkonsum können also als Bewältigung der Bedürfnisse (Wünsche oder Belastungen) in der Lebenssituation im weitesten Sinne angesehen werden, die sich in bestimmten Motiven konkretisieren und als solche mit der Realität und den Erfahrungen konfrontiert sind. Aus den Motiven und Erfahrungen sowie aus deren Spannungsfeld (Erfüllung oder Versagung) ergeben sich resultierende Belastungen, aber auch resultierende Ressourcen. Diese werden dann wieder ursächliche oder kontextuelle Bedingung einer neuerlichen Bewältigung bzw. Handlung usw.

In den Interviews ergeben sich demnach verschiedene Handlungsebenen in der Bewältigung von Bedürfnissen und Motiven:

1. stellen das Partyfeiern und das Drogennehmen eine Bewältigung bestimmter Belastungen bzw. die Einlösung bestimmter Motive und Wünsche dar, wobei auch die vorhandenen Ressourcen (z. B. das soziale Netz) betrachtet werden können. Partyfeiern ist also im weitesten Sinne Handlungs- und Bewältigungsstrategie.

2. Aus dem exzessiven Partyfeiern ergeben sich bestimmte, je unterschiedliche resultierende Ressourcen und Belastungen bzw. Bedürfnisse, die in einer je bestimmten Art und Weise genutzt bzw. bewältigt werden. Deren Betrachtung und gegebenenfalls die ihrer Bewältigung erfolgen im zweiten Schritt.

3. Neben diesen partytypischen Phänomenen berichten die Interviewpartner auch über verschiedenste Konflikte im Alltag (Ausbildungsabbruch, Konflikte mit den Eltern, Alltagsorganisation). In einer dritten Ebene lassen sich der je persönliche Umgang mit solchen Belastungen und damit die Kompetenz zur Bewältigung von Konflikten ermitteln.

Somit ergibt sich ein Bild vom Bewältigungsprofil i. w. S. der Interviewpartner auf drei Ebenen. Im Verhältnis der spezifischen sich ergebenden Probleme einer Person und ihres Modus der Bewältigung zeigen sich je typische Verhaltensmuster, die der Problematik der auftretenden Situationen mehr oder weniger angemessen sein können.

Zeitliche Dimension

Mit zunehmender Verweildauer in der Partyszene verändern sich auch die Ressourcen und Bedürfnisse/Belastungen und damit auch die Motive zum Besuch der Clubs oder zum Konsum der Partydrogen. Je nach persönlicher Erfahrung oder Einstellung zur Szene ist der Blick sehr unterschiedlich. Die ursprünglichen Motive zum Einstieg in die Szene sind wahrscheinlich von späteren Erlebnissen überlagert und werden aus der Perspektive dieser späteren Erfahrungen geschildert. Gerade das macht sie bedeutsam, erschließt sich doch dadurch, berücksichtigt man diese Verzerrung, ein Blick auf die subjektiv als relevant bewerteten Aspekte der persönlichen Entwicklung im Verlauf der Szenebiographie (ich erinnere, was mir bedeutsam ist). Das bedeutet aber auch, daß die o. a. Handlungsebenen (1) und (2) mit fortdauernder Szene-Zugehörigkeit miteinander verweben.

Drei Bereiche sozialer Reichweite

A. Strauss und J. Corbin (1990, dt. Übers. 1996) schlagen für die Betrachtung von Handlungen und Interaktionen eine Bedingungsmatrix vor, in der sich verschiedene Aspekte einer Handlung als Schalen um das Phänomen legen. Die innerste Schale bezeichnet die unmittelbare Interaktion, die zweite das Kollektiv oder die Gruppe, die dritte Untereinheiten einer Organisation oder Institution usw., bis zur äußersten Schale, der internationalen Ebene. Zu ihr gehören Themenkreise oder Motive wie globale Krisen, Philosophien, Geschichte etc.

Im Rahmen dieser Arbeit vollzieht sich Handeln weniger im Rahmen von Institutionen, dennoch sind deutlich unterschiedliche Ebenen der Motivation wie der Konsequenzen auszumachen.

Das Individuum steht in einer Beziehung zu sich selbst und zu seiner Umwelt und hier einerseits zu seinem sozialen Umfeld und andererseits zum gesellschaftlichen Rahmen.

In der Beziehung zu sich bildet das Individuum sein Selbstbild aus, entwickelt eine Vorstellung von seinen Stärken und Schwächen, verfügt über eine Biographie. Hier ist das weite Feld des Intrapsychischen gemeint.

In seinem unmittelbaren sozialen Feld trifft es mit für ihn mehr oder minder bedeutsamen Menschen zusammen. Dieser zweite Bereich meint das privatöffentliche Nahfeld des alltäglichen Lebens. Es ist der konkret erlebbare Raum, in dem das Subjekt sozial agiert, also das soziale Netz.

Auf einer dritten Ebene steht das Subjekt in einem Rahmen gesellschaftlicher Bedingungen und ist mit Notwendigkeiten des alltäglichen Lebensvollzugs konfrontiert. Es steht in einem Feld gesellschaftlicher oder kultureller Möglichkeiten und Notwendigkeiten, verfügt über Handlungsräume und ist konkret oder abstrakt mit Zwängen oder Erwartungen konfrontiert und muß über die dazu erforderlichen Ressourcen verfügen oder Entsagungen ertragen können.

Es ergeben sich also drei Felder mit je eigenen Bedürfnissen, Belastungen und Ressourcen: die Beziehung zu sich selbst, die Beziehung zu anderen und äußere, gesellschaftliche Anforderungen oder Möglichkeiten (vgl. H. P. Tossmann, 1993, S. 177, und H. Keupp, 1994). In jedem der drei Bereiche sollten die Ressourcen zur Befriedigung der Bedürfnisse ausreichen. Ist dies nicht der Fall, können andere Ressourcen zumindest scheinbar oder vorübergehend Defizite kompensieren. Zwei Beispiele: Armin kompensiert seinen Mangel an eigenem Wohnraum (materielles Bedürfnis) durch Mitwohnen bei Freunden (soziale Ressource). Sozial unauffälliger ist z. B. die Kompensation mangelnden eigenen Selbstwertes (persönliches Bedürfnis) durch Konsum (materielle Ressource).

Modell des Partydrogenkonsums als riskantes soziales bzw. selbstbezogenes Handeln

Unter den oben angeführten Vorannahmen lassen sich die Erfahrungen und Lebenswelten der Interviewpartner vorsichtig vergleichen. Erst in der getrennten Betrachtung des durch den Lebensstil erreichten Erlebnisgewinns bzw. der drohenden Risiken einerseits und der zu deren Bewältigung oder Reduktion verfolgten Strategien und der hierfür eingesetzten Ressourcen andererseits ergibt sich folgendes Modell.

Der erste Teil beschreibt eine mögliche Entwicklung, die sich vollziehen kann, wenn von seiten der betroffenen Person keinerlei angemessenes Management der Belastungen erfolgt. Die Darstellung stellt also nicht die normale (im Sinne einer häufigen) Entwicklung dar, sondern ihren Extremfall. Das Wissen um diese möglichen Konsequenzen ist aber in allen Interviews präsent und führt zu je spezifischen Bewältigungs- oder Vermeidungsstrategien. (Zur Verdeutlichung: Nicht alle Schüler müssen ein Schuljahr wiederholen. Aber das Wissen um diese mögliche unerwünschte Konsequenz führt zu den unterschiedlichsten, mehr oder weniger erfolgreichen Vermeidungsstrategien: z. B. den Leistungsanforderungen entsprechen oder die Tasche des Lehrers tragen.) Die illustrierenden Beispiele zeigen minderoptimale Lösungen durch meine Interviewpartner. In den Einzelfällen können solche Krisen zumeist kompensiert werden.

Die Betrachtung der jeweiligen Bewältigungsstrategien erfolgt daran im Anschluß.

Einstiegsmotive in die Partyszene sind sicherlich in den meisten Fällen Neugier, der Wunsch nach besonderen Erlebnissen und der Wunsch, interessante Leute kennenzulernen oder zu treffen. Der Mythos der Techno- oder Partyszene ist diesbezüglich sicher ungebrochen, wenngleich inzwischen auch andere Erfahrungen möglich sind. Die Ausstattung der Locations und die Stimmung der Gäste sind auch ohne Drogen sicher geeignet, Hochstimmungen zu erzeugen. Dadurch kann die Verbreitung von Drogen in den Clubs und auf den Veranstaltungen leicht überschätzt werden; nicht jeder mit leuchtenden Augen ist auf Drogen.

Im Erlebniskonzept der Parties und der Zugehörigkeit zu einer Trendgruppe werden in erster Linie *soziale und selbstbezogene Bedürfnisse* befriedigt. Gesellschaftliche Werthaltungen oder Intentionen treten als Motivation nicht unmittelbar auf, sie erscheinen vielmehr in ihrer Negation: im Wunsch, aus dem Alltag und seinen Anforderungen auszuscheren, sich mal richtig fallenlassen zu können. Die Verteilung der sozialen und der selbstbezogenen Bedürfnisse variieren unter den Gesprächspartnern und sind tendenziell gegenläufig. So wird es Tina *auch ein bisserl langweilig, wenn man so ewig tanzt,* sie findet hier in erster Linie Kontakt zu *Leuten, mit denen man was machen kann, die einen interessieren.* An denen schätzt sie in erster Linie Offenheit und Unkonventionalität. Armin dagegen *macht das Ding für (sich), die Leute geben (ihm) nicht allzuviel.* Für Stefan und Kai sind beide Motive etwa gleich wichtig. Stefan liebt besonders eben den Wechsel zwischen Ekstase, *das sind so körperliche Emotions, so Glücksgefühle, so tanzen und auf die Musik abgehen* und der anschließenden *Regenerationsphase* im Chill out-Bereich, wo er sich mit Bekannten unterhält.

Ähnlich unterschiedlich sind auch die *Konsummuster.* So dosiert Armin um einiges höher, um seinen selbstversunkenen Rausch zu erreichen, und hat dazu zeitweise auch schon bevorzugt LSD genommen. Tina kommt dagegen mit weit geringeren Mengen aus und beschränkt sich inzwischen ausdrücklich auf Alkohol, Ecstasy und Speed. Kai konsumiert fast ausschließlich Speed über das Wochenende, Stefan hat früher Speed und Ecstasy in mittleren Dosen genommen. Reine (Langzeit-)Ecstasykonsumenten sind mir in den letzten vier Jahren äußerst selten begegnet.

Was die einzelnen vor dem Hintergrund der sozialen und selbstbezogenen Bedürfnisse im Setting «Party» und unter der Bedingung des je unterschiedlichen Drogenkonsums erleben, ist entsprechend unterschiedlich. Die Beschreibungen dieser *Rauscherlebnisse* reichen von *im Grunde nur Energy, Wachmacher, zack* (bezogen auf Speed) bei Kai über *wenn man dann so rumläuft: ich liebe dich, ich liebe dich* bei Tina und *das ist eben für mich Ekstase pur, das ist das Absolute*, wie Stefan befindet, bis zu *die Birne zuknallen mit Ecstasy* bei Armin.

Es läßt sich am besten in einer Dimension zwischen den Polen Kommunikation/Aktivität und Selbstbezug/Sedierung in obengenannter Rangreihe beschreiben. Damit folgen die Konsumgewohnheiten den Erlebnismotiven, d. h., die (dauerhaften) Konsumenten nutzen die Drogen bewußt zur Erreichung dessen, was sie erleben möchten.

Ecstasy zu nehmen hat für Stefan allerdings durchaus auch einen Selbsterfahrungsaspekt: *die regt ja auch irgendwie an nachzudenken, hinter'n Vorhang zu gucken; erlebt man ja auch Sachen, die man sonst nicht so wahrnehmen konnte.*

Bei solcher Begeisterung kann der *Wunsch nach Wiederholung und Ausdehnung* solcher Erfahrungen nicht verwundern. Stefan vergleicht seinen Einstieg in die Partyszene schon vor seiner ersten Ecstasy mit einer Infektion: *Das ist wie so'n Virus, innerhalb von zwei Wochen war ich infiziert.* Auch für Kai kamen die Drogen erst später dazu: *die Nächte wurden länger und mehr und mehr, und wenn man keine Drogen nimmt, nimmt's einen ja doch körperlich mit, ne?* Die Interviewpartner haben entsprechend zwischen acht (Armin) und etwa dreißig Monaten (Tina) Partydrogenerfahrung, in der Partyszene verkehren alle über eineinhalb Jahre.

Die Kontrolle des Konsums während der Party fällt zudem immer schwerer. Das «Runterkommen» ist gefürchtet und will gelernt sein. Nun ist *Kontrollverlust* bei Drogen (hiermit ist nicht der Verlust der Kontrolle des Sozialverhaltens, sondern der Kontrolle über Beginn, Fortsetzung oder Beendigung des Konsums gemeint) sicher keine neue Erkenntnis, sie wurde in der Vergangenheit häufig zur Begründung des Krankheitsbildes «Abhängigkeit» verwandt. Ich halte den Kontrollverlust in diesem Kontext für mit der Erlebnisweise zu eng verknüpft, um mit ihm als der Substanz innewohnendem Automatismus den Konsumenten aus der Verantwortung für sein Handeln zu entlassen.

Solchermaßen sich ausdehnendes Partyleben wirkt sich natürlich auch auf andere Lebensbereiche aus. *Andere Interessen und Aufgaben*, aber auch andere Freundeskreise können immer schwerer aufrechterhalten werden. Das Feld der Beeinträchtigungen ist so weit wie die Lebensbedingungen, denen die Partyleute entstammen. So verliert Armin innerhalb von acht Monaten seinen bisherigen Freundeskreis, seinen Ausbildungsplatz, eine Wohnung und ein verträgliches Verhältnis zu seiner Mutter. Es bleiben einzig einige Bekannte aus der Szene, bei denen er vorübergehend wohnen kann. Daneben kommt es durch den Streß des Wochenendes – besonders durch den Kater danach – zu erheblichen Beeinträchtigungen der Konzentration und der körperlichen wie geistigen Leistungsfähigkeit. Immer weniger Energie bleibt zur Bewältigung von Alltagsanforderungen, wodurch die Frustrationen wachsen. Damit fertig zu werden, fehlt es mehr und mehr an Kraft. Die Art der sich ergebenden Probleme hängt von der Lebenssituation des oder der Betreffenden ab. So kann es sich Tina als Studentin eher erlauben, den Montag frei zu machen, als Kai oder Armin. Genauso hängt die Art und Weise, wie mit den resultierenden Belastungen umgegangen wird, sehr vom persönlichen «Stil» des oder der Betreffenden ab. So zeigt sich, daß insbesondere Armin sich auch anderen Konflikten, etwa mit der Mutter, lieber entzieht, als sich zu stellen. Kai dagegen, der in einer sehr ähnlichen Situation das Gespräch mit der Mutter sucht, entwickelt weitaus weniger psychosoziale Probleme. Auch in den von ihm berichteten Situationen unter Gleichaltrigen zeigt er eine hohe soziale Kompetenz. Selbst unter Berücksichtigung der Tatsache, daß es sich bei solchen Erzählungen im Interview um Selbstbeschreibungen handelt, kann man zumindest auf ein positiveres Selbstbild schließen.

Der Kontrast zwischen alltäglichem Erleben und dem Partywochenende ist groß und erfordert von den Betreffenden ein hohes Maß an Integrationsfähigkeit. Diese kann in der heutigen Zeit bei allen Jugendlichen in unterschiedlichem Maße als gegeben vorausgesetzt werden. Von klein auf müssen die verschiedensten Rollenanforderungen und Teil-Identitäten (als Sohn/Tochter, Schüler, Mitschüler, Tennis-As etc.) miteinander ausbalanciert und integriert werden. Dennoch gelingt diese Balance bei den Interviewpartnern auf je eigene Weise. Zumindest bei Armin, Tina und Stefan zu ihren Partyzeiten kann man von einer *Aufspaltung* zwischen Partyleben und Alltag sprechen. Armin blendet nach kurzer Zeit in der Szene alle Anforderungen des Alltags aus. Der graue und frustrierende Alltag verkürzt sich auf die Zeit zwischen Dienstagmorgen und Freitagabend. Die Frage, womit er diese Zeit verbracht hat, beantwortet er: *geschlafen* (Pause), *geschlafen und – ist vielleicht nicht viel – vielleicht mal Haare gefärbt, was weiß ich was.* Stefan gibt nach einiger Zeit den Konsum auf und widmet sich ganz der Suche nach einem *Ziel* oder *Gegengewicht.* Tina hält als Partyälteste seit nunmehr zweieinhalb Jahren die Balance zwischen der Erfüllung der Minimalanforderungen im Alltag und dem größtmöglichen Partyspaß. Kai fällt hier aus der Reihe: er zeigt weit weniger Tendenzen zur Idealisierung der Partywelt und beschreibt sie gleichwertig zu anderen Lebensbereichen. Die Tatsache, daß er als einziger nur sehr selten Ecstasy konsumiert, läßt einen Zusammenhang zwischen Ecstasy und der Tendenz zur Idealisierung der Parties vermuten. Dabei bleibt allerdings die Kausalität unklar. Mit gleichem Recht ließen sich Überlegungen anstellen, ob nicht die Idealisierung der Parties und der Spaß an Ecstasy aufgrund bestimmter Persönlichkeitsmerkmale gemeinsam auftreten.

Alle Leser, die sich bei den bisherigen Schilderungen nun fragen, wo bei so viel persönlichem Elend und Leid denn bitte der Spaß sein soll, seien an meine Metapher mit der drohenden Nichtversetzung erinnert. Natürlich hat kaum jemand Lust auf solche mittelschweren persönlichen Katastrophen, und jeder tut allerhand, um solche Entwicklungen zu vermeiden oder in einem erträglichen Maß zu halten.

So zeigen die Leute aus der Partyszene durchaus Phantasie in der Entwicklung von Strategien zur Minimierung der als negativ erachteten Folgen und der Beibehaltung oder Maximierung des je unterschiedlichen Nutzens (Selbstversenkung bei Armin, *nette Leute treffen* bei Tina und Kai).

Darüber hinaus hat diese Lebensweise eine Art Selbstbremse. Zum einen werden die Parties wie ein zu oft gesehener Kinofilm nach einiger Zeit eher gewöhnlich oder gar langweilig, zum anderen verliert Ecstasy, wenn es zu häufig genommen wird, seine euphorisierende und herzöffnende Wirkung und ergibt dann zwar noch ein in Maßen angenehmes, aber eben kein Glücksgefühl mehr.

Die Wahl solcher Bewältigungsstrategien hängt in erster Linie davon ab, was der oder die jeweilige auf der Party sucht, wie er oder sie gelernt hat, mit belastenden Situationen umzugehen, und in welcher Lebenssituation er oder sie sich befindet.

So kann Tina den Drogenkater mit den damit verbundenen schweren Depressionen ausreichend in ihren Uni-Alltag integrieren, finanziell wird sie noch von den Eltern unterstützt und braucht sich diesbezüglich keine großen Sorgen zu machen. Der Tendenz zum Kontrollverlust und den Katerdepressionen kann sie mit sehr geringen Dosierungen entgegenwirken, liegt ihr vornehmliches Motiv doch weniger im Rausch als vielmehr in der Teilnahme an der offenherzigen Kommunikation mit netten Leuten. Die Integration der beiden Welten erreicht sie, indem sie nach den Parties mit Freunden und neuen Bekannten die Party meist in ihrer Wohnung noch nachwirken läßt, bis die Drogenwirkung verflogen ist. Hier bleibt genug Raum, um Beziehungen zu knüpfen oder zu vertiefen (zu dieser Party-Family gehörte seinerzeit auch Stefan). Auch das entspricht hervorragend ihrem kommunikativen Motiv. Sollten ihr die Parties zuviel werden, sucht sie gemeinsam mit ihren Freunden nach erlebnisadäquaten Handlungsalternativen. Um den Partyfilm nicht langweilig werden zu lassen, legt sie von Zeit zu Zeit mehrwöchige Partypausen ein; ganz aufgeben möchte sie die Parties in nächster Zeit nicht; *ist halt dieses Gesellschaftliche*, auf das sie dann verzichten müßte.

Auch Stefans Ausstieg kann als solche Strategie zur Bewältigung der partybedingten Beeinträchtigungen gesehen werden. Zu Zeiten, als er noch Parties besuchte, war ihm der gemeinsame Chill out als Regeneration nach den Parties besonders wichtig. Er sucht wie Tina nach ähnlich intensiven Erlebnissen zu den Parties, braucht vor allem dazu auch ein *Gegengewicht* im Alltag. Ebendieser Wunsch nach Balance drückt sich auch im Wechsel von ekstatischem Tanz und Regenerationsphasen aus.

Kai scheint kaum psychosoziale Probleme mit den Parties zu entwickeln und braucht dementsprechend auch weniger zu bewältigen. Einzig sein von ihm selbst als zu hoch erachteter Konsum (scheinbar mit geringer Tendenz zum Kontrollverlust) macht ihm zu schaffen. So litt er nach einer versehentlichen Überdosis über Wochen unter paranoiden Zuständen. Dennoch ist er sozial integriert und hat konkrete und erreichbare Lebenspläne (Ausbildung, Wohnung, Führerschein). Die Parties sind für ihn eine Möglichkeit, Erfahrungen zu sammeln, ohne daß die Welt der Parties in eine Konkurrenz zu seinem Alltag tritt.

Armin wählt einen anderen Weg: Der Rausch tritt an die Stelle von Bewältigung. Dazu nimmt er inzwischen auch andere Drogen, vornehmlich Halluzinogene. Als Motiv zum Konsum gibt er inzwischen selbst den Wunsch nach Vergessen der Probleme des Alltags an. Im Umgang mit Drogen spiegeln sich deutlich seine auch in anderen Lebensbereichen sichtbaren Tendenzen zur Konfliktvermeidung wider. Seinen Wunsch nach Orientierung und Antrieb von außen schildert er anschaulich in seinem das Interview beschließenden Satz: *man darf den Bezug zur Außenwelt nicht verlieren, sonst geht man tierisch vor die Hunde. Muß von außen immer noch jemanden haben, der einem in den Arsch tritt, und den hab ich eben nicht gehabt.*

Bis hierher sollte deutlich geworden sein, daß die Art des Umgangs mit Ecstasy und anderen Drogen (Speed, LSD) kaum auf alle Konsumenten verallgemeinert werden kann. So unterschiedlich die Konsumenten, so unterschiedlich sind auch die Konsummuster und die möglichen Probleme, die sich aus dem Konsum ergeben. Nicht zuletzt ist die Lebenssituation der oder des Betreffenden (Schüler/Student, Auszubildender oder arbeitslos etc., aber auch Wohnsituation, soziales Netz, Verhältnis zur Herkunftsfamilie) entscheidend dafür, welche Probleme sich ergeben. Ein recht deutlicher Zusammenhang besteht allerdings zwischen der allgemeinen Kompetenz einer Person zur Bewältigung von Problemen im Alltag und dem Umgang mit den in der Lebensweise (und nicht nur den Drogen) begründeten möglichen Beeinträchtigungen. Der Konsum von Partydrogen kann offensichtlich als riskantes Verhalten bezeichnet werden, in dem einiges gewonnen (wie bei Stefan) oder vieles verloren werden kann (wie im Fall von Armin).

In diese, an der Erlebensweise der Konsumenten orientierte Arbeit sind mögliche Langzeitschäden nicht unmittelbar eingeflossen. Mögliche Auswirkungen waren aber allen Interviewpartnern bewußt, zumindest bei Tina und Stefan bestand außerordentliches Interesse an solchen Forschungsergebnissen.

Für ein Verständnis der Lebenswelt ist der Blick auf die individuellen Motive, die den Konsum im Einzelfall des jeweiligen Lebensvollzugs attraktiv erscheinen lassen, unerläßlich. Eine alleinige Betonung der negativen Seiten ohne das Verstehen der Motive wird dem Gesamt des Phänomens kaum gerecht.

Literatur

Glaser, B. G., Strauss, A. L.: The discovery of grounded theory. Strategies for qualitative research. Chicago: Aldine 1967

Habermas, J.: Theorie des kommunikativen Handelns. Frankfurt a. M. 1987

Keupp, H.: Ambivalenzen postmoderner Identität, in: *U. Beck* (Hrsg.): Riskante Freiheiten. Frankfurt/M.: Suhrkamp 1994

Starck, W. (Hrsg.): Lebensweltbezogene Prävention und Gesundheitsförderung, Konzepte und Strategien für die psychosoziale Praxis. Freiburg i. B.: Lambertus 1989

Strauss, A., Corbin, J.: Grounded Theory: Grundlagen qualitativer Sozialforschung. Weinheim: Beltz Psychologie Verlags Union 1996

Beratungs-, Hilfs- und Testangebote

Peter Märtens

Angebote und Erfahrungen des Jugend- und Drogenberatungszentrums Hannover auf Raves

Drobs-Info-Mobil, Aufklärungsmaterialien und Pillenidentifikation

Als Anfang der 90er Jahre Techno Europa überflutete und natürlich auch vor Deutschland nicht haltmachte, ja hier sogar mit offenen Armen empfangen wurde, war klar, daß diese neue Musik und Partybewegung auch neue Drogen mit sich bringen würden. Aus Goa (Indien) war bekannt, daß dort zu Rave-Happenings Halluzinogene wie LSD und Psilocybin oder Haschisch genommen wurde. Drogen, zu denen es genügend Literatur gibt, wenn man sich bemüht, und zu denen einige sogar ihre Eltern fragen können.

Neu war Ecstasy. Der Appetitzügler MDMA – so war uns klar – wurde zu *dem* Partybegleiter in der Raveszene. Ein illegaler Stoff, über den es kaum Informationen gab. Bei einem Blick nach England, wo die Raveszene und der damit verbundene Ecstasykonsum schon sehr viel stärker etabliert war, sahen wir, welch ein Problem auf uns als Drogenberatungsstelle zukommen würde. Natürlich gab es dort drogenerfahrene, vernünftige und kontrollierte Konsumenten, die sehr vorsichtig mit dem neuen Rauschmittel umgingen, aber wie immer gab es auch Unfälle. In diesem Fall vor allem durch Überhitzung, ausbrechende Psychosen etc. Das sollte hier in Deutschland, wenn möglich, auf ein Minimum reduziert werden. Der erste Schritt konnte unserer Einschätzung nach nur sein, die Konsumenten über den Stoff Ecstasy zu informieren; über seine Wirkungen, Gefahren und Risiken.

Raver's Guide

Es entstand die Idee, ein Faltblatt zu entwerfen, das in seiner Gestaltung und Sprache die Raver anspricht und in Discotheken an die Raveszene verteilt wird. 1993 wurde der Raver's Guide von der Drobs Hannover entwickelt und veröffentlicht. Es war zu dem Zeitpunkt die erste an Konsumenten gerichtete Kurzinformation über Ecstasy in der Bundesrepublik. Auf zweieinhalb DIN-A5-Seiten – mehr kann oder will sowieso keiner auf einer Party lesen – wird im Raver's Guide beschrieben, was passieren kann, wenn man diese kleine Pille runterschluckt.

Als erstes wird darauf hingewiesen, bei welchen schon bestehenden Krankheiten Ecstasy verheerende Folgen hat und zu welchen Abhängigkeiten und Folgeschäden es führen kann, wobei noch nicht klar war, ob und in welcher Weise Ecstasy das Gehirn schädigt (leider ist dies bis heute nicht geklärt, aber dazu später mehr). Diese Äußerungen könnten eine abschreckende Wirkung auf den Konsumenten haben, und im folgenden bräuchte man dann nur noch zu erwähnen, daß man die Finger von dem Zeug lassen soll. Eine Aufklärung, die über Jahrzehnte praktiziert wurde und wenig Erfolg hatte. Die Droge Ecstasy ist subjektiv gesehen einfach zu schön, um davon abzulassen. Abertausende feiern seit Jahren ihre Parties in Verbindung mit Ecstasy, und keine Horrormeldung schafft es, daß sie ihren Konsum einschränken oder beenden. Deshalb wird im zweiten Teil des Raver's Guide beschrieben, wie Ecstasy auf einen Normal-User unter günstigen Rahmenbedingungen (nette Party, gute Stimmung ...) wirken kann. Es werden Tips gegeben, wann es z. B. keine gute Idee ist, Ecstasy zu nehmen, und wie man eine ganze Nacht durchmachen kann.

Im dritten Teil wird auf gefährliche und gesundheitsschädigende Stoffe hingewiesen, denn es ist längst nicht immer das drin, was drin sein soll, und darauf, was man tun kann, wenn es jemandem schlechtgeht. Parallel zur Erstellung des Raver's Guide wurde zur mobilen Drogenprävention ein ausgedienter Doppeldeckerbus der Berliner Verkehrsbetriebe angeschafft und umgebaut. Mit Bus und Raver's Guide stand die Drobs Hannover dann Anfang 1994 zum erstenmal auf einer Rave-Party, und viele solcher Aktionen sollten folgen.

Was macht die Drobs nachts
auf einer Party?

Es ist irgendein Samstag um 22.00 Uhr auf einem Mega-Rave in den Fabrikhallen des Hanomag-Geländes in Hannover. Einige Besucher flanieren zwischen Trance-, House- und Hardcore-Areas hin und her, suchen nach Freunden, Pillen und Pappen. Die Party ist noch weit vom Höhepunkt entfernt, man beginnt sich gerade erst einzugrooven. 4000 Besucher werden heute erwartet. Im Info-Mobil duftet es schon nach Kaffee. Koffein, eine legale Droge, mit der auch wir als Drogenberater eine Nacht durchhalten können. Das Drogen-Info-Mobil öffnet seine Türen für die nächsten 8 Stunden.

Teilweise ernten wir mißtrauische Blicke. Was will die Drogenberatung auf einer Rave-Party? Kriegt man da nicht doch nur das zu hören, was einem Eltern und Lehrer immer wieder einzubläuen versuchen? «Laß dir bloß keinen Stoff andrehen, du wirst süchtig oder sogar sterben!» Leider kriegen Jugendliche oft solch undifferenzierte Äußerungen zu hören und schenken dem kaum noch Beachtung, denn ihre Erfahrung ist eine andere. Hat man nicht damals schon gesagt, Haschisch sei eine Einstiegsdroge, und heute spricht man von Liberalisierung oder wenigstens Entkriminalisierung. Was Jugendliche brauchen, ist eine differenzierte, objektive Aufklärung zum Drogenkonsum, und manch einer hat noch das Vorurteil, eine Drogenberatung könne dies nicht leisten, eine Drogenberatung müsse prinzipiell zur Abstinenz aufrufen. Doch hätten wir diese Auffassung, würden wir niemanden erreichen, sie ist utopisch. Uns geht es darum, den Drogenkonsumenten, egal, ob er legale oder illegale Drogen nimmt, zu akzeptieren und ihm zu einem vernünftigen Umgang mit Rauschmitteln zu verhelfen und ihn zu unterstützen, die Gefahren zu erkennen und die Verantwortung zu übernehmen. Die meisten Besucher wissen das mittlerweile und schlendern in den Bus, um die eine oder andere Information zu bekommen oder sich beraten zu lassen. Andere kommen auf eine Tasse Kaffee vorbei, um Neuigkeiten zu erfahren, ein bißchen in unseren Broschüren zu blättern oder sich den Warnzettel mit aktuellen «bösen Pillen», der im Bus ausliegt, einzustecken. Wir stehen also direkt in der Halle zwischen den Areas, den hemmungslosen Bässen und Loops ausgeliefert, eingereiht in Pizzabuden mitten im Geschehen. Das Ambiente des Busses versucht sich dem Flair der Party anzupassen. Im unteren Bereich sind Stehtische mit Barhockern plaziert, ebenso findet hier der Verkauf von Mineralwasser, Säften usw. statt. Natürlich in 0,4l-Bechern und zum Selbstkostenpreis, denn man soll – wie jeder weiß – viel Flüssigkeit zu sich nehmen, wenn man Ecstasy genommen hat. Natürlich kommen uns auch Leute besuchen, die überhaupt nichts mit Ecstasy, LSD, Speed oder Vergleichbarem zu tun haben. Die Tatsache, daß sich jemand im Bus aufhält, reicht noch nicht aus, um ihn als Drogenkonsumenten zu entlarven, obwohl wir es nicht gerne sehen, wenn Presse oder Fernsehen ihre Linsen durchs Fenster stecken. Wir arbeiten absolut anonym. Dritte dürfen gern etwas über unsere Arbeit erfahren, der Schutz der Persönlichkeit jedes einzelnen Besuchers muß jedoch gewahrt bleiben.

Im Oberdeck ist ein Chill out-Raum. Bis zu 20 Leute können sich vor den Ventilatoren tummeln, und wenn sie Glück haben, werden ihnen von uns noch Melonenstücke oder Äpfel gereicht. Für viele ist dies auch das Wartezimmer zur Ecstasy-Identifikation, der in einem Separee neben dem Chill out durchgeführt wird, doch dazu später mehr. Gegen Mitternacht füllt sich der Bus. Bekannte und neue Gesichter. Bei manchen hat man schon die gesamte Geschichte des «Raver-Seins» verfolgt, andere erzählen sie einem. Ist die Pille schon eingeworfen, brauchen sie für einen Lebensabschnitt von 3 Monaten 2 Stunden Redezeit. Auf MDMA redet man eben gerne, nicht umsonst wurde es jahrelang in der Psychotherapie angewandt. Ist jemand mit einer hohen Dosis LSD bei uns, sind es oft nur Satz- oder Wortfetzen, die einem ans Ohr knallen. Einmal war ein 14jähriges Mädchen bei uns, die zum erstenmal in ihrem Leben LSD genommen hatte. Sie konnte sich und ihre Umgebung nicht mehr einschätzen, hatte Angst und wollte nur noch, daß es endlich vorbeigeht. Leider mußten wir ihr mitteilen, daß dieser Zustand noch mindestens 5 Stunden anhält, daß er sich aber wahrscheinlich nicht verschlimmert. Nach der Frage, wo denn ihre Freunde seien, sagte sie, die hätten sie allein gelassen, nachdem sie merkten, daß mit ihr heute wohl keine Party zu feiern sei. Wir konnten ihr Vertrauen gewinnen und sie beruhigen. Als ich viele

Stunden später, lange nach Feierabend, noch eine Runde durch den Laden machte, sah ich sie dann quietschvergnügt auf der Tanzfläche hopsen. Sie hatte sich also wieder gefangen. Später erzählte sie mir, daß dieser Trip das Schlimmste war, was sie je erlebt hat. Zum Glück ist das eine Ausnahme. Hätte sie sich vorher über LSD informiert und sich nicht völlig naiv von ihren Freunden was in den Mund stecken lassen, hätte sie sich wahrscheinlich anders entschieden.

LSD ist ein mega-heftiges Halluzinogen. Wenn man es schon nimmt, sollte man erstens ein gewisses Alter und somit ein bißchen Lebenserfahrung haben. Zweitens sollte man mit einer geringen Dosierung anfangen (ein Viertel Pappe kann reichen), und drittens ist es ratsam, Halluzinogene das erste Mal in einer Umgebung zu nehmen, die einem vertraut ist und einen nicht mit Abermillionen Impulsen und Signalen bombardiert. Ich denke da z. B. an eine Wiese o. ä. Natürlich darf man so etwas auch nicht alleine machen bzw. dabei allein gelassen werden.

Mein Einwurf mit dem Rededrang der Konsumenten ist übrigens nicht negativ gemeint. Ich habe schon sehr interessante und auch intensive Gespräche mit Leuten auf LSD oder E geführt, und es fällt mir oft leichter, mich auf sie einzulassen, als auf Gäste unter Alkoholeinfluß.

Der gesamte Bus ist übrigens eine drogenfreie Zone, das bedeutet, daß bei uns keine Rauschdrogen genommen werden dürfen, auch kein Alkohol.

Es kommt jemand in den Bus, dem die Zähne aufeinanderklappern, als wolle er uns in Rekordzeit das Morse-Alphabet herübertelegrafieren. Auf der Stirn scheint er nie versiegende schweißspendende Quellen zu haben. Natürlich kriegt er als erstes einen großen Becher Wasser mit zwei Mineralientabletten, den er auf ex austrinkt, um anschließend sofort um Wiederbefüllung zu bitten. Nach kurzer Pause und Abflauen seiner Panik, auf der Stelle zu kollabieren, fragt er, ob er seinem erhöhten Herzschlagrhythmus mit einem Joint abhelfen könne. Haschisch, das wäre ja allgemein bekannt, würde beruhigen – stimmt, aber nicht immer! Zwar haben sich tatsächlich einige Leute übers Kiffen beruhigen können, aber gegenteilige Aussagen sind uns auch bekannt. THC kann nämlich die Pille noch mal richtig anschieben, und das ist etwas, was dieser User bestimmt nicht wollte.

Zum Glück hatte er Freunde dabei, die ihn mit einer Flasche Wasser unterm Arm aus der lauten, heißen Halle ins Freie brachten.

Auch das ist wieder eine Ausnahme, aber die Ausnahmen sind nun einmal die, die vorwiegend zu uns in den Bus kommen. Wenn jemand glücklich und angeheizt ist, zieht es ihn verständlicherweise mehr zum Tanzen als in den Bus. Laut Aussage des angrenzenden Krankenhauses sollen nur äußerst selten Patienten unter Einfluß von Ecstasy und Co. eingeliefert werden. Selbst auf der Mayday 96 mit 80 000 Besuchern soll es «nur» 17 Unfälle gegeben haben. Eine Quote, nach der sich jeder andere Großveranstalter sehnen würde. Um 2.00 Uhr ist Hochbetrieb im Bus. Normalerweise rechnen wir mit 5–10 % der Partybesucher, das wären bei 4000 Gästen 200–400 Leute. Manche bleiben nur 1 Minute, manche die halbe Nacht.

Es gibt auch Leute, die im Laufe des Abends immer mal wieder reinschneien, einen kurzen Zustandsbericht abgeben, sich einen Apfel greifen oder schnell einen Tip zur Kombination von Ecstasy und LSD haben wollen. Die Antwort: LSD dominiert in seiner Wirkung alles, von der Pille wird man kaum noch etwas merken.

Interessant an unseren sporadischen, aber kontinuierlich auftauchenden Besuchern ist, daß sie mir beispielsweise erzählen, sie hätten gerade 3 Pillen eingeworfen (alle innerhalb von 1 ½ Stunden) und würden noch nichts merken. Ich halte mich mit meiner Negativprognose zurück, um ihnen keine Angst zu machen. Trotzdem sage ich ihnen noch, wie sie sich zu verhalten haben, falls es ihnen schlechtgehen sollte, und bitte sie, mir doch heute noch Bericht zu erstatten. Meistens kommen sie dann auch ein paar Stunden später wieder, um zu erzählen, wie es ihnen bis jetzt ergangen ist. Der Bus liegt ja auf dem Weg, wenn man von area zu area pendeln will. Einige erzählen, sie wären schlagartig breit geworden, sind losgelöst von ihrem Körper und der Realität ins Nirwana geschossen, andere saßen regungslos in einer Ecke und fixierten irgendeinen Fetzen Zeltplane, wobei ihnen nicht klar wurde, ob es sich um eine Tragfläche oder etwas Zweidimensionales handelte. Bei manchen tritt das eine oder andere Symptom schon bei einer Pille ein, bei anderen erst bei der achten. Es gibt etliche Faktoren, die dabei eine Rolle spielen:

• Ist der Konsument ausgeschlafen, und hat er vor allem genug gegessen?

- Wie hoch waren seine Pillen dosiert, und woraus waren sie zusammengesetzt? (Zur Pillenidentifikation später, wie gesagt, mehr)
- Ist er Ecstasykonsum gewohnt, und wann hat er das letzte Mal etwas genommen?
- Hat er zusätzlich noch Alkohol oder andere Drogen zu sich genommen?
- Wie ist seine seelische Befindlichkeit und seine körperliche Konstitution? (Frauen brauchen aufgrund anderer Stoffwechselvorgänge sowieso immer nur die Hälfte!)

Erstaunlicherweise sind die meisten unserer Besucher männlich. Woran das liegen könnte, kann ich nicht beurteilen. Sie sind überwiegend im Alter zwischen 17 und 25 Jahren. Die Frauen sind dagegen oft noch sehr viel jünger, so daß man ein Durchschnittsalter von 19 bis 20 Jahren ansetzen könnte. Wir haben auch schon auf anderen Parties außerhalb von Hannover gearbeitet, z. B. in Bremen oder Kassel. Hier waren die Raver durchschnittlich alle ein bißchen älter. Wir haben festgestellt, daß bei Älteren zumeist ein kontrollierterer Drogenkonsum vorliegt. Wahrscheinlich haben sie ihre Spitzenwerte schon ausgetestet und festgestellt, daß weniger oftmals mehr ist, und vielleicht haben sie analog zum Kampftrinken nicht mehr den Drang, sich mit der Menge an geworfenen Pillen, gezogenem Speed usw. zu profilieren, denn leider gilt bei einigen immer noch die Devise: Wer sich am dollsten zudröhnen kann, ist der Held. Eine Beobachtung, die man übrigens eher bei Männern machen kann.

Dazu fällt mir ein interessantes Beispiel von einem Pärchen ein, das uns schon seit Jahr und Tag im Bus und später auch in der Drobs besucht. Beide sind um die 30 und haben schon früher in einem anderen Rahmen gelegentlich Halluzinogene, Cannabis oder Koks konsumiert. Die Wirkung der Droge war ihnen genauso vertraut wie das Setting. Als sie dann, so ihre Erzählung, vor 3 Jahren von einer Freundin auf eine Rave-Party geschleppt wurden, waren sie vom Fieber erfaßt. Diese Raves waren etwas völlig Neues, noch nie Erlebtes. Eine Faszination, die nicht aufhören sollte. Als dann noch Ecstasy dazukam, das oft in seiner Wirkung zwischen Halluzinogenen und Amphetaminen beschrieben wird, in Wirklichkeit aber eine völlig eigene Gruppe darstellt, nämlich die Entaktogene, war der Zauber überwältigend. Man sollte wissen, daß die Parties vor einigen Jahren noch viel persönlicher, euphorischer usw. abliefen. Leitsätze wie «Wir springen alle auf einen Zug», «Love, peace and unity», oder «Wir sind eine Familie» gehören der Vergangenheit an, bzw. wurde letzteres höchstens noch als Motto für die Love Parade 96 verwendet.

Also alle treffen sich auf einer tollen Party und haben sich ganz doll lieb. Wirklich, es war sehr friedlich, und jeder hat für den anderen Verantwortung übernommen. In dieser Zeit ist also unser Pärchen, nennen wir es im folgenden einfach Arthur und Sabine, in die Rave-Szene eingetaucht. Samstags Party machen, sonntags After-hour, montags und dienstags davon zehren, Mittwoch, Donnerstag und Freitag sich wieder auf die nächste Party freuen. Arthur und Sabine haben die Entwicklungen im Technobereich natürlich hautnah mitbekommen. Sie fanden langsam weniger Spaß am Raven. Oftmals saßen sie stundenlang mit Leuten im Auto auf dem Parkplatz. Da Ecstasy nun einmal nachweislich die Befindlichkeit verändert, glaubten sie, ihr Zustand bzw. ihre Unzufriedenheit könne sich durch die Einnahme von MDMA positiv verändern.

Regel 1 unserer wichtigen Regeln lautet: «Es gibt keine Droge, die dich gut draufbringt, wenn du schlecht drauf bist.» Genau das haben Arthur und Sabine nicht begriffen. Sie hatten solch eine Sehnsucht nach dem tollen Partygefühl (nicht nur nach den Drogen), was sich aber einfach nicht mehr herstellen ließ, egal mit welchen Mitteln. Die Partyzeit war vorbei. Die zwischenmenschlichen Beziehungen auf Raves verloren an Intensität, die Musik war überwiegend bekannt, wenn auch hin und wieder neue Stilrichtungen dazukamen, die sich dann aber doch wieder meist nicht durchsetzen konnten. Auch die Wirkung vom Ecstasy war nicht mehr so faszinierend wie damals. Trotzdem: Das Partymachen hatte so viel Gewicht in ihrem Leben eingenommen, daß sie keine Idee hatten, welche Freizeitbeschäftigung sie alternativ befriedigen könnte. Also wurde die Unzufriedenheit mit Ecstasy kompensiert, und das reichlich. Bei einem ausführlichen Gespräch unter 6 Augen in der Drobs konnte man in Anbetracht des «hohen» Alters die Klienten doch noch auf ein Leben vor dem Techno zurückgreifen lassen, welches den beiden aber nur grau und fade in Erinnerung war. Gibt es ein Leben vor dem E? Wie soll es erst den Jüngeren gehen, die, wenn sie vor ihre Ravezeit gucken, nur

Spielzeug sehen, also gar nichts haben, auf das sie zurückgreifen können.

Arthur hat mir oft mit einer leichten Melancholie in der Stimme gesagt, daß es alles nicht mehr das ist, was es mal war, und daß er sich schließlich überhaupt nicht mehr amüsiert. Er kommt nur noch, um ein bißchen Musik zu hören, Leute zu treffen, wie eben in einer normalen Disco. Allerdings nimmt er auch einen Haufen Drogen, um sich dadurch wenigstens etwas Freude zu verschaffen, und wenn ihm das nicht gelingt, was meistens der Fall ist, dann nimmt er noch mehr, um es nicht zu spüren. Sabine dagegen nimmt nur noch wenig Drogen (vielleicht ½ Pille pro Party). Das macht sie auch nicht glücklich, aber wenigstens hat sie die innere Erwärmung und alle anderen körperlichen Symptome, die man von Ecstasy bekommt. Beide versuchen ihr Leben anders zu gestalten. Ein Fall für die Drogenberatungsstelle. Tatsächlich haben wir Raver, die seit fast einem Jahr regelmäßig zur Beratung in die Drobs kommen.

Ich könnte noch viele Beispiele bringen, doch soll hier nicht der Eindruck entstehen, wir hätten es nur mit gescheiterten Existenzen zu tun. Schließlich hatten wir schon mit einigen hundert Ravern Kontakt, und nur ein geringer Teil weist ein wirklich gravierendes Problem auf.

Es ist 6.00 Uhr morgens – Feierabend. Nölig verlassen unsere Gäste das Chill out. Die Türen werden zugeschlossen. Die Party geht noch ein paar Stunden weiter. Wir gehen nach Hause oder noch ein bißchen tanzen.

Was gibt es noch zu tun?

Natürlich reicht es nicht, alle 4–6 Wochen mit dem Bus auf einer Party zu stehen, um Raver zu informieren oder zu beraten. Deshalb – ich erwähnte es schon – bieten wir u. a. in der Beratungsstelle Gespräche an, und zum anderen versuchen wir unsere Informationen, z. B. über Medien, weiter zu streuen. Anfang 1995 brachten wir eine Broschüre für Eltern, Lehrer und Erzieher heraus, die sich zum Thema Ecstasy, LSD und Speed äußert. Jugendliche, die noch bei ihren Eltern wohnen und sich somit auch mit ihnen auseinandersetzen müssen, bedauern oft die mangelnde Sachkenntnis, die ihre Erziehungsberechtigten insbesondere zu «neuen» Drogen haben. Die Broschüre soll den Eltern ihre Verunsicherung nehmen und ihnen eine sachliche und angstfreie Auseinandersetzung mit dem Thema ermöglichen.

Keiner Pille sieht man an, was drin ist!

Nicht alles, was als Ecstasy verkauft wird, ist wirklich Ecstasy. Strenggenommen gerade mal ein Drittel (Drobs-Statistik Mai 1996). MDMA, also die Substanz, die eigentlich Ecstasy sein soll, ist halt nicht so einfach von Amateurchemikern herzustellen. Oftmals ist in den Pillen das dem MDMA ähnliche MDEA (s. Grafik).

Viele Konsumenten können die Wirkstoffe gar nicht oder kaum auseinanderhalten, hinzu kommt, daß sie teilweise sogar von Placebos eine absolut euphorische und berauschende Wirkung verspüren. MDEA wirkt nicht so lange wie MDMA, und der Rausch ist nicht so konstant, d. h., daß bei MDEA des öfteren kleine Aussetzer eintreten, in denen man sich plötzlich völlig nüchtern fühlt. Diese Aussetzer können einige Sekunden oder mehrere Minuten betragen. Außerdem hat man bei MDEA einen matschigeren Kopf, vielleicht zu vergleichen mit MDMA-Konsum in Verbindung mit Alkohol. Drittens stellt sich bei MDEA meist kein so intensives Glücksgefühl ein, aber, wie gesagt, es kommt immer darauf an, was man selbst daraus macht, und selbst ein Placebo kann zur tollsten Pille werden. Der Konsument geht also bei der Einnahme der Pille ein zusätzliches Risiko ein, weil er als Laie die Tablette nicht auf seine Inhaltsstoffe überprüfen kann.

Zwischen April und Mai 1996 enthielten von 100 identifizierten Pillen durchschnittlich:

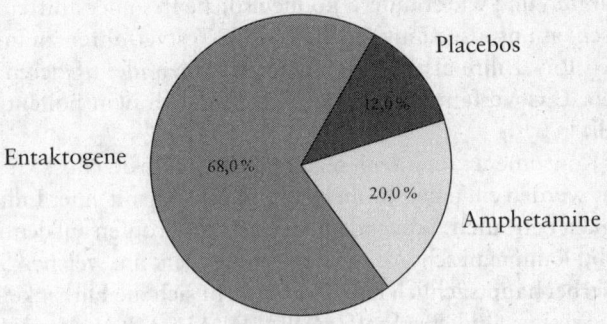

Von 68 % der identifizierten Entaktogene enthielten durchschnittlich:

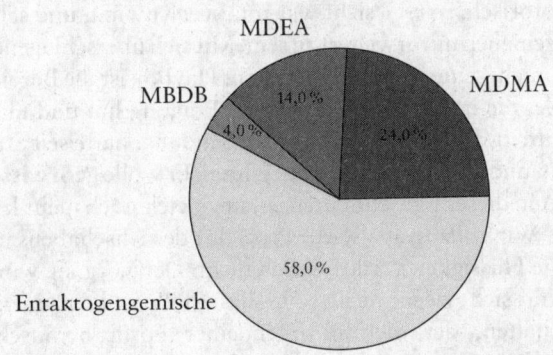

Zur Grafik: Wenn Pillen kein MDMA oder MDEA enthalten und auch keine Placebos sind, können Halluzinogene z. B. in Form von 2 CB oder Amphetaminen enthalten sein (immerhin bis zu 25 %-Drobs-Statistik Juni bis November 95).

Die Drobs will nicht nur informieren und beraten, sondern auch gesundheitlichen Schäden praktisch vorbeugen und Risikoverhalten minimieren. Für einen Konsumenten kann es verheerende Auswirkungen haben, wenn er anstatt eines Methamphetamins ein Halluzinogen zu sich nimmt, und wie erläutert, können solche Irrtümer auftreten.

Es schien uns also sinnvoll, ein Ecstasy-Testverfahren zu installieren, wo Raver ihre als Ecstasy gekauften Pillen identifizieren lassen können. Das Verfahren ist einfach und ähnlich dem holländischen Modell.

Der Konsument kommt mit seiner Pille zu uns in den Bus. Mit einem Messer werden ein paar Krümel abgeschabt und mit einer Indikatorflüssigkeit beträufelt. Je nachdem, wie sich der Tropfen auf dem Pulver verfärbt, kann man schon einmal grob festlegen, um welchen Stoff es sich hierbei hauptsächlich handelt. Verfärbt sich die Flüssigkeit blau, ist es ein ecstasyähnlicher Stoff (MDEA, MDMA, MBDB oder MDOH). Verfärbt sie sich grün, handelt es sich um ein Halluzinogen, ist die Farbe orange, ist es ein Amphetamin. Bleibt die Flüssigkeit klar, handelt es sich um einen Blender und könnte z. B. eine Kopfschmerztablette sein.

Einmal kam jemand in den Bus, um eine Pille zu testen. Er war unheimlich motorisch, sein Gesicht war total verschwitzt, und selbst seine Pupillen schienen mir erweitert zu sein. Mit sich überschlagender Stimme bat er mich, seine *Playboys* zu testen. Playboy ist die Bezeichnung einer Pille, die einen Playboyhasen als Prägung hat und in zig Variationen auftritt. Er wäre ja so super auf Sendung, hätte seit Stunden nur getanzt, und alles wäre total abgefahren. Er wolle gern wissen, wieviel MDMA in dieser Pille enthalten ist, um gleich noch mehr kaufen zu können. Wir vollzogen also die Prozedur des Abschabens und Beträufelns. Die Flüssigkeit verfärbte sich nicht. Der Vorgang wurde wiederholt, es tat sich wieder nichts. «In dieser Pille ist kein einziger Wirkstoff enthalten, der dich in irgendeiner Form berauschen könnte.» Er starrte mich an, zog die Stirn in Falten und schüttelte ungläubig den Kopf. Tatsächlich hat dieser Mann einen totalen Placebo-Effekt erlebt.

Nehmen wir einmal an, die Flüssigkeit hätte sich blau verfärbt, es würde sich also um eine ecstasyähnliche Substanz handeln, dann weiß der Konsument noch lange nicht, um welche Substanz es sich genau handelt, und vor allem nicht, wie hoch sie dosiert ist. Zum Glück werden die meisten kursierenden Pillen in einem Labor, mit dem wir eng zusammenarbeiten, per Spektroskop analysiert. Die Ergebnisse werden uns in Form von Listen zur Verfügung gestellt, und anhand von Abmessungen, Form, Farbe und Prägung können wir die Pille mit ziemlicher Genauigkeit zuordnen.

Hundertprozentige Aussagen können wir aber nicht treffen, der Konsument geht also trotz des Tests ein Risiko ein. Oft stellt dieser aber die Frage, ob die Pillen gut seien und ob er sie ruhig nehmen könne. Natürlich ist er bestrebt, nach der Identifizierung eine Garantie für absolutes Wohlbefinden zu bekommen. Die können wir ihm nicht geben. Die einzige Aussage, die wir treffen können, ist: «Diese Pille enthält aller Wahrscheinlichkeit nach so und soviel mg von dem und dem Wirkstoff.» Die Dosierungen sind sehr unterschiedlich, sie reichen von 30 mg bis 130 mg MDMA bzw. bis zu 180 mg MDEA pro Pille.

Gehen wir davon aus, daß 110 mg MDMA eine normale Dosis für einen erwachsenen Menschen ist, der also bei dieser Menge einen Rausch verspürt, und daß dieser Mensch auf einer Party 3 Pillen a 30 mg MDMA kauft. Die Dosierungsanleitung, die in der Szene von Mund zu Mund weitergegeben wird, ist: 1 Pille gleich 1 Trip. Also nimmt dieser Mensch eine der Pillen, denn er weiß ja nicht, daß sie so niedrig dosiert ist, und hofft auf eine bestimmte Wirkung. Nach einer Stunde nimmt er die zweite Pille, da er von der ersten noch nichts verspürt. Nach einer weiteren Stunde die dritte. Erst jetzt hat er etwa 90 mg MDMA in sich und verspürt einen leichten Rauschzustand. Ein Wochenende später kauft dieser Mensch wieder 3 Pillen mit dem gleichen Aufdruck. Ich sagte ja, daß gleich aussehende Pillen durchaus unterschiedliche Zusammensetzungen haben können. So gibt es z. B. von den Tauben über 30 Variationen mit unterschiedlichen Inhaltsstoffen und Dosierungen. Diesmal bekommt er scheinbar gleiche Pillen mit 100 mg MDMA pro Stück. Vielleicht nimmt er alle drei auf einmal, denn seine Erfahrung vom letzten Wochenende zeigte ihm ja, daß ein oder zwei Pillen zu keinem Rausch führten. Er hat jetzt also 300 mg MDMA im Körper, fast das Dreifache der Normaldosis und nahe an der toxischen Grenze. Wir wissen nicht, wie es ihm damit gehen wird, klar ist nur, daß er ein großes Risiko eingegangen ist.

Die Identifizierung der Pillen anhand der Liste aus dem Labor kann solch unnötiges Risikoverhalten vermeiden, und außerdem kommt man als Drogenberater über das Pillentesten mit Leuten ins Gespräch und kann den einen oder anderen Tip loswerden und somit Unfälle durch Überdosierung etc. vermeiden.

Interessant ist, daß wir über Pillenidentifizierungen Zugang zu den Hard-Usern gefunden haben, die vorher einen großen Bogen um den Bus gemacht haben. Sinn dieses Ecstasy-Testes ist es auch, über Mitteilungen des Ergebnisses hinaus Kontakt aufzubauen und die Konsumenten aufzuklären bzw. darauf hinzuweisen, daß sie keine Scheu zu haben brauchen, die Beratungsstelle in der Innenstadt aufzusuchen. Früher hatten wir in der Drobs Hannover nur wenige Ratsuchende, die etwas über synthetisch hergestellte Drogen wissen wollten und die deshalb von sich aus zu uns kamen. Seit Veröffentlichung des Raver's Guide und seitdem das Drogen-Info-Mobil mit der Pillenidentifikation Rave-Veranstaltungen besucht, hat sich das erheblich geändert. Es kommen nun auch neue Zielgruppen zu uns, die wir vorher nicht erreicht haben. Wir beobachten zwei neue Tendenzen:

1. Verstärkt werden von Ratsuchenden Informationen zum Konsum von synthetischen Drogen abgefragt, und
2. überraschenderweise ist auch ein vermehrter Zulauf von sehr jungen Menschen zu verzeichnen, die sich über Risiken des Haschisch-Konsums informieren wollen.

Dabei sind in beiden Fällen unterschiedliche Gruppierungen auszumachen. Zu uns kommen

- Personen, die illegale Drogen selbst (noch) nicht konsumieren, aber Kontakt zu Konsumenten haben,
- Personen, die illegale Drogen selbst konsumieren und eigentlich gut damit zurechtkommen, aber bestimmte Informationen wünschen. Wir werden z. B. gefragt: «Wie wirkt sich Ecstasy auf die Anti-Baby-Pille aus?», oder: «Stimmt es, daß Haschisch auf Dauer auch schädlich sein kann?»
- Personen, die einen problematischen Konsum illegaler Drogen pflegen und erste negative Konsequenzen im Alltag spüren, und schließlich
- Personen, die in einer akuten Krise unsere Beratungsstelle aufsuchen (schlechtes Drogenerlebnis, deutlich zu lang anhaltende Wirkung, verbunden mit Desorientierung und Panik).

Informationen für alle

Ich sagte ja schon, daß wir es für effektiv halten, unsere Informationen weit zu streuen. Angefangen hat es mit Testergebnissen aus dem Labor, die sehr beängstigend waren. Einige Pillen waren mit unbekannten giftigen Stoffen versetzt oder enthielten z. B. hohe Dosen DOB (ein Halluzinogen mit 30 Std. Wirkungsdauer). Wie konnte diese Information möglichst schnell an möglichst viele Konsumenten gebracht werden? Am wirkungsvollsten schien es uns, Warnungen auf fluoreszierende Zettel zu drucken und diese überall auf der Party zu verteilen. Auf dem Warnzettel ist die Pille genau beschrieben, z. B. Dollar: Prägung Dollarzeichen, weiß, flach mit einem Spalt auf der Rückseite, und ergänzend wurde hinzugefügt, welcher Wirkstoff in welcher Dosierung dann gefunden wurde und wie Symptome nach Einnahme dieser Pille verlaufen. Auf der Rückseite standen Erste-Hilfe-Tips für die Leute, die in eine Situation geraten, in der jemand an dem beschriebenen Symptom leidet. Tatsächlich ist danach der Marktanteil dieser gefährlichen Pillen zurückgegangen.

Parallel zu diesen Aktionen nahmen wir Kontakt zum Techno-Magazin Mushroom auf. Zuerst veröffentlichten wir unter der Rubrik Fastfood neueste Ecstasyerkenntnisse. Später wurde daraus eine eigene Rubrik, die sich Drogerie nannte. Allmonatlich werden hier «Böse Pillen» und alles Wichtige zu Ecstasy u. ä. veröffentlicht. Durch die enorme Verbreitung dieser Informationen und Bekanntgabe unserer Telefonnummer erreichen uns seither viele Anrufe.

Entweder fragen die Anrufer nach bestimmten Testergebnissen von Pillen, die sie irgendwann einmal genommen haben, oder sie haben Fragen zu Konsumformen, Langzeitschäden, rechtlichen Aspekten usw.

Wenn mich jemand fragt, ob wir beispielsweise die «Snowboards» schon getestet haben und ob ich ihm sagen könne, was da drin ist, dann kann ich ihm nur antworten, daß wir diese Pille zwar in unserer Liste haben, ich aber nicht weiß, ob diese mit seiner identisch ist. Ich muß die Pille also immer live sehen, um eine Aussage treffen zu können. Das will vielen nicht in den Kopf. Wenn, wie z. B. in der Zeitschrift Tempo, Ecstasy-Pillen beschrieben werden, die reines MDMA enthalten sollen, und somit beim Konsumenten der Eindruck erweckt wird, er könne diese risikolos nehmen, dann ist das unverantwortlich. Man kann und darf keine pauschale Aussage über Wirkstoffart und -menge treffen, wenn noch für den Laien nicht unterscheidbare Duplikate im Umlauf sind. Da sich, wie gesagt, die Anrufe in der Drobs häuften, hat der Mushroom im Frühjahr 96 die Sparte «Leser fragen – Experten antworten» in die Drogerie mitaufgenommen. Unter dem Pseudonym Dr. Obs beantwortet die Drobs teilweise mit Unterstützung unserer Ärztin und in Zusammenarbeit mit Juristen eingehende Leserfragen. Erstaunlicherweise beziehen sich die Fragen zu einem großen Teil auf gesundheitliche Auswirkungen von Drogen. Kann man daraus ableiten, daß Jugendliche doch nicht – wie oft gemeint – alles wahllos reinknallen und sehr wohl einen verantwortlichen Umgang mit sich, ihrem Körper und ihrer Gesundheit haben? Eine häufig gestellte Frage ist die zu Langzeitschäden von Ecstasy, LSD, Speed usw. Wie schon erwähnt, gibt es gerade zu Ecstasy immer noch keine verwertbaren Untersuchungen. Zwar wurden gerade in jüngster Zeit Versuche mit Primaten durchgeführt und sogar festgestellt, daß Ecstasy das Gehirn irreparabel schädigt, jedoch muß bei dieser Aussage einiges berücksichtigt werden. Ratten und Affen wurden zweimal täglich 5 mg MDMA pro Kilogramm Körpergewicht verabreicht (entspricht 8–12 Pillen für einen Menschen). Und das über mehrere Wochen. Eine Konsumform, die meiner Einschätzung nach bei weniger als 0,1 % der Ecstasykonsumenten auftritt und von daher nicht so einfach übertragbar ist. Keiner weiß also, wie schädlich Ecstasy bei normalem Konsum (alle 1–2 Wochen eine Pille) wirklich ist, und solange man das nicht weiß und auch nicht bekannt ist, ob oder wie es in Wechselwirkung mit anderen Drogen schädigt, gehen die Konsumenten ein unkalkulierbares Risiko ein, denn unseren Beobachtungen nach schränken sie ihren Konsum nicht ein, geschweige denn üben sie totalen Verzicht, egal, wie horrormäßig die Meldungen über Tote und für ewig psychisch Gestörte in den Medien auch sind – im Gegenteil, das macht für einige die Sache erst richtig spannend.

Die 5 wichtigsten Regeln

Wenn man als Außenstehender über eine Rave-Party bummelt, stellt man fest, daß sich einige ganz hervorragend amüsieren, ausgelassen und fröhlich sind, andere sitzen oder stehen eher gelangweilt an den Theken. Das hat natürlich nicht nur etwas mit dem Drogenkonsum zu tun. Unter den Gelangweilten gibt es genauso viele Nüchterne, Alkoholisierte, entaktogen oder halluzinogen Verstrahlte wie unter den Fröhlichen. Drogen wirken eben nicht bei jedem gleich. Das heißt, daß die gleiche Droge bei unterschiedlichen Leuten völlig andere Wirkungen zeigt. Auf der uns wohl allen bekannten Normalfete mit Alkoholausschank passiert ähnliches. Nachdem die ersten Biere runtergespült wurden, macht sich bei Person Nr. 1 die Melancholie breit. Jammernd und voller Selbstmitleid, fleht er bei seinem Tischnachbarn um Gehör. Person Nr. 2 wird zum Partylöwen und der Dritte ist gespannt wie ein Flitzebogen, ein falsches Wort – und Aggressionen brechen aus ihm heraus. Zwei von den Dreien hätten also besser nichts trinken sollen, aber diesen Fehler macht man wohl immer einmal wieder. Damit Jugendliche, die mit Rauschmitteln umgehen, nicht alles im Selbstversuch erlernen müssen, haben wir für sie 5 wichtige Regeln zur Orientierungshilfe geschaffen. Ziel ist ein eigenverantwortlicher, risikoarmer, begrenzter und genußorientierter Umgang mit Rauschmitteln.

Regel Nr.1:
«Es gibt keine Droge, die dich gut drauf bringt, wenn du schlecht drauf bist.»
Die meisten Drogen geben einem nichts Zusätzliches, sondern verstärken die persönliche Grundstimmung. Wer mit Rauschmitteln umgehen will, muß mit sich selbst umgehen können, seine eigenen Gefühle und Stimmungen erkennen und ernst nehmen.

Regel Nr. 2:

« Weniger ist mehr »

Je weniger und seltener man Rauschmittel konsumiert, desto wahrscheinlicher ist eine positive Wirkung. Außerdem muß man seine eigenen Grenzen erkennen und akzeptieren, um Überdosierungen zu vermeiden. Wer eine gesunde Genußfähigkeit entwickelt, kann auch Angeboten widerstehen.

Regel Nr. 3:

« Mischkonsum ist Mist »

Meistens hebt sich die Wirkung verschiedener, gleichzeitig eingenommener Drogen gegenseitig auf oder verfälscht den Rausch, d. h., daß das Erlebte meist weniger intensiv wahrgenommen wird. Zudem kann es gesundheitsgefährdend sein, Drogen zu mischen (z. B. Ecstasy und Alkohol oder LSD und Speed). Deshalb sollte man möglichst nicht mischen, die Selbstkontrolle wahren und den Überblick behalten. Begrenzter Monokonsum ist risikoärmer und genußvoller.

Regel Nr. 4:

« Wenn du keine Lust aufs Runterkommen hast, push dich nicht hoch »

Berauscht zu sein ist nicht besser, als nüchtern zu sein – nur anders. In einer guten Grundstimmung kann man sich hochpushen, denn wenn es nach dem Rausch wieder auf Null geht, fühlt man sich ähnlich wie vorher – also gut. So vermeidet man den Drang zur Wiederholung, um vielleicht vor irgendwelchen Problemen auszuweichen. Also: Schlechte Stimmung akzeptieren und sich den Rausch für bessere Tage aufbewahren.

Regel Nr. 5:

« Nimm nichts, wovon du nichts weißt und wovor du Angst hast »

Wenn man vor einer Droge Angst hat, kann der Rausch schnell sehr unangenehm werden, besonders bei Halluzinogenen. Deshalb ist es wichtig, sich vorher über die Wirkung genau zu informieren und bei Unsicherheiten und Angst besser nichts zu nehmen. Der Respekt vor Rauschmitteln setzt Respekt vor der eigenen Persönlichkeit voraus.

Ecstasy und Prävention

Monika Püschl

Aufklärung und Konsumberatung – oder was sich in der Suchtprävention durch Ecstasy verändert hat

Keine Droge stand in den letzten Jahren so im Interesse der Medien wie Ecstasy. Dies ist eine Tatsache, die keinem, der ernsthaft suchtvorbeugend arbeitet, gefallen konnte, denn je mehr über eine Droge bekannt wird, je mehr Popularität sie erreicht, desto größer wird auch der Kreis der Menschen, die genauer wissen möchten, wie sie wirkt. Deswegen sind wir in der Suchtprävention tendenziell immer bemüht, einzelne Substanzen sowenig wie möglich zum öffentlichen Thema zu machen. Dies ist im Zusammenhang mit Ecstasy gründlich mißlungen. Durch die Berichterstattung wurde überdeutlich: es gibt diese Droge, sie liegt im Trend, und sie wird konsumiert. Die Fachleute für Suchtvorbeugung reagierten also auf diese Substanz. Daran wäre nichts Besonderes, wenn sie nicht gleichzeitig eine Veränderung der Inhalte und Methoden in der Suchtprävention eingeleitet hätte.

Zunächst einmal stellte sich die Frage nach der Attraktivität von Ecstasy und inwieweit die Konsumenten anders einzuschätzen sind als die anderer Drogen.

Was macht Ecstasy interessant?

MDMA ist ein Amphetaminderivat und hat deshalb auch die Wirkung eines Psychostimulans. Amphetamine sind seit Jahren im Ausdauersport eingesetzte Dopingmittel. Vielleicht ist dies einer der Gründe, warum Ecstasy in der Technobewegung weiter verbreitet ist als in anderen gesellschaftlichen Gruppen. Eine Technoparty ist so etwas wie eine Sportveranstaltung, und jeder «Raver» bringt sportliche Höchstleistungen. Ganz normal sind 8 bis 10 Stunden ständiges Tanzen in heißer, stickiger Luft, begleitet durch ohrenbetäubenden Lärm und Lasershows mit extremen Lichtblitzen. Marc Rufer, Arzt und Psychotherapeut aus Zürich, vergleicht die «Raves» mit einem 100-km-Lauf, Triathlon oder Swiss Alpine Marathon. Solche Extremsportarten haben – ebenso wie die Technobewegung – in letzter Zeit immer mehr Zulauf. Leistung als Prinzip unserer Gesellschaft spiegelt sich hier wider. Das gilt auch für die Technoszene. Nicht umsonst werden hier – übrigens ebenso wie auf den Skipisten – Energy Drinks en masse verkauft.

MDMA ist aber nicht nur ein Stimulans. Die Wirkungen, die es bekannt gemacht hat, vor allem das Phänomen des «Heartopeners», führten dazu, daß man sie den empathogenen bzw. den entaktogenen Drogen zuordnet. Das bedeutet «das Innere berührende» Drogen. Die stimulierende und die entaktogene Wirkung der Substanz wird von Konsumenten – jedenfalls zu Beginn des Konsums – folgendermaßen beschrieben:

- gesteigertes Selbstwertgefühl
- Gefühle der Entspannung, von Wärme und Liebe
- Offenheit gegenüber dem eigenen Innenleben
- Abbau von Hemmungen gegenüber anderen Menschen
- geistige Klarheit
- seelische Ausgeglichenheit
- große Akzeptanz und Mitgefühl gegenüber anderen
- Gefühl unerschöpflicher Energie
- Steigerung der Erlebnisintensität

Diese Wirkungen betreffen persönliche Eigenschaften, durch deren Besitz Menschen in die Lage versetzt werden, das Leben deutlich einfacher und zufriedener zu gestalten als ohne sie. Insofern ist das Interesse an dieser Substanz durchaus verständlich.

Einerseits wirkt Ecstasy leistungssteigernd – und liegt damit im Trend der Zeit –, und andererseits öffnet es die Gefühlswelt. Es ist bei weitem nicht nur der Technoszene vorbehalten, Gefühle und Empfindungen ein wenig aufzumöbeln. Die Pharmaindustrie bietet dafür die verschiedensten Möglichkeiten an. Aber auch Alkohol paßt in diese Kategorie. Damit soll der Konsum von Ecstasy keinesfalls verharmlost, sondern darauf hingewiesen werden, daß es sich bei dem Bedürfnis nach Manipulation der psychischen Befindlichkeit nicht um ein isoliertes Phänomen handelt. Grundsätzlich kann die immer wiederkehrende Erfahrung, sich bessere Gefühle «per Knopfdruck» verschaffen zu können, ein Schritt in Richtung auf eine Suchtentwicklung sein. Trotzdem tun es sehr viele Menschen, und zwar ohne Suchtprobleme zu bekommen.

Daß es sich bei Ecstasy um ein illegales und bei dem anderen um ein legales Mittel handelt, unterscheiden die jungen Konsumenten nicht. Jedenfalls nicht bewußt, für sie gehört Ecstasy zu ihrer Freizeitgestaltung wie für viele andere der Alkohol. Die Illegalität von Ecstasy hat aber dennoch Bedeutung. Es bekommt dadurch eine gewisse Exklusivität, was das Gefühl verstärkt, mit dem Konsum dieser Droge an etwas Besonderem beteiligt zu sein.

Was will Suchtprävention?

In den letzten Jahren wurde sehr viel Energie dafür aufgewandt, sich von althergebrachten Methoden wie der Aufklärung und der Warnung vor dem Konsum bestimmter (illegaler) Substanzen abzuwenden und ein Konzept zu etablieren, das sich in der Hauptsache nicht mit Drogen (und deren Konsumenten) auseinandergesetzt hat. Dieses Konzept zielt auf die Stärkung der Persönlichkeit und unterstützt sogenannte protektive Faktoren, die in der Persönlichkeit und der Umwelt des einzelnen liegen und dazu beitragen, die Entwicklung einer Suchterkrankung zu verhindern. Wesentliches Ziel ist es, Menschen dabei zu unterstützen, ihr Leben so in die Hand zu nehmen, daß sie den Risiken von Suchtentwicklungen nicht ausgeliefert sind. Dieses Verständnis von Suchtprävention setzt die Bereitschaft möglichst vieler gesellschaftlicher Gruppen voraus, bei dessen Realisierung mitzuwirken. Von den Familien über die Kindergärten, Schulen und Jugendeinrichtungen bis zu den Betrieben. Wesentlicher

Arbeitsauftrag für Fachleute der Suchtprävention ist in diesem Zusammenhang, das Verständnis für einen solchen Ansatz zu wekken, sogenannte Multiplikatoren (Eltern, Lehrer, Erzieher, Sozialpädagogen) fortzubilden und Modelle für persönlichkeitsstärkendes Handeln in unterschiedlichen Lebens- und Arbeitsbereichen zu entwickeln und zu erproben. Aufklärung über Substanzen steht nicht im Mittelpunkt dieses Ansatzes und wendet sich im wesentlichen an Erwachsene (Multiplikatoren) oder an Kinder und Jugendliche ohne Drogenerfahrung.

Auf diese Standards der Suchtprävention trafen die öffentliche Diskussion um Ecstasy und die Tatsache, daß allen voran Kollegen aus Hannover und Berlin – bezeichnenderweise kommen sie nicht aus der Suchtprävention – sehr pragmatisch mit dem Thema umgegangen sind, indem sie Broschüren zum sichereren Konsum entwickeln oder Ecstasy in Discos auf seinen Wirkstoffgehalt hin überprüfen. In Fachkreisen brach daraufhin eine Diskussion los, die sich im wesentlichen um die folgenden drei Fragen drehte:

- Sollte Suchtprävention auch Aufklärung und Konsumberatung sein im Sinne von Konsumbegleitung und Information über die Risiken des Konsums – unabhängig davon, ob eine Suchtgefahr besteht oder nicht?
- Gefährden Konzepte, die den Konsum sicherer machen möchten, die Nicht-Konsumenten?
- Hat das substanzunspezifische Konzept, das sich in den letzten Jahren etabliert hat, ausgedient?

Für die Antwort auf diese Fragen ist es notwendig, die Aufgaben der Suchtprävention genauer anzusehen und dabei zwischen der «primären Prävention» und der «sekundären Prävention» zu unterscheiden. Primäre Suchtprävention richtet sich an jene, die entweder bisher noch nicht mit Substanzen in Berührung gekommen sind oder einen Probier- oder Genußkonsum entwickeln (werden). Sekundäre Suchtprävention wendet sich an diejenigen, die zwar Substanzen konsumieren oder problematische Gewohnheiten entwickelt haben, für sich aber keinen Beratungs- und Behandlungsbedarf (i. S. einer therapeutischen Intervention) sehen.

Eine allgemeine, aber sehr anschauliche Beschreibung der Aufgaben primärer und sekundärer Suchtprävention stammt von Wolfgang Heckmann. Im «Handbuch zum Kinder- und Jugendschutz» (Hrsg. Georg Bienemann, Münster 1995, S. 148 ff) vergleicht er die Suchtprävention mit dem Schutz vor Feuer:

«Die primäre Prävention gegen Brandschäden besteht in der Vermeidung von Bränden, also in der Erziehung zum vorsichtigen Umgang mit dem Feuer, in der Vermeidung unnötig riskanter Verhaltensweisen, in der Anbringung von Feuerschutzmitteln und in der Verwendung von schwer brennbaren Materialien...», und ergänzend sollten das Gebäude und seine Eigenheiten bei der Entwicklung von Brandschutzmaßnahmen genau berücksichtigt werden.

Übersetzt für den Bereich der Suchtprävention, bedeutet das, den verantwortungsvollen (moderaten) Umgang mit Substanzen und Verhaltensweisen, der sich problematisch entwickeln kann, zu vermitteln, z. B. durch die Aufklärung über deren Vor- und Nachteile, die Persönlichkeit des einzelnen zu stärken und die Entwicklung sozialer Kompetenzen zu unterstützen. Der Konsum von bestimmten Substanzen sollte ganz vermieden oder zeitlich hinausgezögert werden, wie z. B. das Trinken von Alkohol oder das Rauchen. Strukturelle Maßnahmen, wie z. B. die Kinder- und Jugendschutzgesetzgebung, die Verringerung der Alkohol-, Zigaretten- und Medikamentenwerbung, die Schaffung ausreichender Kinder- und Jugendeinrichtungen im vor- und außerschulischen Bereich, kleinere Schulklassen oder das Bereitstellen von genügend Spielräumen für die persönliche Entwicklung und vieles mehr, sind einzuleiten oder wenigstens einzuhalten. Darüber hinaus müssen suchtpräventive Maßnahmen zielgruppenorientiert im Sinne von lebenswelt-, lebensalterorientiert und geschlechtsspezifisch ausgerichtet sein. (Es ist ein beträchtlicher Unterschied, ob wir in Kindergarten, Schule, Betrieb, im städtischen oder ländlichen Bereich Suchtprävention betreiben, und auch, ob es sich bei der Zielgruppe um Jungen oder Mädchen oder um gemischte Gruppen handelt, die Zielgruppe bereits Drogenerfahrung hat und mit welchen Substanzen...) Grundsätzlich bedeutet dies auch, daß nicht an der Zielgruppe vorbei, sondern wenn möglich immer unter deren Einbeziehung geplant werden sollte.

«Die sekundäre Prävention gegen Brandschäden besteht in der frühen Intervention gegen Feuer und in ihrer raschen Beendigung, also in der frühzeitigen Entdeckung des Ausbruchs von Feuer, in

einem effizienten Meldesystem zur Feuerwehr, in technischen Maß-
nahmen wie automatischen Löschanlagen, in der Anleitung aller Be-
teiligten in Schadensbegrenzung, in der Vorausplanung von Flucht-
wegen für Gefährdete und von Zugangswegen für Rettungsdienste,
in der Einschränkung des Feuers auf möglichst kleine Bereiche und
in der Löschung bzw. Kontrolle des Brandes.» (ebenda)

Sekundäre Suchtprävention richtet sich demnach an diejenigen, die aufgrund ihrer Persönlichkeit, ihrer Lebensbedingungen, ihres Umfeldes und/oder ihres Drogenkonsums stärker gefährdet sind als andere, süchtiges Verhalten zu entwickeln. Ziel der Prävention ist es, zu verhindern, daß sich negative gesundheitliche, psychische oder soziale Konsequenzen infolge oder im Zusammenhang mit dem Konsum von Substanzen entwickeln.

Die Voraussetzung dafür ist zunächst einmal, daß problematische Bedingungen überhaupt erkannt werden und eine Bereitschaft zur Intervention besteht. Damit aber überhaupt ein Problem erkannt werden kann, bedarf es der Sensibilisierung, Aufklärung und der Schulung der Verantwortlichen im Hinblick auf die komplexen Bedingungen von Suchtentwicklung, für den Umgang mit Menschen, die vielleicht gar keine Hilfe wollen. Wenn sie – die Hilfe – aber schließlich doch abgefragt wird, benötigen wir ein flexibles Angebot an Hilfe- und Unterstützungsmöglichkeiten. Ebenso wie in der primären Suchtprävention geht dies natürlich nur dann, wenn die Betroffenen selber einbezogen werden, wenn sie selber einschätzen können, mit welchem Risiko sie leben, wenn ihre Wünsche, ihre Vorstellungen davon, wie sie leben wollen, die eigene Einschätzung ihrer Situation und ihre Selbstheilungskräfte angesprochen werden.

Die Definition legt nahe, daß die primäre und die sekundäre Suchtprävention ganz unterschiedliche Zielgruppen haben. Zum einen die sogenannten «Gefährdeten» und zum anderen diejenigen, die wir im Vorfeld von Suchtgefährdung erreichen wollen. Tatsächlich lassen sich die Zielgruppen nur bedingt voneinander trennen. Im Rahmen von Suchtprävention in Jugendeinrichtungen, Schulen und Sportvereinen oder Betrieben werden natürlich alle, auch die sogenannten «Gefährdeten», erreicht. Das schadet schon deshalb nicht, weil die Ziele der Suchtprävention für beide Gruppen die gleichen sind. Der wesentliche Unterschied liegt darin, daß es bei der sekundären Suchtprävention vor allem um die Unterstützung bei der Bewältigung schwieriger Lebenssituationen geht.

Allerdings stellt sich das Problem, inwieweit sich Nichtkonsumenten durch konkrete Hinweise für risikoreduzierte Konsumformen in Sicherheit wiegen und damit möglicherweise zum Drogenkonsum verführt werden. An dieser Stelle ist es sinnvoll, zu überlegen, wer gefährdet ist, eine Sucht zu entwickeln. Eines wissen wir ganz sicher: Drogen allein machen die Suchtgefährdung nicht aus, sondern das Gefährdungspotential setzt sich aus einem sogenannten «Ursachenbündel» zusammen, das aus den psychosozialen, gesellschaftlichen, pharmakologischen und genetischen Bedingungen besteht, in und mit denen ein Mensch lebt. Aus der Fülle der suchtbegünstigenden Faktoren lassen sich einige für die Vorbeugung wesentliche herauskristallisieren:

- Mangelndes Selbstwertgefühl
- Gestörtes Verhältnis zum eigenen Körper (z. B. durch Mißhandlungen, sexuellen Mißbrauch)
- Mangelnde Konfliktfähigkeit
- Mangel an sozialer Kompetenz
- Fehlende soziale Integration
- Störungen in zwischenmenschlichen Beziehungen
- Starke Einbindung in ein drogenkonsumierendes Netzwerk Gleichaltriger
- Verhältnismäßig früher Beginn des Konsums von Alkohol und Zigaretten
- Psychische Konflikte bzw. psychosoziale Belastungen im Kindes- und Jugendalter (Tod, Trennung, Gewalt)
- Suchtprobleme in der Herkunftsfamilie
- Geringe Bindung zur Herkunftsfamilie bzw. Konflikte in der Herkunftsfamilie
- Leistungsdruck, Über- und Unterforderung
- Ohnmachtsgefühle (keinen Einfluß auf die Gestaltung des eigenen Lebens zu haben)
- Die Art und Weise des Konsums einer Substanz und ihr Suchtpotential
- Attraktivität des «Hungerns» oder des «Glücksspiels»...

Vor allem für die sekundäre Suchtprävention sind diese Faktoren brauchbar, und zwar als Anhaltspunkte, die dabei helfen herauszufinden, ob jemand gefährdet ist, eine Sucht zu entwickeln. Keiner dieser Risikofaktoren wirkt für sich allein, und alle können wir auffangen, indem wir ihnen sogenannte protektive Faktoren gegenübersetzen: Konflikte in der Herkunftsfamilie lassen sich vielleicht gar nicht lösen, aber sie sind halb so schlimm, wenn es andere erwachsene Bezugspartner gibt, die den Betreffenden vertrauensvoll und zuverlässig zur Seite stehen. Ein anderer protektiver Faktor ist das Alter, in dem die erste Zigarette geraucht wird: Dieses «Ereignis» sollte möglichst weit nach hinten verschoben werden. Oder der Faktor, Menschen nach ihren Fähigkeiten zu fordern und zu fördern. Das ist ebenso eine Aufgabe der Schulen wie die von moderner Personalführung. Daß das natürlich nicht in Informationsveranstaltungen über Drogen möglich ist, sondern nur im alltäglichen Zusammenleben in den verschiedenen gesellschaftlichen Institutionen, versteht sich von selbst.

Es ist eine Aufgabe der Fachleute für Suchtprävention, auf diesen Feldern beratend und unterstützend tätig zu werden. Die Regel sollte sein, daß auffällige Verhaltensweisen immer ein Grund sind, darüber nachzudenken, wo diese ihre Ursachen haben könnten.

Für eine eventuelle Intervention ist es allerdings wichtig, nichts zu überstürzen – im Gegenteil, Aktionismus kann ein Problem noch viel schlimmer machen, statt dessen: die eigenen Wahrnehmungen in Ruhe überdenken, eventuell mit Kollegen darüber reden, sich genau überlegen, welche Konsequenzen eine Intervention haben könnte, Hilfsmöglichkeiten in Erfahrung bringen und sich ihrer vergewissern u. v. m. Möglicherweise ist es zwar wichtig, daß gehandelt wird, aber es gibt nicht nur einen einzigen Menschen, der dazu imstande ist. Es ist auch für potentiell Helfende wichtig, gelernt zu haben, für sich Hilfe in Anspruch zu nehmen. Möglicherweise gibt es Menschen, die besseren Kontakt zu dem oder der Betreffenden haben.

Was hat Ecstasy an diesem Konzept geändert?

Zusammenfassend können wir sagen, daß Suchtprävention, so, wie wir sie heute verstehen, ein sehr brauchbares, weil den Menschen und seine Umwelt als Ganzes begreifendes Konzept ist, auch wenn zu wünschen wäre, daß es mehr Menschen wirklich ernst nehmen und zu ihrer Sache machen würden. Ganz besonders der Bereich der sekundären Suchtprävention ist in den letzten Jahren vernachlässigt worden. Daß es unbedingt notwendig ist, hier sinnvolle Angebote zu entwickeln, ist nicht zuletzt durch Ecstasy wieder in das Bewußtsein der Suchtpräventionsfachleute gelangt.

Aber Ecstasy hat noch mehr bewirkt. Ecstasy bzw. die öffentliche Diskussion um Ecstasy bot Gelegenheit zu fragen, wie die Auseinandersetzung mit einer Substanz in ein suchtpräventives Konzept paßt, das die Aufklärung über Drogen nicht für seine wichtigste Aufgabe hält.

Die vorangegangene Auseinandersetzung bestätigt den Ansatz der primären Suchtprävention. Es kommt nach wie vor darauf an, Menschen im Vorfeld von Sucht und Drogenkonsum zu erreichen. Bestätigt wird das dadurch, daß Ecstasykonsum offensichtlich extremer Ausdruck einer gesellschaftlichen Haltung ist, der wir auch nur auf gesellschaftlicher Ebene begegnen können, z. B. durch die Art und Weise, wie wir zusammen leben, welche Bedeutung wir Leistung und damit auch leistungssteigernden Mitteln, Medikamenten, Sucht- und Genußmitteln geben; wie wir damit umgehen, wie wir für sie werben usw. Wenn es stimmt, daß Ecstasy das Selbstwertgefühl steigert, dann müssen wir weiterhin in der primären Prävention die Entwicklung von Selbstwert unterstützen. Wenn Ecstasy über Kommunikationsprobleme hinweghilft, dann müssen wir uns fragen, warum Menschen nicht aufeinander zugehen können und was die Vereinzelung verursacht. Insofern wird sich die primäre Suchtprävention nach wie vor in ihrer Zielrichtung auch daran ausrichten müssen, was vom Drogenkonsum erwartet wird. Das Phänomen Ecstasy unterstreicht dies noch einmal.

Der Ansatz der sekundären Suchtprävention ist durch Ecstasy

nicht in Frage gestellt. Aber auch hier spielt für die Art und Weise der Intervention eine Rolle, welche Erwartungen mit dem Drogenkonsum verbunden werden. Die Diskussion um Ecstasy hat uns hier den Blick geweitet für Drogen, die zum Beispiel «just for fun» eingesetzt werden, zur Leistungssteigerung und zur Befriedigung von Kommunikationsbedürfnissen. Tatsächlich wissen wir bisher viel zuwenig über die Konsumenten und ihre Konsumerwartung. Hier gibt es noch dringenden Forschungsbedarf. Nicht jeder, der Ecstasy nimmt, bekommt Probleme. Aber es können, je nach Lebenssituation, ernsthafte Probleme entstehen. Die Betonung liegt hier auf der Lebenssituation. Wenn im suchtpräventiven Sinn ernsthaft interveniert werden soll, dann ist es nicht möglich, sich nur am Drogenkonsum zu orientieren. Daß dieser ein Anlaß zur Auseinandersetzung sein sollte, steht dabei außer Frage. Grundsätzlich setzt die sekundäre Suchtprävention Menschen voraus, die bereit sind, obwohl es gleichzeitig Mehrbelastung bedeutet, erste Signale der Gefährdung (und das ist eben nicht immer Drogenkonsum) wahrzunehmen, sich mit den eigenen Wahrnehmungen und dem oder der Betreffenden intensiv auseinanderzusetzen und mit aller gebotenen Ruhe und Sensibilität frühzeitig zu intervenieren.

Insofern werden die Grundfesten der Suchtprävention durch Ecstasy nicht erschüttert. Es ist aber auch deutlich geworden, daß nicht ausreicht, was getan wurde. Was wir zusätzlich benötigen, ist etwas sehr Pragmatisches, nämlich Aufklärung und Konsumberatung. Natürlich ist es nach wie vor wahr, daß ein größeres Wissen um eine Substanz und ihre Wirkung die Motivation zu ihrem Konsum erhöhen kann. Ecstasy und vor allem der Medienrummel, der um Ecstasy entstanden ist, lehren uns das ganz besonders. Niemand konnte so tun, als gäbe es keine Information über diese Substanz. Die gab es von Anfang an zuhauf. Aber leider waren diese Informationen wenig sachlich. Wenn sich die Fachleute für Suchtprävention da heraushalten, bedeutet das, daß sie einer Mythenbildung Vorschub leisten. Auch das kann die Motivation zum Drogenkonsum erhöhen. Für die Konsumenten bedeutet unsere Zurückhaltung darüber hinaus noch eine zusätzliche Gefährdung. Nämlich dann, wenn sie bei der Einschätzung des Risikos ihres Konsums auf das Hörensagen und die Einschätzung anderer Konsumenten oder der Dealer angewiesen sind.

Natürlich wird keiner den Konsum einstellen, weil eine Substanz gefährlich werden könnte, wenn die Wirkung so überzeugend ist, wie sie vielfach für Ecstasy dargestellt wird. Aber vielleicht wird er oder sie die Häufigkeit des Konsums reduzieren oder sicherer konsumieren. Damit wäre schon etwas gewonnen. Voraussetzung dafür, daß das gelingen kann, ist die Notwendigkeit, Konsumenten mit ihrem Verhalten ernst zu nehmen und sie nicht zu verteufeln oder ihnen Angst zu machen. Dann hört keiner mehr zu. Was wir können, sind Verhaltensregeln aufstellen und Orientierung geben. Für Ecstasy hieße das z. B., darauf hinzuweisen, daß der Konsum von zusätzlichen anderen Substanzen inklusive Alkohol wirklich gefährlich werden kann, daß Wasser oder Softdrinks in adäquater Menge getrunken werden sollten und vor allem, daß höchstens einmal im Monat eine Ecstasy genommen werden sollte. Auch der Hinweis, daß es keine Sicherheit gibt im Umgang mit dieser Substanz, ist hier angebracht. Wir können in der Suchtprävention nicht so tun, als ob Suchtmittel nicht auch Genußmittel wären, die deshalb genommen werden, weil ihre Wirkung so angenehm ist. Deshalb trifft das Anliegen, Drogenprävention wieder mehr zu einer Aufgabe der Suchtprävention zu machen, nicht nur auf Ecstasy zu, sondern auch auf andere Substanzen. Wer macht sich denn schon Gedanken darüber, welche Menge Alkohol gesundheitsschädlich ist? Und noch wichtiger, wer weiß darüber Bescheid und kann sich infolgedessen danach richten? Auch hier wären Verhaltensregeln angebracht. Übrigens nicht nur, um die Konsumenten zu schützen, sondern auch ihre Umwelt. Die Zahlen zu Verkehrsunfällen, Kriminalität oder Gewalt in der Familie unter Alkoholeinfluß sprechen hier für sich.

Insofern meine ich ganz entschieden, daß ein Teilgebiet der Suchtprävention die Drogenaufklärung und Konsumberatung (eingeschlossen sind hier auch problematische Verhaltensweisen) sein sollte, die im Vorfeld von Sucht ansetzt und den gesundheitsgefährdenden Aspekten dieses Verhaltens in pragmatischer Weise entgegenwirkt.

Manfred Rabes

Die Kontroverse um die Ecstasy-Prävention in England: Abschreckung kontra Schadenreduzierung (harm reduction) – und die Lehren, die daraus in Deutschland gezogen werden können

Seit dem Auftreten von Ecstasy in England in der Mitte der 80er Jahre ist der Gebrauch von MDMA unter den Jugendlichen Englands enorm angestiegen und hat alle damals aufgestellten Erwartungen übertroffen. Experten schätzen, daß etwa 1 000 000 bis 3 000 000 junge Engländer mindestens einmal in ihrem Leben Ecstasy konsumiert haben (Lifetime-Prävalenz). Zwischen 50 000 und 500 000 Jugendliche und junge Erwachsene nehmen nach diesen Schätzungen Ecstasy jedes Wochenende auf Rave-Parties oder in Clubs. Bedauerlicherweise hat es im Zusammenhang mit dem Konsum von Ecstasy auch Unfälle und Todesfälle gegeben. Seit 1985 sind nachweislich mehr als 50 Personen an den Folgen des Konsums von Ecstasy im Vereinigten Königreich gestorben.

Das größte Aufsehen erregte bislang der tragische Tod von Leah Betts, die nach dem Gebrauch einer Ecstasy-Tablette auf ihrer Party zum 18. Geburtstag gestorben ist, weil sie anschließend zuviel Flüssigkeit zu sich genommen hatte. Die Diagnose der Todesursache lautete «water intoxication». Leah befolgte die Safer-use-Regeln beim Konsum von Ecstasy und trank Unmengen von Wasser, nachdem ihr im Anschluß an die Einnahme einer Ecstasy-Tablette auf ihrer Geburtstagsparty schlechtgeworden war. Die Sicherstellung einer ausreichenden Wasseraufnahme ist jedoch als Schutzmaßnahme entwickelt worden, um das Austrocknen und die Überhitzung des Körpers beim Konsum von Ecstasy zu verhindern, die entstehen können, wenn ausgiebig unter dem Einfluß von MDMA in schlecht gelüfteten Räumen getanzt wird. Das Risiko erhöht sich, wenn zusätzlich noch Alkohol konsumiert wird, der die gleiche Funktion wie MDMA besitzt und den Körper dehydriert. Wichtig ist zu wissen, daß MDMA die Regulation der Körpertemperatur beeinflußt und sich auch ohne körperliche Aktivität eine Erhöhung der Körpertemperatur nach der Einnahme von Ecstasy einstellt.

Tagelang lag Leah Betts im Koma auf der Intensivstation, und die Medien veröffentlichten Fotos von ihr, die sie in einem desolaten, aufgequollenen Zustand zeigten. Der tragische Fall von Leah Betts zeigt, daß die Safer-use-Regeln auch mißverstanden und fehlinterpretiert werden können. Ecstasy kann offenbar die Nierenfunktion beeinträchtigen, Wasser zu verarbeiten, wodurch die Flüssigkeit nicht mehr ausgeschieden wird. Bei der Aufnahme und dem Nichtausscheiden von großen Flüssigkeitsmengen kann dies zum Kollaps der Körperfunktionen führen. (In der medizinischen Fachliteratur wird von einem Fall von water intoxication im Zusammenhang mit dem Konsum von Ecstasy berichtet, bei dem von der betreffenden Person insgesamt 14 Liter Wasser getrunken worden sind.)

Die mit Safer-use-Regeln operierenden Drogenberatungseinrichtungen in England reagierten prompt auf die tragischen Umstände von Leah Betts Tod. Das Lifeline-Projekt in Manchester z. B. hat in seinen Aufklärungsschriften seine Verhaltensempfehlungen dahingehend geändert, daß auf die Gefahr einer «water intoxication», die bei Einzelfällen aufgetreten ist, hingewiesen und für die Flüssigkeitsaufnahme eine Dosierung angegeben wird: etwa ein halber Liter pro Stunde. Damit sollen mögliche Fehlinterpretationen der Verhaltensmaßregeln zur Vorbeugung von Überhitzung und Austrocknung des Körpers verhindert werden.

Die britische Regierung setzte nach dem Tod von Leah Betts eine großangelegte Anti-Ecstasy-Kampagne in Gang, die konzeptionell ganz der Schockierungs- und Abschreckungslinie folgte. Auf riesigen Plakaten war in allen englischen Großstädten das lächelnde Konterfei des Mädchens zu sehen. «Sorted» (übersetzt: Alles klar!) war neben dem Foto in großer Schrift zu lesen und kleiner darunter der Hinweis: «Nur eine Ecstasy-Tablette hat Leah Betts das Leben gekostet!» Vom britischen Gesundheitsministerium ist in der Folge eine Anti-Drogenkampagne gestartet worden, im Rahmen derer ein nationales Drogen-Info-Telefon geschaltet und ein Hochglanzmagazin mit dem Namen «D-Mag» herausgegeben wurde, um Informationen über Drogen, den Gebrauch und die Nebenwirkungen und Risiken zu verbreiten. Der Leiter der Kampagne, David Arnold, weiß allerdings um die begrenzte Wirksamkeit solcher Maßnahmen und ist sich sicher, daß viele junge Leute weiterhin Ecstasy nehmen werden, trotz der Kampagne und ihrer Botschaften. Zurück führt er dies auf die nicht sofort feststellbaren Auswirkungen des Konsums, wodurch der Eindruck entstehe, alles sei in Ordnung. Die eventuell erst langfristig auftretenden Schäden und die Abhängigkeit der Unglücks- und Todesfälle von den individuellen körperlichen Voraussetzungen und Reaktionen der Konsumierenden machen es schwer, die Jugendlichen von einer Schädlichkeit und Gefährlichkeit von Ecstasy zu überzeugen.

Daß diese Einschätzung richtig ist, macht eine Umfrage deutlich, die gemeinschaftlich von der englischen Musikzeitschrift «Mixmag» und der Drogenberatungseinrichtung Lifeline aus Manchester durchgeführt worden ist. In der Mai-1996-Ausgabe von Mixmag wurde ein Fragebogen zum Ecstasygebrauch in Großbritannien veröffentlicht, den mehr als 4000 Probanden beantworteten. Damit handelt es sich um die quantitativ größte Studie zum Ecstasygebrauch in Großbritannien, vielleicht ist es sogar weltweit das umfangreichste Sample, was je in einer Untersuchung über Ecstasy zusammengetragen und analysiert worden ist.

Veröffentlicht wurden die Umfrageergebnisse im Juli-Heft von «Mixmag» unter der Überschrift: «Wieviel Ecstasy nehmen die Briten wirklich?» (How much Ecstasy Do the British Really Take?) 81 % der Probanden waren aktuelle Ecstasy-Konsumenten. 64 % des Samples bestanden aus Männern, 36 % aus Frauen, die aus den verschiedensten Regionen Großbritanniens stammten. Vertreten waren die unterschiedlichsten Berufe, ebenso alle Altersgruppen (von 15 bis 51 Jahren).

Was besagen nun die Ergebnisse, insbesondere wenn man sie unter präventiven Gesichtspunkten betrachtet? Einerseits liefern sie keine neuen Erkenntnisse, sondern lediglich die Bestätigung von Fakten, die ohnehin bereits bekannt waren. Andererseits sind einige Teilergebnisse aber sehr interessant hinsichtlich ihrer Aussagekraft über die Wirkung bisheriger Präventionsmaßnahmen.

Der Umstand, daß über 45 % der Befragten in den letzten drei Jahren vor der 1996 durchgeführten Befragung mit dem Konsum von Ecstasy begonnen haben, macht deutlich, daß die in den letzten Jahren auf Abstinenz abhebenden präventiven Botschaften des britischen Gesundheitsministeriums einen Großteil der Adressaten nicht haben erreichen können. Vertreter des Gesundheitsministeriums in Großbritannien führen dies darauf zurück, daß die Ecstasy-Neueinsteiger anfangs eine «Honeymoon-Periode» erleben, in der keine Probleme auftreten, sondern der Konsum ausnahmslos als angenehm und positiv erfahren wird. Diese «Honeymooner-Gruppe» würde zwar von den Aufklärungsinformationen erreicht werden, sie sähen aber keine Veranlassung, ihr Konsumverhalten zu ändern. Für immer mehr Jugendliche in England ist der Gebrauch von Ecstasy eine akzeptable Angelegenheit.

Darüber hinaus ist das Ergebnis, wonach über 80 % der Stichprobe aktuell Ecstasy konsumieren, die Mehrheit der Befragten an jedem Wochenende, ein weiterer Beleg dafür, daß Ecstasy weiterhin integraler Bestandteil der Club- und Partyszene in England ist, trotz der massiven Öffentlichkeitskampagne gegen Ecstasy in der Folge des Todes von Leah Betts und der andauernden Anti-Drogen-Kampagnen der britischen Regierung. So wie man früher in einen Pub gegangen ist und Bier getrunken hat, so pflegt man heute das Ausgehen in Clubs, das «Clubbing», und nimmt dabei Ecstasy.

Auch bei der Frage nach dem künftigen Konsumverhalten der Probanden wird erneut deutlich, daß die nationalen britischen Anti-Drogen-Kampagnen kaum etwas erreicht haben in der Gruppe der Konsumierenden. Nur 12 % gaben an, den Konsum in der nächsten vorhersehbaren Zukunft einstellen zu wollen. Über 50 % planen, innerhalb der nächsten 4 Jahre auf ungefähr dem gleichen Level ihren Konsum fortzusetzen, und weitere 31 % sind sogar entschlossen, über den Zeitraum von 4 Jahren hinaus Ecstasy zu nehmen.

Für den Entschluß, den Konsum von Ecstasy möglicherweise aufzugeben, sind für die Befragten mehrheitlich gesundheitliche Aspekte ausschlaggebend, insbesondere die Befürchtung von langfristigen psychischen (35 %) und körperlichen Problemen (45 %) sowie persönliche schlechte Erfahrungen mit dem Gebrauch von Ecstasy (54 %). Drohende Gefängnisstrafen (22 %) und eine kriminelle Vergangenheit (15 %) wirken weniger abschreckend auf die Konsumierenden. Vermutlich glauben die User, daß sie nicht erwischt werden, bzw. sie ignorieren die strafrechtlichen Androhungen und Folgen.

Aufgrund der exzessiv betriebenen Presseberichterstattung über den Tod von Leah Betts, insbesondere der Auswalzung ihres Todeskampfes im Koma, ist es kein Wunder, daß die Befragten gegenüber den Printmedien und dem Fernsehen kein allzu großes Vertrauen besitzen, sondern seitdem eher die Haltung einnehmen, grundsätzlich den Medien zu mißtrauen, wenn dort Informationen über Ecstasy verbreitet werden. Hauptinformationsquellen für die Jugendlichen sind in bezug auf Ecstasy (Musik-)Zeitschriften (70 %) und der Freundeskreis (68 %). Über Drogenberatungsstellen beziehen nur 23 % ihr Informationsbedürfnis in Hinblick auf Ecstasy. Die besten Freunde mögen zwar gute und nette Leute sein, aber sie sind wahrscheinlich kaum die am besten informierten Personen über Drogen und Ecstasy. Das geringe Vertrauen, das den Drogenberatungseinrichtungen entgegengebracht wird, scheint darin begründet zu liegen, daß die meisten Beratungsstellen vor mehr als 20 Jahren gegründet worden sind und sich hauptsächlich auf die Klientel der Heroingebraucher konzentriert haben, von denen sich die jungen Konsumenten der Partydrogen ebenso unterscheiden und distanzieren wie von den älteren Drogenberatern, die nicht ihrer Generation angehören.

Noch weniger Vertrauen als die Medien und die Institutionen der Drogenberatung genießen die Eltern, wenn es darum geht, sich Informationen über Ecstasy zu verschaffen. Nur 3 % der Befragten nutzen ihre Eltern als Informationsquelle. Sehr verwunderlich ist dieses Ergebnis allerdings nicht, wenn man bedenkt, daß sich die jungen Leute von den Meinungen und Haltungen ihrer Eltern abgrenzen wollen, so daß sie auch nicht ihre Eltern um Rat fragen und von ihnen Informationen erbitten, wenn es sich um Drogen, und im Falle von Ecstasy sogar um illegale Substanzen, handelt.

In Anbetracht der aus der Mixmag-Umfrage ablesbaren Ineffektivität der offiziellen britischen Aufklärungspolitik wird aus der Ecke der Vertreter eines schadensreduzierenden Ansatzes auch in England

Ecstasy-Tabletten-Analyse (GB, 1992–1995)
(N = 80)

Wirkung	Dosierung	%
1. Ecstasy (MDMA, MDEA, MDA)		
unwirksam	0– 25 mg	41
gering	26– 75 mg	14
mittel	76–125 mg	26
hoch	126–159 mg	9
sehr hoch	160+ mg	3
2. Nicht-Phenetylamine (andere, nicht ecstasy-ähnliche Drogen)		
gering	< 150 mg	0
hoch	> 150 mg	7

der Ruf nach der Einführung von systematisch und regelmäßig durchgeführten Ecstasy-Tabletten-Tests und -Analysen nach holländischem Vorbild laut. Zwischen den Jahren 1992 und 1995 hat es zwar vier verschiedene kleinere Untersuchungen in Großbritannien gegeben, in denen zusammengerechnet insgesamt 80 Ecstasy-Tabletten analysiert wurden, die nach dem Zufälligkeitsprinzip auf der Straße erworben worden waren. Aber diese Studien waren regional begrenzt und nicht aufeinander abgestimmt, so daß schwerlich repräsentative Aussagen über die Beschaffenheit der Ecstasy-Pillen auf dem Schwarzmarkt Englands daraus abzuleiten sind. Dennoch hat Lifeline-Manchester eine Zusammenstellung der verschiedenen Teiluntersuchungen vorgenommen und eine integrierte Auswertung der Ergebnisse gemacht, die trotz der methodischen Vorbehalte Interessantes zu bieten hat.

Welche Erkenntnisse lassen sich aus der britischen Tabletten-Analyse gewinnen? Zum einen wird deutlich, daß es eine große Variationsbreite hinsichtlich der Wirkstoffdosierungen (MDMA, MDEA, MDA) der als Ecstasy im Handel befindlichen Tabletten gibt. Daß sogar zwei von fünf Tabletten unterhalb der Dosierungsgrenze liegen, ab der überhaupt eine spürbare Wirkung erzielt werden kann, ist sicherlich überraschend und im nachhinein für viele User enttäuschend, da sie ihr Geld nicht für den angestrebten Effekt ausgegeben haben bzw. einen Placebo-Effekt erlebt haben, wenn sie bei der Einnahme dieser Tabletten meinten, eine ecstasyähnliche Wirkung verspürt zu haben. Während man bei diesen Tabletten aufgrund ihrer auf Unterdosierung beruhenden Wirkungslosigkeit davon ausgehen kann, daß sie keine gravierenden gesundheitlichen Gefahren für die Nutzer besitzen (vorausgesetzt, daß die Tabletten keine anderen gesundheitsschädlichen Substanzen enthalten), muß den hoch- und höchstdosierten Tablettenexemplaren wegen der bestehenden Überdosierungsgefahren und der damit verbundenen gesundheitlichen Risiken und zu befürchtenden gesundheitlichen Schäden besondere Aufmerksamkeit gewidmet werden. Andererseits beruhigt der geringe Anteil von Tabletten im Sample, die mehr als 125 mg MDMA, MDEA oder MDA enthalten. In jedem Fall ist davor zu warnen, übersteigerte Hoffnungen in die Anwendung von flächendeckenden Tablettentests, z. B. in den Clubs, zu setzen, weil hier eine Scheinsicherheit suggeriert wird, die kein Schnelltestverfahren in Clubs erfüllen kann. Nur ausführliche Analysen mit Hilfe eines Gas-Chromatographen können die Bestandteile verschiedenster Drogen und ihre Dosierung feststellen. Solche Analysen dauern aber mehrere Tage und sind sehr kostenaufwendig, so daß ihre Anwendung in der Club- oder Raverszene gar nicht um- und einsetzbar wäre.

Welche Lehren können aus der britischen Kontroverse um die richtige Präventionspolitik für die deutsche ecstasybezogene Präventionsarbeit gezogen werden? Die ausführliche Darstellung der Debatte in Großbritannien erfolgte vor dem Hintergrund, daß vieles in der Auseinandersetzung an die derzeitige Situation in Deutschland erinnert und Parallelen in der Argumentation und Gegenargumentation unübersehbar sind. Die deutsche Regierung, vertreten durch den Drogenbeauftragten des Bundes, Eduard Lintner, setzt ähnlich wie die konservative Schwester- und Regierungspartei in Großbritannien auf repressive Drogenpolitik (Razzien und Kontrollen zur Verhinderung der Verfestigung einer Ecstasy-Drogenszene) und auf abschrekkungsorientierte und medizinalisierte Form von Aufklärung und Prävention, indem einseitig auf die im Tierversuch nachgewiesenen Hirnschädigungen bei der Vergabe von Ecstasy abgehoben wird. Die Bündnis 90/Grünen dagegen fordern in ihren drogenpolitischen Stellungnahmen die Entkriminalisierung der Ecstasy-Konsumenten und setzen sich für Qualitätskontrollen der Ecstasy-Tabletten ein, um die gesundheitlichen Gefahren für die Konsumierenden zu minimieren. Damit besteht ein drogenpolitischer Dissenz zwischen der Regierungskoalition aus CDU/CSU und FDP und den oppositionellen Grünen.

Neben der drogenpolitischen Auseinandersetzung um Ecstasy ist viel wichtiger zu erfahren, wie die Praktiker und Experten aus der Suchtprävention und der Suchtarbeit in Deutschland das Problem Ecstasy einschätzen.

Die Drogenkonferenz 1995, eine Fachtagung der Landesregierung und der Einrichtungen der Suchtkrankenhilfe in Rheinland-Pfalz, beschäftigte sich im Mai 1995 mit synthetischen Suchtstoffen und den neuen Anforderungen, die sich daraus für die Suchtprävention und die Hilfssysteme ergeben. Aus den Arbeitsergebnissen der verschiedenen Arbeitsgruppen läßt sich für die Entwicklung neuer Präventionskonzepte in bezug auf Designer-Drogen für die Situation in Deutschland folgendes festhalten:

1. Angesetzt werden muß bei der Lebensrealität und dem Lebenszusammenhang Jugendlicher, ihren Problemen und Bedürfnissen. Für die designerdrogenkonsumierenden Technopartybesucher bedeutet dies, ihre spezifischen Erlebnisqualitäten zu berücksichtigen, die durch drei zentrale Erfahrungsaspekte geprägt sind:

   • Selbsterfahrung
     (ganzheitliche Erlebnisse einer Einheit von Körper, Geist und Seele, Sinnsuche, Wahrheitsfindung)
   • Gemeinschaftserfahrung
     (Zugehörigkeitsgefühl zu einer großen Gemeinschaft, Partyfamily-Feeling)
   • Grenzerfahrung
     (körperliche und psychische Grenzen austesten und kennenlernen durch ekstatisches Tanzen und ununterbrochene Wochenend-Unternehmungen).

Für die Prävention stellt sich vor diesem Erfahrungshintergrund die Frage, wie diese Erlebnisse in alternativer und zudem noch attraktiver Art und Weise auch in drogenfreiem Rahmen erfahren und erlebt werden können und wie es gelingen kann, die subjektiv als positiv erlebten Erfahrungen der Konsumierenden in den Alltag zu transportieren und zu integrieren.

2. Bei der manchmal vorschnellen Suche nach neuen Präventionsmodellen und -konzeptionen sollte man sich allerdings nochmals einige grundlegende Dinge vergegenwärtigen:

   • Die Erkenntnis, daß die Gefährlichkeit einer Droge in hohem Maße von den Voraussetzungen und persönlichen Dispositionen der Konsumierenden abhängt, gilt auch für synthetische Drogen.

   • Bislang bewährte Präventionsansätze und Interventionsformen besitzen auch in bezug auf die synthetischen Drogen ihre Gültigkeit (die Kunst des Zuhörens, Suche des Gespräches miteinander, Schaffung einer Vertrauensbasis, Unterbreitung von Hilfsangeboten)

   • Sekundärpräventive Anstrengungen in Form von Beratung, Konsum-Begleitung und therapeutischen Angeboten müssen verstärkt unternommen werden. Insbesondere schadensminimierende Maßnahmen sind aufzubauen bzw. anzubieten.

   • Akzeptanz und aufsuchende Arbeit sind dabei wesentliche Momente für die Prävention und Intervention. Akzeptanz bezieht sich zunächst einmal auf das Lebensgefühl und den Lebensstil der Jugendlichen, meint aber auch die Akzeptanz des Konsums einer illegalen Droge. Diese Akzeptanz ist die Grundvoraussetzung für die Erreichbarkeit der Zielgruppe der Konsumierenden. Zusätzlich muß in offensiver Art und Weise durch aufsuchende Arbeit in der Szene ein ernstgemeintes Angebot vor Ort unterbreitet werden.

Es mag vielleicht einige überraschen, daß in diesem Sinne bereits praktische Präventions- und Interventionsarbeit in mehreren deutschen Großstädten geleistet wird (Berlin, Hamburg, Frankfurt, München). Einige dieser Projekte sind auch in diesem Buch vorgestellt worden und zu Wort gekommen. Die älteste und bekannteste Initiative in dieser Hinsicht ist ein auf Privat- und Eigeninitiative gegründetes Projekt aus Berlin «Eve & Rave», das sich aus der Party- und Techno-Szene heraus gebildet hat und mit mobilen Szeneclubteams operiert.

Weitere Projekte, die sich in der szenenahen Drogenaufklärung vor Ort engagieren und mit jungen Leuten aus der Szene als Präventionsagenten arbeiten, sind sehr viel jüngeren Datums. Seit 1996 existiert das mit der Peer-Methode arbeitende «Mind Zone»-Projekt der Caritas in München, und im gleichen Jahr ist in Hamburg das Präventionsprojekt «Network» entstanden, das Teil eines europäischen Modellprojektes zur Ecstasyprävention ist. Neben dem Büro für Suchtprävention in Hamburg arbeiten parallel auch das Lifeline-Project in Manchester und das Jellinekzentrum in Amsterdam an dem Modellprojekt mit. Ziel des mit EU-Mitteln geförderten Modellvorhabens ist es, gemeinsam mit Leuten aus der Techno-Szene geeignete Präventionsmaterialien zu entwickeln und ihre Wirksamkeit hinsichtlich der Annahme und Akzeptanz in der Partydrogen-Szene zu prüfen. Besonderes Gewicht gelegt wird dabei auf eine geschlechtsspezifische Herangehensweise, weil aus den Erfahrungen in Großbritannien deutlich geworden ist, daß Mädchen und junge Frauen eigene Motive besitzen, Ecstasy zu nehmen, die von denen der männlichen Jugendlichen abweichen. Die appetithemmende Wirkung von Ecstasy hat dazu geführt, daß weibliche Jugendliche in England diesen Effekt bewußt nutzen und sich sogar eine «Ecstasy-Diät» entwickelt hat. Die Überprüfung dieser britischen Erkenntnisse auf europäischer Ebene hinsichtlich des Bestehens einer geschlechterdifferenzierten Motivation zum Gebrauch von Ecstasy ist ein Bestandteil des Modellprojektes. Insgesamt sind von der Zusammenarbeit der drei europäischen Städte für das Gebiet der Ecstasyprävention interessante, praxiserprobte Resultate hinsichtlich geeigneter Materialien und Methoden zu erwarten.

Wolfgang Harm

Zwischen Drogenakzeptanz und Suchtprävention

Überlegungen zum Umgang mit Drogenkonsumentinnen und Drogenkonsumenten in der Jugendarbeit

«Ein Mensch der total lebt, wird keinen Alkohol trinken oder irgendwelche anderen Drogen nehmen.» (Osho, Das Buch der Heilung, 1995, S. 323)

«Man kann doch nicht die Jugendlichen rausschmeißen, wenn sie drogensüchtig sind. Drogen sind ein Problem und keine Krankheit, vor der man sich abschirmen sollte ...» (Ein 18jähriger Jugendlicher, zit. aus: ‹Integration oder Ausgrenzung?›, Amt für Jugend, Hamburg/ISKA Nürnberg, 1993)

Wenngleich der Titel dieses Buches dazu anhält, das Hauptaugenmerk auf das Thema ‹Ecstasy› zu richten, möchte ich zunächst den bisherigen jugend- bzw. sozialpädagogischen Umgang mit Drogenprobierern und -abhängigen der verschiedensten Drogen in Projekten der offenen Jugend(sozial)arbeit betrachten, weil hier Erfahrungen gesammelt und Erkenntnisse gewonnen wurden, die auch für die Frage, wie denn mit Konsumentinnen und Konsumenten ‹neuerer› Drogen, wie z. B. XTC, in den Jugendclubs, -projekten und -häusern umzugehen ist, von Bedeutung sind.

Seit fast 10 Jahren ist bei Hamburger Jugendlichen – insbesondere in den sozialen Brennpunkten, aber auch in den normalen Wohngebieten – eine vermehrte Akzeptanz hinsichtlich des Konsums illegaler Drogen zu beobachten.

Der Gebrauch von Cannabis-Produkten hat dabei zwischenzeitlich fast eine gewisse Normalität erlangt; so als ob es sich hier um eine mehr oder weniger legale Droge handeln würde. Natürlich ist es nach wie vor so, daß das Kiffen in den Jugendhäusern juristisch problematisch und pädagogisch meist unerwünscht ist. Aber in einigen Einrichtungen ist es zumindest gelungen, den pädagogischen und emotionalen Umgang mit Haschisch-Konsumentinnen und -konsumenten zu entdramatisieren; ausgehend von der Überlegung, daß auch die Jugendpädagogik in der offenen Arbeit sich um die Integration sogenannter problematischer Jugendlicher zu bemühen und deren Ausgrenzung, mit Wissen um die damit verbundenen suchtverstärkenden Folgen, zu vermeiden hat.

Während einige Jugendhäuser somit versuchen, zwar das Drogenkonsumverhalten von Jugendlichen auszugrenzen, aber immerhin die Drogenkonsumentinnen und -konsumenten selbst als Besucherinnen und Besucher zu akzeptieren, haben andere Probleme damit, den Drogenkonsum als ‹problematische Form der Lebensbewältigung› (Hurrelmann) oder gar als Ausdruck von Lebensfreude zu begreifen und Jugendliche, die in diesem Sinne ‹auffällig› werden, im Jugendhaus zu dulden (vgl. hierzu auch die hervorragende Studie aus dem Jahr 1993 von ISKA Nürnberg mit dem Titel: «Integration oder Ausgrenzung? Zum Umgang mit Drogenkonsum und Drogenkonsumentinnen und -konsumenten am Beispiel offener Jugendeinrichtungen in Hamburg-Billstedt und -Horn», die von der Hamburger Behörde für Schule, Jugend und Berufsbildung in Auftrag gegeben wurde).

Ich hatte gelegentlich den Eindruck, als ob manche PädagogInnen sich hinsichtlich des Umgangs mit Drogengebrauchern zum verlängerten Arm der prohibitiven Drogenpolitik instrumentalisieren lassen, ohne sich dessen überhaupt bewußt zu sein. Darüber hinaus mutete das Bemühen mancher Kolleginnen und Kollegen, ihre Einrichtung mittels Ausgrenzung bestimmter Besuchergruppen von jeglichen Drogenproblemen ‹sauber› zu halten, während im umliegenden Stadtteil die regionale Drogenszene ‹boomt›, bisweilen etwas weltfremd an. Hier hat sich inzwischen erfreulicherweise vielerorts mehr Aufgeschlossenheit entwickelt.

War die pädagogische und menschliche Akzeptanz von Shit-Rauchern vielen Jugendarbeiterinnen und -arbeitern halbwegs einfach nahezubringen, was sicherlich auch durch die öffentliche Diskussion der letzten Jahre, in der häufiger eine Entkriminalisierung des Haschischkonsums gefordert wurde, begünstigt wurde, so war und ist die Integration von Heroinkonsumentinnen und -konsumenten sicher wesentlich schwieriger zu bewerkstelligen.

Jugendhäuser und -beratungszentren, die sich ohnehin mehrheitlich eher randständigen Jugendlichen widmen, hatten dabei meist weniger Probleme, da sie mit marginalisierten Gruppen verschiedenster Prägung bereits Erfahrungen sammeln konnten. Aber auch hier war in der Regel eine Revision der Konzepte und Angebote, im Hinblick auf die drogenabhängige Klientel, vonnöten. Insbesondere im konkreten Umgang mit Heroinkonsumentinnen und -konsumenten mußten zunächst Kompetenzen erworben bzw. erweitert werden (z. B. Wirkungen und Risiken des Heroinkonsums, Erste Hilfe in Drogennotfällen, therapeutische, medizinische sowie sozialpädagogische Behandlungsverfahren, rechtliche Aspekte/BtmG u. ä. m.).

Manche Jugend(beratungs)einrichtungen haben sogar ambulante Entgiftungsfahrten für ihre drogenabhängigen Jugendlichen aus dem Stadtteil in eigener Regie durchgeführt (vergl. Wolfgang Harm/Lutz Krätzschmar, Hg., Ambulante Entgiftung in der Jugendhilfe, ISKA Nürnberg, 1995) oder den Tausch von Spritzen, Mittagessen sowie Wasch- und Duschgelegenheiten angeboten. Andere haben sich auf die Erstberatung beschränkt und sich eher auf der politischen Ebene dafür eingesetzt, die drogenspezifische Hilfsstruktur im Gemeinwesen qualitativ zu verbessern, um eine angemessene Versorgung ihrer Jugendlichen vor Ort zu ermöglichen (siehe auch: «Du hast das Leben noch vor Dir», Werkbuch der Straßensozialarbeit, Rahlstedt, 1994, S. 4).

Ohne Zweifel wurden derartige Angebots- und Kompetenzerweiterungen in Teilbereichen der Jugendhilfe durch innovative Veränderungen im Bereich der Drogenhilfe, welche einen Ausbau der niedrigschwelligen Überlebenshilfe zur Folge hatten, erheblich begünstigt.

Nun werden Jugendeinrichtungen jedoch nicht nur von Drogenkonsumentinnen und -konsumenten besucht, sondern auch von all jenen Kindern und Jugendlichen eines Stadtteils, die bisher keine Drogenerfahrungen besitzen und wo Eltern, Erzieher und Politiker aus den unterschiedlichsten Motiven wollen, daß dies auch so bleibt. Deshalb wird der offenen Kinder- und Jugendarbeit auch eine sogenannte primär-präventive Funktion zugeschrieben (siehe z. B. Landesprogramm Drogen, Hamburg, 1990), das heißt, sie soll durch Qualität und Kontinuität ihrer Angebote den Kontakt von Kindern und Jugendlichen zu Drogen vermeiden helfen, um den Drogenkonsum möglichst ganz zu verhindern oder zumindest den Erstkonsum weit hinauszuschieben.

Und in der Tat ist eine solche Aufgabenstellung, will man sich gleichzeitig auch seinem drogenkonsumierenden Publikum in der Einrichtung widmen, nicht ganz einfach zu erfüllen. Denn hier müssen die Jugendpädagoginnen und -pädagogen einen Spagat zwischen notwendiger ‹Drogenakzeptanz› einerseits und präventiven Handlungsstrategien andererseits leisten.

Was aber kann die Prävention überhaupt bewirken? Die Beantwortung dieser Frage ist auch für die Jugend(sozial)arbeit vor Ort enorm wichtig, will sie nicht falsche Hoffnungen wecken und sich selbst überfordern. Zunächst sollten wir die von Stephan Quensel (in: Ludwig/Neumeyer, Hg., «Die narkotisierte Gesellschaft?», 1991) formulierte Erkenntnis beherzigen, daß Prävention bisher recht häufig Aufklärung verhindert hat, da sie mit Übertreibungen und auch falschen Darstellungen operiert hat, um die Kids abzuschrecken. Auch Hermann Schlömer (in: Wolfgang Harm, Hg., «Mein Kind nimmt Drogen», Reinbek, 1994, S. 157 ff) rät dazu, aus abschreckungspädagogischen Fehlern zu lernen, da Abschreckung immer auch ein präventives Hindernis darstelle.

Ich selbst meine, daß die Jugendarbeit – insbesondere in den sozialen Brennpunkten – wahrscheinlich nur sehr eingeschränkte Möglichkeiten hat, den Drogenerstkonsum von Jugendlichen grundsätzlich zu verhindern. Insoweit wird sie nur in minderem Umfang so etwas wie «Drogenprävention» leisten. Gehen wir gleichzeitig davon aus, wie psychologische Studien dies nahelegen, daß Neugierde und Grenzerfahrungen von Jugendlichen, auch im Drogenbereich, durchaus etwas «Gesundes» sind – wenngleich risikobehaftet –, dann bleibt der Jugendarbeit ein sehr wichtiger Auftrag, nämlich diese Drogenersterfahrungen (auch mit XTC) kritisch und menschlich akzeptierend zu begleiten und die Verfestigung von Suchtstrukturen durch geeignete Drogenaufklärung – die sowohl Verharmlosungen als auch Überdramatisierungen vermeidet – sowie durch attraktive bzw. bedürfnisorientierte jugendpädagogische Freizeit-, Bildungs- und Beratungsangebote zu verhindern. In diesem Sinne wird sie also eine «suchtpräventive Funktion» wahrzunehmen haben.

Durch eine einseitig auf Abstinenzparadigmen festgelegte Hausordnung, die sich prinzipiell von Drogenprobierern verabschiedet, wird deren Verelendung Vorschub geleistet. Was passiert, wenn die pädagogischen Institutionen der Gesellschaft (Familie, Schule, Ausbildungsbetrieb, Jugendhaus etc.) sich von den Drogenerstkonsumenten (Heroin) absondern, indem sie die emotionalen Brücken zu ihnen abbrechen, können wir täglich an den städtischen Bahnhöfen unserer Republik beobachten.

Der Integration von problematischen Jugendlichen wird sich deshalb auch die ‹normale› Jugendfreizeitarbeit, die sich ja bereits mancherorts aufgrund des Problemdrucks seiner Besucherinnen und Besucher zur Jugendsozialarbeit weiterentwickelt hat, nicht verwehren können. Der gelegentliche Hinweis, für die Begleitung von Drogenkonsumentinnen und -konsumenten sei man nicht ausgebildet bzw. die Einrichtung nicht angemessen ausgestattet, ist dabei in der Regel nur ein Entlastungsargument, um die eigene Angst bzw. Unwillen zu legitimieren (wenngleich sich viele Jugendeinrichtungen zu Recht über Personaldefizite beklagen).

Nun wird sich eine zeitgemäße Jugendarbeit immer auf neue Trends im Bereich der jugendkulturellen Phänomene, die sich vor Ort im Stadtteil ereignen, zu beziehen haben: sei es die Vorliebe für Techno-Musik oder Streetball, das Sprayen von Graffiti oder der partymäßige Konsum von E-Pillen (Ecstasy). Ob wir Pädagoginnen und Pädagogen das eine ‹richtig› oder das andere ‹falsch› finden, ist dabei erst in zweiter Linie von Bedeutung. Entscheidend ist, ob wir solche Trends zur Kenntnis nehmen und uns mit ihnen auseinandersetzen. Eine jugendpädagogische Angebotspalette, die hauptsächlich von den Lebensweltbezügen der Pädagoginnen und Pädagogen geprägt ist, wird letztendlich leere Jugendhäuser produzieren, und für viele Kids ist das Leben und Treiben auf der Straße mit der eigenen Clique ohnehin viel aufregender. Hier ist im übrigen die Jugend(sozial)arbeit bisweilen auch zu etwas mehr Mobilität aufgerufen. In diesem Zusammenhang wird die bisherige Arbeitsteilung zwischen der Straßensozialarbeit, die für die Straßenszene zuständig ist, und den Jugendhäusern, die ihren festen Besucherstamm betreuen, künftig vielerorts so nicht mehr aufrechtzuerhalten sein.

Kehren wir zurück zur Frage, was die Jugendarbeit im präventiven Sinne verhindern bzw. leisten kann. Selbstverständlich wird sie gerade für die jüngeren Besucher der Einrichtung eine Schutzfunktion wahrzunehmen haben, insoweit wird es im Hause wahrscheinlich ein «pädagogisches Drogenkonsumverbot» geben müssen, welches allerdings der Tatsache Rechnung zu tragen hat, daß sich im Hause auch Konsumentinnen und Konsumenten von Drogen aufhalten dürfen und sollen. Mit letzteren ist ein Wertekonsens darüber herzustellen, daß sie als Konsumentinnen und Konsumenten von illegalen sowie legalen Drogen zwar willkommen sind, aber im Hause den Konsum selbst – mit seinen teilweise problematischen Folgeerscheinungen – zu unterlassen haben (Verhaltensausgrenzung). In der Regel wird die Akzeptanz hinsichtlich solcher pädagogischer Ver- und Gebote um so eher gelingen, wenn die so Angesprochenen das Gefühl haben können, daß sie integraler Teil der Einrichtung sind und nicht nur geduldet werden.

Darüber hinaus wird man natürlich seitens der Jugendhäuser drogenfreie Erlebnisalternativen anzubieten haben, die als ‹funktionale Äquivalente› (vgl. G. Nöcker, Von der Drogen- zur Suchtprävention, MAGS, 1990, S. 105) die individuelle und soziale Bedeutung des Drogengebrauchs mindern können. Und zweifellos gibt es in dieser Hinsicht jede Menge Dinge, die allemal reizvoller sind, als sich in irgendeiner Weise ‹die Birne zuzudröhnen›. Ich bin fest davon überzeugt, daß Jugendliche auch heute durchaus für Sommerzeltlager im Aus- und Inland, Kanu-Fahrten auf Flüssen, Abenteuer-Touren und Wochenend-Seminare zu relevanten Themen, Mädchen-Camps, Techno-Partys oder Discos, Rock- oder Punk-Konzerte, Musik- oder Theaterangebote, Graffiti- oder Computer-Kurse, Inline-Skaten und andere erlebnis-, bildungs-, kultur- oder ‹irgendwie›-pädagogische Angebote zu begeistern sind. Daß die allseits ‹oralisierende› Konsumhegemonie ‹unsere› Kids bisweilen recht träge und passiv macht, kann dabei als Gegenargument nicht hingenommen werden, weil wir uns dann ja von jeder Pädagogik und damit von unseren Zielgruppen verabschieden könnten.

Selbstverständlich kann jedoch auch ein ‹drogenakzeptierender› Jugend(sozial)arbeiter in die Bredouille geraten, wenn er das Haus nur noch voll ‹Drogis› hat, die vor oder sogar im Haus ihre kleinen Dealereien verabreden. Wenn nämlich die ‹Wertehoheit› in der Einrichtung den Pädagogen aus der Hand genommen wird, besteht durchaus die Gefahr, daß man sukzessive zu einem ‹tragenden Bestandteil› der Drogenszene mit ihren zweifellos auch vorhandenen kriminellen Aspekten wird (selbst wenn diese durch die Prohibition bedingt sind). Deshalb plädiere ich dafür, daß die Jugendpädagogik, trotz aller notwendigen Akzeptanz gegenüber Rand- und Problemgruppen aller Art, nicht ihre präventiven Schutzfunktionen, die sich ebenso aus den Werten und Idealen einer humanistischen Pädagogik ableiten lassen, vergißt. Auf keinen Fall sollten die ‹Glaubenskriege› zwischen den Drogenakzeptanzlern und Drogenabstinenzlern auf dem Rücken der Kids ausgetragen werden, um die es ja schließlich geht. Wahrscheinlich wird eine zeitgemäße Jugendarbeit an diesem Punkt mehr Flexibilität entfalten müssen, was bedeutet, daß sie sowohl ‹Drogenkonsum› als auch ‹Drogenabstinenz› als dynamische Lebensmuster von Jugendlichen akzeptieren sollte.

Klar ist also, daß die Jugendpädagogik den Drogenerstkonsum aufgrund problematischer Lebensverhältnisse in der Regel nur schwer verhindern, bestenfalls hinauszögern kann, dennoch die Verfestigung von Süchten nicht fördern, sondern bremsen will und dies durch wahrheitsgemäße Aufklärung, durch Integration von Drogenkonsumentinnen und -konsumenten und durch Schaffung von drogenfreien bzw. drogenreduzierten Erlebnisräumen realisieren möchte. – So betrachtet lassen sich also sowohl abstinente als auch akzeptierende Aspekte in bezug auf Drogen innerhalb einer Einrichtung realisieren. Während wir z. B. freitags auf der Disco-Veranstaltung den Bierkonsum als kulturelles Genußelement in den freizeitpädagogischen Rahmen integrieren, was bei reformierter Rechtslage m. E. auch bei Cannabisprodukten denkbar wäre, werden wir doch bei anderen Veranstaltungen, bei denen wir bestimmte Kompetenzen fördern wollen (z. B. ein Streetball-Turnier, die Vorbereitung einer Ferienfahrt u. ä. m.) oder wo wir es mit sehr jungen Besucherinnen und Besuchern zu tun haben, zweifellos auf die Einhaltung von Abstinenzregeln drängen.

Drogenakzeptanz heißt ja im übrigen nicht in erster Linie, die Droge zu akzeptieren, sondern vielmehr die Tatsache anzuerkennen, daß Menschen in bestimmten (problematischen) Lebenszusammenhängen beinah ‹zwingend› zu Drogenkonsumenten werden und deshalb einer Ächtung durch die Gesellschaft nicht ausgesetzt werden dürfen. Letzterem wird man vermutlich seine beherzte Zustimmung geben können, weil hier die Indizienlage doch recht eindeutig ist. Ob allerdings eine Droge auch als Genußmittel akzeptiert werden sollte, setzt einiges voraus, nämlich

1. eine relative Ungefährlichkeit der Substanz, deren Risiken auch von Laien wirklich einschätzbar sein müssen,
2. die Legalisierung des Konsums von Drogen, um insbesondere den Verbraucher zu ‹entkriminalisieren›,
3. die Etablierung eines staatlichen überprüften Stoff-Checkings bzw. einer staatlich kontrollierten Drogenvergabe, um die Sauberkeit der Substanzen gewährleisten zu können,
4. die (erlernte) Fähigkeit zu risikobewußtem Gebrauch und
5. die Einbettung des Konsumenten in halbwegs stabile soziale Lebensverhältnisse.

Mit Hinweis auf die legalen Drogen ‹Alkohol› und ‹Nikotin› könnte man die beiden letzteren Punkte vernachlässigen, weil unsere Gesellschaft das Erlernen des Umgangs mit diesen Drogen ja auch nicht als pädagogischen Auftrag irgendwelcher Institutionen definiert hat und die Abschaffung von Armut und sozialer Ausgrenzung – als suchtfördernde Lebensumstände – in bezug auf selbige Substanzen ebenfalls nicht ernsthaft betreibt.

Dennoch greifen insbesondere solche Legalisierungskonzepte zu kurz, die primär aus hedonistischen Motiven gespeist werden. Denn dabei gerät leicht aus dem Blickfeld, daß es durchaus von erheblicher Bedeutung ist, in welcher gesellschaftlichen Schicht eine Droge konsumiert wird. Auch bei XTC können wir beobachten, daß sich der Konsum bei den randständigen ‹Mitläufern› der Techno-Partykultur insgesamt maßloser und viel destruktiver darstellt als im sozialen Mittelbau der Jugendszene (siehe auch FR v. 5. 3. 96, «Partydrogen sind nicht nur bei Feten in aller Munde»).

Vor Ort, in den Jugendeinrichtungen Hamburg-Rahlstedts, haben wir zwar nur hin und wieder mit XTC-Konsumentinnen und -konsumenten zu tun, manche Cliquen lassen sich auch nur phasenweise oder punktuell im Jugendhaus blicken; dennoch ist eine gewisse Verbreitung des Konsums von Partydrogen bei den jungen Leuten der umliegenden Wohnviertel, die von Sozialhilfeempfänger- und Arbeiterfamilien sowie von alleinerziehenden Müttern mit Kindern etc. bewohnt werden, nicht zu übersehen. Dabei ist festzustellen, daß der Drogenkonsum bisweilen ziemlich problematische Formen annimmt: 5 bis 6 E-Pillen pro Abend und mehr, darüber hinaus erheblicher Beikonsum von Alkohol, Speed, Kokain und LSD; Exzesse, die eben ab und zu auch mal im Krankenhaus enden. Solch maßloser Mischkonsum ist im Bereich der Unterschicht nicht ungewöhnlich; denn auch beim Gebrauch anderer Drogen ist häufig eine gewisse Grenzenlosigkeit zu beobachten. Der selbstzerstörerische Umgang mit diesen Substanzen ist aus unserer Sicht in den Verlierermilieus stärker ausgeprägt als anderswo. Außerdem findet der Konsum von Party-Drogen oft nicht im unmittelbaren Kontext zur Techno-Szene statt, wodurch eine gewisse Einbettung in die jugendkulturelle Bewegung der Raver fehlt, die den Dazugehörigen sicherlich ein gewisses Maß an Schutz, Geborgenheit und Identität gewähren kann. Die Vermittlung von Safer-Use-Praktiken, die vom Gedanken der Schadensminimierung ausgehen, ist deshalb für junge Menschen, die in solchen sozialen Verhältnissen leben, von besonderer Wichtigkeit.

Für die weitere Entwicklung der Ecstasy-Szene ist in diesem Zusammenhang zu befürchten, daß an deren Rändern jene jungen Menschen, die zu solch exzessiven Konsumformen tendieren, im Rahmen einer zunehmenden sozialen Desintegration verelenden werden. Auch jene, die mit den bisweilen auftretenden psychischen Folgen des Langzeitkonsums von Party-Drogen nicht klarkommen (Depressionen, Antriebsschwäche, manifeste Identitätskrisen, psychiatrische Krankheitsbilder usw.), laufen Gefahr, ins soziale Abseits zu geraten. Nach meiner Auffassung hat das Drogenhilfesystem hier bisher noch kaum Behandlungskonzepte entwickelt, die diesen seelisch destabilisierten Klienten auf angemessene Weise helfen könnten. Das Problem ist dabei wohl auch, das XTC-Konsumentinnen und -konsumenten sich verständlicherweise zunächst nicht als Süchtige begreifen und von daher die Suchtberatungsstellen eher selten aufsuchen (oder ‹nur› telefonisch anfragen). Es darf davon ausgegangen werden, daß diejenigen Konsumentinnen und Konsumenten von Party-Drogen, die starke psychische Folgeprobleme haben, sich eher im Hilfebereich der psychiatrischen Krankenhäuser wiederfinden werden.

Des weiteren wird man bei der phänomenologischen Gesamtbetrachtung der verschiedenen Ecstasy- und Techno-Szenen grundsätzlich bedenken müssen, daß es sowohl

• Techno ohne XTC-Konsum als auch
• Techno mit XTC-Konsum sowie
• XTC-Konsum ohne Techno

gibt. Darüber hinaus kennen wir natürlich auch noch jede Menge andere substanzspezifische Szenen und Gruppierungen, in denen aus unterschiedlichsten Motiven, in unterschiedlichsten sozialen Bezügen die unterschiedlichsten Drogen auf unterschiedlichste Weise konsumiert werden. Diese Pluralisierung der Drogenkonsumszene mit ihrer schillernden Vielfalt schafft auch für die sozial- und jugendpädagogischen Einrichtungen im Stadtteil eine enorme Problemfülle. Von jugendlichen Kiffern, Barbiturate konsumierenden Mädchen in der Adoleszenz, Koks und Alkohol konsumierenden Facharbeitern, den ‹klassischen› Opiat-Abhängigen bis hin zu Pillen- und Partydrogen-Usern ist vor Ort alles vertreten. Manche Erscheinungsformen zeichnen sich durch eine relative Schnellebigkeit aus, was manchmal bedeutet, daß bestimmte Szenen mit ihren jeweiligen Konsumgepflogenheiten kaum stabile Formen annehmen und insoweit für gängige pädagogische oder gar therapeutische Konzepte nur schwer zugänglich sind.

Gefordert ist von pädagogischen Profis deshalb eine hohe Aufmerksamkeit, was die verschiedenen Konsumtrends unter Jugendlichen angeht sowie eine enorme Flexibilität, was die Interventionsformen betrifft, und natürlich eine stetige Nacharbeitung der drogenspezifischen Fachkenntnisse.

Was ist nun aus dem Blickwinkel einer stadtteilorientierten Jugendeinrichtung in bezug auf das drogenkonsumierende Publikum (einschließlich der XTC-User) konkret zu tun, was über das bisher Gesagte hinausgeht?

1. Drogenspezifische Fortbildung

Sicherlich ist die drogen- und suchtspezifische Fort- und Weiterbildung für Pädagoginnen und Pädagogen vor Ort notwendig, die gemeinsam mit kompetenten Fachleuten entwickeln sollten, wie ein problemadäquater Umgang mit Drogenkonsumentinnen und -konsumenten in- und außerhalb der jeweiligen Jugendeinrichtung aussehen könnte. Themen könnten z. B. sein:

- Ausgrenzung oder Integration?
  Welche pädagogischen Regeln und Werte wollen wir mit Blick auf die Konsumentinnen und Konsumenten von Drogen im Jugendhaus realisieren?
- Erwerb von drogenspezifischen Fachkenntnissen:
  Medizinische, pharmakologische und juristische Aspekte des Drogenkonsums.
- Drogenspezifische Angebote im Jugendhaus!
  Drogenerstberatung, Erste Hilfe in Drogennotfällen, Spritzentausch etc.
- Suchtspezifischer Hilfestandard im Stadtteil! Wie sieht es mit der diesbezüglichen Versorgungs- und Angebotsstruktur aus? Was benötigen wir vor Ort?
- Geschlechtsspezifisches Suchtverhalten!
  Ursachen, Vorbeugung und Hilfe u. ä. m.

Es hat sich als sinnvoll erwiesen, solche Fortbildungsveranstaltungen (zumindest hin und wieder) im regionalen Einrichtungsverbund zu organisieren, wo die diversen Jugend-, Bildungs- und Sozialeinrichtungen aus dem Stadtteil die Möglichkeit haben, ihre drogen- und suchtspezifischen Umgangsformen und Aktivitäten in bezug auf die Jugendlichen der Region aufeinander abzustimmen bzw. zu vernetzen.

2. Regionaler Hilfestandard

Natürlich ist es auch wichtig zu klären, inwieweit die personelle Ausstattung des einzelnen Jugendhauses einen hilfreichen Umgang mit dem drogenkonsumierenden Publikum generell ermöglicht bzw. die suchtspezifische Hilfestruktur im Stadtteil eine angemessene Versorgung von Drogenkonsumentinnen und -konsumenten überhaupt zuläßt.

Durch entsprechende politische Aktivitäten und eine flankierende Öffentlichkeitsarbeit ist es in einigen wenigen Stadtteilen Hamburgs gelungen, die Ausstattung von Jugendeinrichtungen – durch die Schaffung entsprechender Stellen für die Drogensozialarbeit – zu verbessern.

In bezug auf den zunehmenden Partydrogenkonsum von Jugendlichen wird in Frankfurt geplant, «sogenannte ‹Aufsucher-Stellen› einzurichten: Drogenberater sollen sich vor Ort der jugendlichen Klientel annehmen» (siehe Frankfurter Rundschau v. 5.3.96). Sicherlich ein Projekt, das auch für andere Städte Sinn macht; wobei der Blickwinkel nicht allein auf den XTC-Konsum beschränkt bleiben, sondern die ganze Vielfalt der sich im Umlauf befindlichen Substanzen einbeziehen sollte. Wie auch der Beitrag von Peter Märtens (Drobs Hannover) in diesem Buch zeigt, ist die ‹Innovationsfreude› der Drogen-Designer (hier hinsichtlich verschiedenster E-Pillen) nicht unerheblich, so daß wir künftig damit rechnen müssen, immer wieder mit neuen ‹Drogen-Kompositionen› konfrontiert zu werden, die unsere Kids ‹einpfeifen› werden.

Auch dem wegen solcher schon jetzt vorhandenen Substanzvielfalt zu erwartenden Problemreichtum wird nur mit Beratungs- und Hilfsangeboten zu begegnen sein, die entsprechend facettenreich und flexibel sind.

Im Rahmen unserer Arbeit (des Projektes Straßensozialarbeit Rahlstedt) vertreten wir bereits seit Jahren die Meinung, daß Drogenberatungseinrichtungen mit Blick auf die diversen – im Umfeld vorhandenen – Rauschmittelabhängigkeiten auch ‹suchtstoffübergreifend› arbeiten sollten (was sich vor einigen Jahren durch die Beteiligung an der Konzeptionierung einer sich im unmittelbaren Umfeld gründenden Suchtberatungseinrichtung auch ganz konkret realisieren ließ). Infolge der heute zu beobachtenden Konsumtrends von Jugendlichen bekommt dieser Ansatz erneute Aktualität, und es wäre zweifellos zu überprüfen, ob die Angebotsstrukturen der vorhandenen Drogenberatungseinrichtungen ihren ‹neuen› Zielgruppen auch dienlich sind.

3. Drogenaufklärung

Selbstverständlich ist es unerläßlich, eine sachliche und wahrheitsgetreue Drogenaufklärung für die unterschiedlichen Zielgruppen zu betreiben. Persönliche Erfahrungen habe ich im Rahmen der Aufklärungsarbeit mit Jugendpädagoginnen und -pädagogen und Eltern sowie mit jugendlichen Drogenprobierern und Nichtkonsumentinnen und -konsumenten sammeln können.

Bei jeder Art von Aufklärung ist es wichtig, daß die Botschaften von den jeweiligen Zuhörern verstanden werden. Dies setzt voraus, daß man die sachlichen Zusammenhänge in einer Sprache transportieren kann, die an das Sprach- und Bildungsniveau der jeweiligen Zielgruppe anknüpft. Auch für das Aufklärungsmaterial ist es enorm wichtig, daß es auch von denen gelesen werden kann, die wir erreichen wollen. Für meine bzw. unsere Arbeit im Unterschichtsmilieu bedeutete dies häufig, daß wir die drogenspezifischen Info-Materialien selber entwickeln bzw. umschreiben mußten.

Auch waren Broschüren, die sich nicht in der einen oder anderen Weise der klassischen Abschreckungs- und Verelendungsphilosophie bedienten (Motto z. B.: «Wer mit Haschisch anfängt, wird als Fixer enden» oder «Drogensüchtigen kann man erst dann helfen, wenn sie ganz unten sind» o. ä. m.), zeitweilig kaum zu finden; was sich Gott sei Dank vielerorts verändert hat. Gerade im Bereich Ecstasy und Party-Drogen gibt es inzwischen eine Reihe von Broschüren – sowohl für User als auch für Eltern und Pädagoginnen und Pädagogen –, die sehr sachlich und gut lesbar sind.

Anlässe und Gelegenheiten für die Drogenaufklärung lassen sich vor Ort vielfach finden:

seien es nun der Konfirmandenunterricht in der benachbarten Kirchengemeinde, wo der Pastor über ‹Drogen im Stadtteil› reden möchte, oder die Lehrerin, die das Thema im Unterricht bearbeiten will; Mitarbeiterinnen und Mitarbeiter eines Jugendhauses, die gemeinsam mit ihren Jugendlichen über deren Drogenerfahrungen und -kenntnisse auf einem Wochenendseminar sprechen möchten, oder Lehrerkonferenzen bzw. Elternversammlungen, wo das Thema zur Diskussion steht. Selbstverständlich wird man auch telefonische Auskünfte an Jugendliche oder Eltern erteilen oder selber Seminare und Info-Veranstaltungen anbieten. In bezug auf XTC haben sich in unserem Arbeitsfeld sogenannte ‹Talk + Rave›-Veranstaltungen bewährt, die bisher in zwei Jugendeinrichtungen durchgeführt wurden und die aus einem Info-Block mit einem anschließenden Party-Teil bestanden. Drogeninformationsveranstaltungen, die andere Jugendeinrichtungen nach einem ähnlichen ‹dualen› Prinzip angeboten haben, wurden von den jugendlichen Zielgruppen ebenfalls gut angenommen.

Solche Info-Parties bieten zunächst eine Art Talk-Show zum jeweiligen Drogen-Thema an, an dem neben dem Publikum unterschiedliche Drogenfachleute teilnehmen. Dies können z. B. ‹Drogenärzte› für den medizinisch-pharmakologischen Fragenkomplex, Anwälte für die strafrechtsrelevanten Fragen, Präventionsexperten verschiedenster Institutionen zu Fragen des Drogengebrauchs bzw. der Risikominderung, Drogentherapeuten für den Informationsbedarf hinsichtlich des Drogenhilfesystems sowie Vertreterinnen und Vertreter von Schulen, Kirchengemeinden und anderen Jugend- und Sozialeinrichtungen o. ä. sein. Bei Veranstaltungen, wo der jugend- und drogenpolitische Charakter im Vordergrund stehen soll, wird man natürlich die regionale Politiker-Szene bzw. Fachbehördenvertreter hinzubitten. Es hat sich im übrigen immer als vorteilhaft erwiesen, einen kompetenten Menschen zu haben, der für die Moderation der Diskussion zuständig ist. Dies kann auch durchaus eine externe Person sein, die allerdings Erfahrungen im Umgang mit der Zielgruppe haben sollte. Während des Diskussionsverlaufs sollte darauf geachtet werden, daß die Jugendlichen mit ihren Fragen und Meinungen auch ausreichend Gehör finden. Dabei ist es wichtig, ein Klima zu schaffen, in dem auch relativ offen über konkrete Drogenerfahrungen und diesbezügliche Fragen gesprochen werden kann. Eine Teilnahme von polizeilichen Suchtpräventionskräften sollte deshalb nur erfolgen, wenn diese sich zuvor bereit erklärt haben, ihren Strafverfolgungsauftrag für den Rahmen der Info-Veranstaltungen zu vernachlässigen.

Ich halte es außerdem für bedeutsam – trotz aller Notwendigkeit, den Konsum von Drogen zu entdramatisieren –, nicht nur ‹drogenakzeptierende› Fachleute einzuladen, sondern auch Experten zu Wort kommen zu lassen, die ebenso den Abstinenzgedanken formulieren können. Denn es hat sich herausgestellt, daß nicht wenige junge Leute aus dem Publikum den guten Willen mancher Vertreter des ‹Drogenakzeptanzgedankens› als Werbung für den (zweifellos risikobewußten) Drogenkonsum mißverstanden haben. Hier ist also für eine sicherlich notwendige Differenzierung in der Debatte zu sorgen.

An Angeboten für den Party-Teil einer solchen Veranstaltung wird einem sicherlich genug einfallen; hier können Bands oder Theatergruppen spielen, Filmvorführungen oder Dance-Performances sowie Discos mit den jeweils ‹angesagten› Musikstilen u. ä. m. stattfinden.

Vorteil solcher Info-Parties ist zweifellos, daß die Kids nicht nur ‹vollgelabert› werden, sondern auch auf der Erlebnisebene einiges geboten kriegen.

Ich möchte es bei diesen drei Tätigkeitsschwerpunkten belassen, obwohl sicherlich noch einiges mehr in bezug auf den Drogenkonsum – aus dem Blickwinkel von Jugendeinrichtungen – getan werden kann.

Trotz aller individuellen Voraussetzungen, die jeder ‹Suchtkarriere› zugrunde liegen, sollte im Gespräch mit den Jugendlichen die Benennung der gesellschaftlichen Ursachen des Drogenkonsums nicht vergessen werden. Denn es kommt ja nicht nur darauf an, jedem einzelnen zu verdeutlichen, daß er auch selbst für seine Gesundheit und sein Wohlbefinden verantwortlich ist; vielmehr ist gemeinsam mit den Jugendlichen die Frage zu bearbeiten, wo im konkreten Lebensumfeld die eigene Lebensgestaltung behindert ist und was daran zu verändern wäre. In diesem Sinne hat Suchtprävention – insbesondere im Kontext stadtteilorientierter Jugend(sozial)arbeit – also durchaus auch eine politische Dimension, die über den substanzspezifischen Aspekt (hier XTC) weit hinausgeht. Eine solche ‹mitwelt-bezogene Prävention› sollte in ihrer Ausgestaltung darauf abzielen, die konkreten Mitweltstrukturen insbesondere benachteiligter Kids zu verbessern, damit die durch Langeweile im Stadtteil und mangelnde Partizipation an der Lebensweltgestaltung entstehenden ‹Sinnlücken ungelebten Lebens› nicht durch den Konsum von Drogen kompensiert werden müssen.

Leider blieb das diesbezügliche Motto des Jugendhilfetages 1992 (‹Lebenswelten mitgestalten!›) für die Betroffenen bisher im positiven Sinne relativ folgenlos. Daran sollte sich dringend etwas ändern, denn hinter dem Ecstasy-(bzw. Drogen-)Konsum von Jugendlichen stecken – unabhängig von der Experimentierfreude und der Lust am Rausch – sicherlich auch jede Menge verschüttete individuelle Potentiale, deren Entwicklung durch größere gesellschaftliche Freiräume sowie durch mehr soziale und geschlechtsspezifische Chancengleichheit erheblich gefördert werden könnten.

Die Jugend(sozial)arbeit sollte sich an diesem Punkt wieder stärker als Lobby und Anwalt der Lebensinteressen marginalisierter Jugendszenen begreifen; nicht unbedingt, um schließlich jeden Drogenkonsum zu verhindern, aber vielleicht, um einen genußvollen und möglichst wenig selbstzerstörerischen Umgang mit Drogen sowie die lustvolle Nutzung auch drogenfreier Erlebnisräume überhaupt zu ermöglichen.

Leider ist die politische Entwicklung an diesem Punkt sehr kontraproduktiv, denn die Jugend(sozial)arbeit verliert im Konkurrenzverhältnis zu den ‹Hilfen zur Erziehung› zunehmend an Boden. Offene und niedrigschwellige Angebote, die der Freizeitgestaltung und der Lebensberatung von Jugendlichen dienen, fallen in diesem Zusammenhang immer mehr dem Rotstift kommunaler und kirchlicher ‹Sparwut› zum Opfer. Die dafür verantwortlichen Politiker und Entscheidungsträger sollten sich einen Satz des Hamburger Drogenbeauftragten vergegenwärtigen, der in dem Buch ‹Die narkotisierte Gesellschaft?› (Ludwig/Neumeyer, Hg., 1991, S. 84) die nach wie vor zutreffende Auffassung vertreten hat:

«Denn wo immer für attraktive Jugendarbeit die Mittel fehlen, wird Suchtprävention ins Leere stoßen.»

Hermann Schlömer, Susanne Schmidtholz
und Sigrid Fehrmann

Ecstasy als Unterrichtsthema –
Orientierungen und Anregungen
für Projekte im Schulbereich

Nach wie vor gibt es keinen Grund, davon abzurücken: Schulische Suchtprävention ist in erster Linie eine drogenunspezifische Aufgabe. Um ihr gerecht zu werden, kommt es vor allem darauf an, die Selbstachtung von Kindern und Jugendlichen zu stärken, ihre kommunikativen und kooperativen Fähigkeiten sowie ihre Kompetenzen im Umgang mit Konflikten zu fördern und auch lustvolle Alternativen zu süchtigem Verhalten zu ermöglichen.

Das Kind sollte jedoch nicht mit dem Bade ausgeschüttet werden. Es ist hilfreich, wenn Kinder und Jugendliche über die Drogen Bescheid wissen, die ihnen angeboten werden, die sie ausprobieren wollen und die sie konsumieren. Unwissenheit kann Verhaltensunsicherheiten begünstigen, d. h. Abstinenzentscheidungen oder die Aneignung von gesundheitszuträglichen Konsumformen erschweren. Das oft vorhandene drogenkundliche Interesse der Schülerinnen und Schüler zu ignorieren bzw. zu frustrieren dürfte im übrigen auch zu einer unseligen Mystifizierung der Drogen beitragen. Auch das kann Unsicherheiten und Hilflosigkeit steigern. Es kann darüber hinaus noch den Reiz erhöhen, sich selbst durch unbedachte gesundheitsgefährdende Konsumexperimente das vorenthaltene Wissen zu beschaffen.

Nicht nur zu viele, sondern auch zu wenige Gespräche und Informationen über Drogen schüren über Gebühr Neugierde. Die altersgemäße und sachgerechte Erschließung von Wissen über die Drogen, die in der Lebenswelt von Kindern und Jugendlichen vorkommen, von denen sie hören, deren Konsum sie erleben, mit denen sie in Berührung kommen, bleibt daher, entsprechend dem geltenden Bildungs- und Erziehungsauftrag, eine unerläßliche aufklärerische Aufgabe der Schule. Allerdings sollte drogenkundliche Aufklärung in der Schule möglichst nicht isoliert, sondern im Rahmen von weitergehenden Unterrichtsprojekten erfolgen, in denen Selbstreflexion Raum hat sowie Konsummotive und -hintergründe reflektiert werden können.

Ecstasy gehört seit einigen Jahren mit Sicherheit zu den Drogen, für die sich insbesondere in großstädtischen Lebenswelten immer mehr Jugendliche interessieren. Ein nicht unbedeutender Teil der Jugendlichen kommt bei seinen Freizeitunternehmungen vor allem an Wochenenden mit dieser Droge in Berührung, probiert sie aus oder konsumiert sie zur Stimmungs- und Leistungssteigerung bei Ravepartys. Zunehmend erleben Lehrerinnen und Lehrer, die ältere Schülerinnen und Schüler in allgemeinbildenden und berufsbildenden Schulen unterrichten, ausgeprägte Neugier in bezug auf Ecstasy. Sie nehmen Bedürfnisse nach Austausch über und Reflexion von Angebotssituationen und Konsumerfahrungen wahr. Sie werden aber auch mit Konsumfolgen wie «Wochenanfangsmüdigkeiten» konfrontiert.

Mit diesen Wahrnehmungen und Erlebnissen fühlen sie sich dann herausgefordert, auf die neugierigen Fragen einzugehen oder aus erzieherischer Sorge kritische Aufklärung zu bieten. Dabei suchen sie nicht selten nach Rat, um auf diese Herausforderung angemessen reagieren zu können. Denn es ist auch für sie nicht zu übersehen, daß Jugendliche und Jungerwachsene Ecstasykonsum nicht als subkulturelles randständiges Verhalten bewerten, bei dem sie ein schlechtes Gewissen empfinden oder mit dem sie Protest gegenüber der Welt der Erwachsenen zum Ausdruck bringen wollen. Und sie merken, daß statt dessen das Gefühl und die Überzeugung bei den Schülern vorherrschen, sich mit dem Wochenendbesuch von Rave-Veranstaltungen und dem Konsum von Ecstasy im Rahmen der gesellschaftlich propagierten Amüsier- und Freizeitkultur völlig konform zu verhalten.

Um Orientierung und Anregungen zu geben, haben wir für Schulen und außerschulische Kooperationspartner vor allem in Hamburg einen Materialordner «Drogenkundliche Bausteine für suchtpräventive Unterrichtsvorhaben/Projekte» erarbeitet, der in Kooperation von der Behörde für Schule, Jugend und Berufsbildung Hamburg und der Techniker-Krankenkasse/Landesvertretung Hamburg herausgegeben wird. In diesem Sammelordner befindet sich auch ein Baustein «Ecstasy, Amphetamine und andere Designerdrogen». Dieser wie auch die anderen Bausteine des Ordners liefern keine fertigen Unterrichtseinheiten. Erfahrungsgemäß ist das selten für die spezifischen Voraussetzungen und Interessenlagen der jeweiligen Lerngruppe passend und hilfreich. Die im Bausteinpaket von uns zusammengestellten Informationen, Illustrationen und Anregungen sind vielmehr als Baukastenmaterial für die Entwicklung unterschiedlicher drogenkundlicher Vorhaben in der Schule gedacht. Bei der Entwicklung der Bausteine sind wir von folgenden inhaltlichen und methodischen Leitvorstellungen ausgegangen, deren Beherzigung wir auch allen Pädagoginnen und Pädagogen dringend empfehlen, die im schulischen Rahmen Ecstasy zum Thema machen wollen:

1. Ein Thema frühestens Ende der Sekundarstufe I

Bei der Behandlung des Themas Ecstasy in der Schule sollten vorhandene Neugierden, Berührungen, Erfahrungen und Fragen der Schülerinnen und Schüler zum Anlaß und Ausgangspunkt genommen werden. Das verlangt auch, dieses drogenkundliche Thema nicht altersverfrüht aufzutischen und dadurch entweder die Schüler und Schülerinnen zu überfordern oder ihre Neugierde unnötig und verführerisch zu wecken. Vermutlich ist es in der Regel erst gegen Ende der Sekundarstufe I (etwa ab der 9. Klasse) sinnvoll, Ecstasy zum Thema schulischen Unterrichts oder schulischer Projekte zu machen.

2. Eine sachlich differenzierte Betrachtung ist geboten!

Drogen wurden und werden in der Regel des Genusses oder ihrer Heil- bzw. Linderungswirkungen wegen konsumiert. Ecstasy wurde als Appetitzügler in den Laboren eines deutschen Pharmakonzerns entwickelt und als Medikament im Rahmen psychiatrischer Behandlungen in den USA und der Schweiz verwendet. Seit einigen Jahren erfreut sich diese Droge in der Techno- und Raveszene unter älteren Jugendlichen und Jungerwachsenen großer Beliebtheit. Denn sie putscht auf, steigert die Leistungsfähigkeit und Wachheit, öffnet die «Herzen» und fördert so das einfühlsame Miteinander. Mit Gefahren ist jeglicher Drogenkonsum immer dann verbunden, wenn er zu oft, zu hochdosiert oder ständig bzw. zwanghaft süchtig erfolgt. Gefährlich ist er auch, wenn die jeweiligen drogenspezifischen Risiken mißachtet (in bezug auf Ecstasykonsum z. B. das Risiko einer körperlichen Überhitzung bei gleichzeitiger körperlicher Überanstrengung und einem Mangel an Flüssigkeitszufuhr und Abkühlung) und die Grenzen der individuellen Verträglichkeit verletzt werden.

Das heißt für Ecstasy als schulisches Unterrichtsthema: Es dürfen nicht nur oder vorrangig nur die Risikopotentiale der Droge behandelt und auch nicht in der vergeblichen Hoffnung auf Abschreckungseffekte in unsachlicher Weise überzeichnet werden. Die subjektiv erlebten bzw. erlebbaren Genuß- und Problemlinderungspotentiale der Droge müssen genauso zur Sprache kommen wie die Konsumrisiken. Die individuelle Varianz der Drogenwirkung, vor allem ihre Dosisabhängigkeit sowie ihre Abhängigkeit von der Konsumhäufigkeit, gilt es zu vermitteln. Darüber hinaus sollte deutlich unterschieden werden zwischen den akuten Risiken einzelner Konsumakte bzw. des Gelegenheitsgebrauchs, den Risiken des hochdosierten Langzeitkonsums und den Folgen, die nicht der Droge, sondern den Konsumumständen (z. B. mangelnde Stoffkontrolle auf dem illegalen Ecstasymarkt) zuzuschreiben sind. Nur so kann an den Konsummotiven und -interessen der Schülerinnen und Schüler angeknüpft und in glaubwürdiger Weise zu kritischer Reflexion eingeladen werden. Im übrigen gilt: Überdramatisierungen der illegalen Drogen gehen oft einher mit Verharmlosungen der legalen Drogen (Alkohol, Nikotin etc.). Das produziert Unglaubwürdigkeiten.

3. Eine fächerübergreifende Herangehensweise ist anzustreben!

Auch Suchtprävention mit drogenkundlichem Akzent ist nicht mit biologischen Unterrichtseinheiten zu erledigen, will sie sich nicht in Stoff- und Warenkunde erschöpfen. Auch andere fachliche Zugänge (z. B. Deutsch, Geschichte, Gemeinschaftskunde, Ethik) sind nutzbar und miteinander zu verknüpfen. Insbesondere solche Projekte bieten Jugendlichen die Möglichkeit, sich Wissen über Ecstasy von ihrem jeweiligen fachlichen Interessensschwerpunkt her zu erschließen oder ihre drogenkundlichen Fragen von unterschiedlichen Seiten zu beleuchten, natur-, sozialwissenschaftliche und historische Erkenntnisse miteinander zu verbinden und sich so ausreichend komplex Klarheiten zu verschaffen und Standpunkte anzueignen. Ein fächerübergreifendes Herangehen, zumindest ein im Kollegium oder im Lehrerinnen- und Lehrerteam einer Klasse bzw. Lerngruppe abgesprochenes Vorgehen, erspart den Schülerinnen und Schülern darüber hinaus eine infolge mangelnder Koordination widersprüchliche oder sich wiederholende und dadurch motivationsverschleißende Behandlung.

4. Möglichst projektorientiert!

Herkömmlicher drogenkundlicher Unterricht war nicht nur durch Abschreckungspädagogik, sondern auch durch den Vorrang für kognitive Belehrung geprägt. Ein solcher Ansatz ignoriert, daß bei Kindern und Jugendlichen im verhaltensbeeinflussenden Sinne insbesondere das haften bleibt, was sie vor dem Hintergrund ihrer Fragen und Erfahrungen verarbeiten können, was sie selbst entdecken und herausfinden. Das spricht eindeutig dafür, Schülerinnen und Schülern in projektorientierten Zusammenhängen Gelegenheit zu geben, sich drogenkundliche Informationen auch im Rahmen von weitergefaßten, nicht auf Drogenkunde beschränkten Themen und Fragestellungen selbständig erarbeiten zu können. Lehrerinnen und Lehrer sind dabei Berater und Mitlernende.

Wesentlicher Ausgangspunkt sollten die Fragen sein, die die Schülerinnen und Schüler für sich klären möchten. Eine geeignete Einstiegsfrage zur Erhebung der Schülerinteressen in einem Projekt zum Thema Ecstasy wäre daher: «Was fällt euch zum Thema ‹Ecstasy› ein? Was wißt ihr schon, was wollt ihr wissen?» Nach der Bestandsaufnahme des vorhandenen und fehlenden Wissens gilt es dann, die Fragen der Schülerinnen und Schüler zu Projektthemen zu bündeln. Zu den gemeinsam herausgearbeiteten Projektthemen konstituieren sich dann Projektgruppen, die in ersten Arbeitsschritten ihre zentralen Fragestellungen noch einmal präzisieren und untergliedern, über die Wege des Erforschens und der Klärung entscheiden, die Arbeit planen und aufteilen sowie die Form der Dokumentation und Präsentation der Arbeitsergebnisse festlegen.

Projektorientiert an den eigenen Fragen zu Ecstasy arbeiten heißt dann z. B.:

• Bei sich selbst und in den eigenen Lebensbereichen (Familie, Nachbarschaft, Freundeskreise, Schule) wird nachgeforscht. In diesem Sinne ins Thema einführen würden folgende Frage und Arbeitsvorschläge der Lehrerin/des Lehrers: «Welche Assoziationen/Bilder lösen die Begriffe ‹Partydroge, XTC, Technopille, Ecstasy› bei euch aus? Beschreibt den aus eurer Sicht «typischen» Konsumenten dieser Droge! Vergleicht diese Beschreibung mit euren Vorstellungen/

Bildern von Heroinkonsumentinnen und -konsumenten!» Eine andere Projektaufgabe für die Mitglieder einer an der Drogenwirkung interessierten Gruppe könnte lauten: «Vielleicht kennst du jemanden, der Ecstasy nimmt, oder hast es selbst bereits probiert. Wie sind diese Droge und ihr Konsum zu bewerten? Was erleben Konsumentinnen und Konsumenten in positiver oder negativer Hinsicht während und nach dem Konsum? Schreibe deine eigenen und/oder dir von deinen Bekannten berichteten Erfahrungen und Beobachtungen auf!»

- Bücher zum Thema und den speziellen Fragen werden selbst besorgt, gelesen und ausgewertet.
- Erkundungen werden durchgeführt: Schülerinnen und Schüler nehmen möglichst eigenständig Kontakt zu Beratungsstellen und zu Experten auf, um sich zu informieren.
- Interviews mit Betroffenen und Experten, Umfragen an der Schule oder auf Raveveranstaltungen werden durchgeführt. Das kann die Wirkungen, die Konsumfolgen, die Konsumverbreitung oder auch andere Aspekte betreffen. Falls die Schülerinnen und Schüler noch über keine Interviewerfahrungen verfügen, sollte man ihnen die Gelegenheit geben, in der Klasse und mit dem Lehrer/der Lehrerin das Interviewen etwa in Form von Rollenspielen zu üben.

Wer erfolgreich, d. h. für die Beantwortung seiner Fragen gewinnbringend interviewen will, der sollte folgende Schritte beherrschen:
- begrüßen
- sich vorstellen
- das Anliegen konkret vortragen
- die Bereitschaft des Gegenübers abfragen
- Anonymität im Umgang mit den Gesprächsinhalten zusichern
- keine Ja/Nein-Fragen stellen
- auf Antworten flexibel eingehen und «nachhaken»
- sich abschließend bedanken und verabschieden.

Die jeweiligen Fragen sollten vorab aufgeschrieben und als Leitfaden mitgenommen werden. Zwei bis drei Schülerinnen und Schüler führen ein Interview. Die Schüler sollten dabei möglichst einen Kassettenrecorder benutzen, weil die Gesprächsdokumente lebendiger ausfallen, als wenn aufgeschrieben wird.

Es gibt mehrere Möglichkeiten, die Interviewergebnisse z. B. in der Klasse zu präsentieren:

1. Die Schülerinnen und Schüler sitzen im Stuhlkreis, und die Kassette wird nach einigen Erläuterungen zur Interviewsituation vorgespielt.
2. Das Interview ist abgehört und aufgeschrieben worden und wird mit verteilten Rollen vorgelesen.
3. Das Interview wird aufgeschrieben und ausgestellt.

• Alle Projektergebnisse sollten grundsätzlich dokumentiert und abschließend der gesamten Klasse, der jeweiligen Lerngruppe oder, wenn möglich, auch der schulischen bzw. sogar einer außerschulischen Öffentlichkeit präsentiert werden. Das heißt zum Beispiel: Texte werden anschaulich gestaltet – kurz und plakativ – und während der Unterrichtseinheit oder Projektwoche an Pinnwänden ausgehängt. Kleine Referate werden gehalten, Videofilme produziert, Ausstellungen und Diskussionsveranstaltungen vorbereitet und durchgeführt, Plakate oder Projektzeitungen auch unter Zuhilfenahme von Computern hergestellt und verteilt, Theater- und Musikproduktionen aufgeführt etc.

5. Drei exemplarische Projektvorschläge

Die drei folgenden Projekte wollen es drogenkundlich interessierten Schülerinnen und Schülern ermöglichen,

• Standpunkte und Interessen unterschiedlicher Perspektiven, Professionen und gesellschaftlicher Gruppen kennenzulernen,
• eigene Vorstellungen und Annahmen durch das Zusammentragen

unterschiedlicher Meinungen und Informationen zu relativieren, die eigene Position oder auch den Umgang mit der Droge in Frage zu stellen, abzusichern oder zu verwerfen,

- Veröffentlichungen zur Droge Ecstasy in Jugendzeitschriften, Tageszeitungen, Broschüren, Infoblättern von Beratungsstellen oder Behörden sowie Filme mit mehr Sachkompetenz zu lesen, zu betrachten und kritisch zu hinterfragen,
- mit Hilfe von zusammengetragenen Informationen Pro- und Contra-Diskussionen vorzubereiten und durchzuführen,
- nicht (mehr) nur trotzig oder unsicher anpasserisch auf das geltende Verbot der Droge Ecstasy zu reagieren.

Vorschlag A

In zwei Gruppen werden mit jeweils unterschiedlicher Zielsetzung Informationen über Ecstasy eingeholt und verarbeitet.

Eine Gruppe nimmt sich vor, zur Information der Schülerschaft über Ecstasy für die nächste Ausgabe der Schülerzeitung einen Artikel zu verfassen. Die Gruppe diskutiert und formuliert für sich die Ziele, die sie mit dem Artikel verfolgen will, und befindet vorläufig über die Form (Reportage, Hintergrundbeitrag, Interview ...). Sie verschafft sich Klarheit über das vorhandene und das noch benötigte Wissen und Material. Sie plant und unternimmt die Beschaffung von Informationen, Bildern etc. Sie entscheidet nach Abschluß der Recherchen, welche Informationen, Graphiken, Bilder etc. der Artikel enthalten soll und welche nicht. Sie befindet über die Form des Beitrags und erstellt ihn.

Eine zweite Gruppe verfolgt das Ziel, als Team einer Drogenberatungsstelle eine Informationsbroschüre für Ecstasykonsumentinnen und -konsumenten zu veröffentlichen. Die Gruppe ermittelt, welche Informationen Ecstasykonsumentinnen und -konsumenten benötigen und welche aus der Perspektive von Drogenberatungsstellen gegeben werden sollten. Dazu sind Gespräche in Drogenberatungsstellen und mit Konsumentinnen und Konsumenten z. B. am Rande von Rave-Partys zu führen. Danach wird eine sachlich stimmige und ansprechende Broschüre erstellt.

Abschließend werden beide Produkte, der Artikel für die Schülerzeitung und die Broschüre der Drogenberatungsstelle für Ecstasykonsumentinnen und -konsumenten, gründlich miteinander verglichen. Die Unterschiede werden herausgearbeitet und reflektiert.

Vorschlag B

«Ein guter Tip: Um eine ganze Nacht durchzumachen, halbiere eine XTC-Pille und teile sie dir ein!» Dieser Ratschlag findet sich in der Broschüre «Ecstasy/Ravers Guide», die 1994 vom Drogenberatungszentrum Hannover für Ecstasykonsumentinnen und -konsumenten herausgegeben wurde und in der über den Stoff, seine Wirkungen und seinen Gebrauch informiert wird. Über diese Broschüre gab es nach ihrem Erscheinen viel Aufregung in den Medien. Schülerinnen und Schüler besorgen sich diese Broschüre, lesen und prüfen sie. Sie beschaffen sich für diese Prüfung Fachliteratur und befragen Lehrerinnen und Lehrer, Drogenberater, Polizisten, Kommunalpolitiker, Ärzte, Mitschülerinnen und -schüler, Ecstasykonsumentinnen und -konsumenten etc. nach ihrer Meinung zu der Broschüre. Abschließend diskutieren sie in der Klasse oder vor einem größeren Publikum in der Schule das Pro und Kontra einer solchen Veröffentlichung.

Vorschlag C

In der *Bravo*, eine der meistgelesenen deutschen Jugendzeitschriften, erschien unter der Überschrift «Der Wahnsinn Ecstasy» ein Report. Als Aufmacher posiert der 17jährige Timo mit geöffnetem Mund und einer kleinen Pille auf der Zungenspitze. Sein Gesicht ist von folgenden Zitaten eingerahmt: «Ich werfe pro Woche zwei E's»; «Ich kann kaum noch etwas essen»; «Ich weiß, daß ich mit dem Tod spiele».

In den Beitrag hineinmontiert ist folgender Kasten (s. nächste Seite): Schülerinnen und Schüler überprüfen den Wahrheitsgehalt dieses *Bravo*-Artikels. Sie befragen dazu Drogenberater, medizinische Experten und Ecstasykonsumentinnen und -konsumenten. Die Ergebnisse dieser Prüfung veröffentlichen sie an ihrer Schule.

DIE 10 WICHTIGSTEN FACTS ÜBER
E C S T A S Y

1 E besteht aus MDMA (Methylendioximethylamph-
etamin), pro Tablette sind 10 – 180 mg Wirkstoff
enthalten

2 Die Pillen gibt's in verschiedenen Formen und Farben.
Die Dosierung variiert je nach Pillen-«Marke»

3 E ist eine verbotene Droge. Wer E nimmt oder weiter-
verkauft, riskiert eine Haftstrafe bis zu zwei Jahren

4 E betäubt das Schlaf- und Hungerbedürfnis. Süchtige
magern total ab und verfallen körperlich sichtbar

5 E entzieht dem Körper Wasser (Dehydration). Man muß
literweise trinken, um nicht zusammenzubrechen

6 E wird vor allem in Holland in professionellen Geheim-
labors fertiggestellt (pro Woche 500 000 Pillen)

7 Kripo-Drogenspezialist Dr. Josef Fehn: «Ecstasy macht
extrem süchtig – psychisch und körperlich!»

8 Gefährlich: E's sehen harmlos wie Tabletten aus und
senken so die Hemmschwelle, sie einzunehmen

9 Zusammen mit Kokain, LSD oder Alkohol verstärkt sich
die Wirkung von E in lebensgefährlicher Weise

10 Geschätzte Zahl der E-Toten (Kreislaufkollaps, Nierenversagen etc.): über 200. Tödliche Dosis: ab 200 mg

Anhang

Gerd Rakete, Monika Püschl

Das «ecstasy project»

Gegenwärtig gibt es in Deutschland mindestens 540 000 Menschen, die zu den Konsumenten von Ecstasy gezählt werden (vgl. MPI-Studie 1996). Seit Anfang der 90er Jahre liegen die Zuwachsraten Jahr für Jahr weit über 100 %. Dieser Ecstasyboom setzt sich fort, und es ist zu befürchten, daß viele Jugendliche in ihrer gesundheitlichen und sozialen Entwicklung erheblichen Schaden nehmen.

Wir haben es hier zu tun mit neuen Drogen, mit neuen Konsummustern, mit anderen Konsumentengruppen und mit veränderten psychosozialen und medizinischen Begleit- bzw. Folgeerscheinungen des Konsums.

Die herkömmlichen Denkmuster und Hilfskonzepte, die auf Heroinkonsumenten zugeschnitten waren, greifen nicht mehr. In diesem noch weitgehend unerforschten Feld gilt es, Kontakte zu den Konsumenten und ihrer «Szene» herzustellen, gesicherte Erkenntnisse zu gewinnen, neue Präventions- und Aufklärungskonzepte zu entwickeln und Beratung und Hilfen anzubieten, die von den Konsumenten angenommen werden.

Hierzu bedarf es integrativer, interdisziplinärer Ansätze und Initiativen aus den Bereichen Suchtprävention, Suchtkrankenhilfe und Suchtforschung.

Die Hamburgische Landesstelle gegen die Suchtgefahren und das Büro für Suchtprävention haben hierfür das «ecstasy project» geschaffen, das zum Themenbereich Ecstasy Ressourcen bündelt, innovative Konzepte fördert und gesicherte Erkenntnisse aus unterschiedlichen Disziplinen zusammenführt.

Das «ecstasy project» besteht z. Z. aus folgenden Aktivitäten, die sich gegenseitig unterstützen und ergänzen:

- Empirisches Forschungsprojekt zu den psychosozialen Folgen und Begleiterscheinungen des Konsums und von Ecstasy (gefördert von der BZgA)

- Europaprojekt «Network» zur Ecstasyprävention in Manchester, Amsterdam und Hamburg (gefördert von der Europäischen Union)

- Die «Ecstasy-Hotline» ab Oktober 1996 zur Information und Beratung von Konsumenten und interessierter Öffentlichkeit (gefördert von der Techniker-Krankenkasse Hamburg)

- Das «ecstasy project» arbeitet auf Landes-, Bundes- und Europaebene mit anderen Institutionen im Bereich der Ecstasyprävention, -forschung und -hilfe zusammen.

- Das «ecstasy project» ist Ausdruck der Bemühungen der Hamburgischen Landesstelle und des Büros für Suchtprävention, in einer Drogenmetropole wie Hamburg rasch und flexibel auf Veränderungen in der Konsumentenszene zu reagieren, um Impulse für die Drogenpolitik und für den professionellen Präventions- und Hilfebereich möglichst zeitnah zur Verfügung stellen zu können.

Die vorliegende Sammlung von Beiträgen zum Thema Ecstasy beleuchtet das Problem aus sehr verschiedenen Perspektiven und stellt damit ebenfalls einen Schritt dar in Richtung auf die notwendige interdisziplinäre Zusammenarbeit.

Korrespondenzadresse:

Gerd Rakete
Geschäftsführer der
Hamburgischen Landesstelle
gegen die Suchtgefahren e. V.

Monika Püschl
Leiterin des
Büros für Suchtprävention der
Hamburgischen Landesstelle
gegen die Suchtgefahren e. V.
Brennerstr. 90, 20099 Hamburg
Tel.: 040-28 03 8 11/28 03 8 12

Autorinnen, Autoren,
Adressenverzeichnis

Claus, Carsten: Freier Musikredakteur des «mushroom»-Magazins, freier Pressemitarbeiter des Technolabels «Harthouse» (Frankfurt) und DJ, Student der Angewandten Kulturwissenschaften an der Universität Lüneburg, Im Bruch 9, 29646 Bispingen

Domes, Reiner: Dipl.-Psychologe, Büro für Suchtprävention der Hamburgischen Landesstelle gegen die Suchtgefahren, Brennerstr. 90, 20099 Hamburg
vormals: Eve & Rave Berlin, Verein zur Förderung der Technokultur und Minderung der Drogenproblematik

Fehrmann, Sigrid: Gruppenseminarleiterin am Studienseminar und Lehrerin an der Gesamtschule Neustadt, Jan-Valkenburg-Str. 11, 20355 Hamburg

Flüsmeier, Udo: Dr. phil., Dipl.-Psychologe und Psychotherapeut, Hamburgische Landesstelle gegen die Suchtgefahren, Brennerstr. 90, 20099 Hamburg

Harm, Wolfgang: Sozialpädagoge, Drogen- und Öffentlichkeitsreferent im Projekt Straßensozialarbeit Rahlstedt, Rahlstedter Str. 38, 22149 Hamburg

Krollpfeiffer, Katrin: Dipl.-Psychologin, arbeitet in der Psychiatrie-Nachbetreuung in Kalifornien, P. O. Box 1117, Kenwood, CA 95452, USA

Märtens, Peter: Sozialpädagoge, Drogenberatungszentrum (Drobs) Hannover, Odeonstr. 14, 30159 Hannover

Mark: Berufsschüler und Ecstasy-User, c/o Büro für Suchtprävention der Hamburgischen Landesstelle gegen die Suchtgefahren, Brennerstr. 90, 20099 Hamburg

Nowoczyn, Klaus: Dr. med., Arzt am Bezirkskrankenhaus Straubing, Lerchenhaid 32, 94315 Straubing

Püschl, Monika: Pädagogin M. A., Leiterin des Büros für Suchtprävention der Hamburgischen Landesstelle gegen die Suchtgefahren e. V., Brennerstr. 90, 20099 Hamburg

Rabes, Manfred: Dr. rer. pol., Sozial- und Erziehungswissenschaftler, Büro für Suchtprävention der Hamburgischen Landesstelle gegen die Suchtgefahren, Brennerstr. 90, 20099 Hamburg und Universität Oldenburg

Rakete, Gerd: Geschäftsführer der Hamburgischen Landesstelle gegen die Suchtgefahren e. V., Brennerstr. 90, 20099 Hamburg

Schlömer, Hermann: Dipl.-Psychologe und Lehrer, Dozent am Institut für Lehrerfortbildung Hamburg, Beratungsstelle Drogen- und Suchtprävention, Hartsprung 23, 22529 Hamburg

Schmidtholz, Susanne: Lehrerin am Helene-Lange-Gymnasium, Bogenstr. 32, 20144 Hamburg

Thomasius, Rainer: Privatdozent, Dr. med., Oberarzt am Universitätskrankenhaus Eppendorf, Psychiatrische Klinik und Poliklinik, Martinistr. 52, 20246 Hamburg